Ignazio Pleijel

1757–1831

Ignaz Joseph Pleyel – von Ruppersthal in die Welt

Der Versuch einer ersten biografischen Zusammenschau von **Adolf Ehrentraud**

Dieses Buch ist dem Ehrenpräsidenten der Internationalen Ignaz Joseph Pleyel-Gesellschaft (IPG) Landeshauptmann Dr. Erwin Pröll in großer Dankbarkeit gewidmet.

Ruppersthal, am 11. November 2007

Inhalt

Vorwort
Landeshauptmann Dr. Erwin Pröll, Ehrenpräsident der IPG ... 7
Franz Otto, Bürgermeister der Marktgemeinde Großweikersdorf ... 9
Autor Adolf Ehrentraud, Präsident der IPG ... 10

1. Kindheit in Ruppersthal ... 15
2. Lehre bei Wanhal in Wien ... 45
3. Studium bei Franz Joseph Haydn ... 51
4. Kapellmeister in Pressburg ... 67
5. Bildungsreisen nach Italien ... 76
6. Erfolge in Straßburg ... 89
7. Die Marseillaise ... 107
8. Schüler gegen Meister – ein musikalischer Wettstreit in London ... 121
9. Zwischen zwei politischen Fronten ... 145
10. Erfolgreicher Unternehmer in Paris ... 161
11. Lebensabend, Tod und letzte Ruhestätte ... 197
12. Pleyels Werk ... 205

Anhang ... 239
Pleyels Leben auf einen Blick ... 240
200 Jahre Klaviermanufaktur Pleyel ... 242
Die Internationale Ignaz Joseph Pleyel-Gesellschaft (IPG) ... 244
Quellenverzeichnis ... 260
Zitatnachweis ... 266
Impressum ... 270

Landeshauptmann Dr. Erwin Pröll
Ehrenpräsident der IPG

Der vor 250 Jahren in Ruppersthal im Weinviertel geborene Komponist, Verleger und Klavierbauer Ignaz Joseph Pleyel gehört zweifelsohne zu den ganz großen und bedeutenden Söhnen unserer Heimat Niederösterreich. Dieser Mann, der sowohl über enormes musikalisches Talent als auch über entsprechendes unternehmerisches Geschick verfügte und auch im Ausland Erfolge feiern konnte, kann heute als einer der wichtigsten Botschafter unserer Heimat angesehen werden. Der Name Ignaz Joseph Pleyel erinnert uns an die großen Leistungen, zu denen wir Niederösterreicherinnen und Niederösterreicher fähig sind und daran, was wir alles zu schaffen im Stande sind. Sein Name steht für Erfolg, Selbstbewusstsein und Zukunftsglauben und gibt uns Kraft und Orientierung am Weg in die Zukunft.

Daher muss es uns allen heute ein Anliegen sein, das Andenken an diesen Mann weiterhin hoch zu halten und sein künstlerisches Erbe zu würdigen. In diesem Sinne muss der Internationalen Ignaz Joseph Pleyel-Gesellschaft großer Dank ausgesprochen werden. Immerhin sorgt diese Vereinigung seit nunmehr zwölf Jahren etwa mittels Konzerten, Opernproduktionen oder auch mittels eines Dokumentarspiels dafür, dass dieser „große Sohn" unserer Heimat nicht in Vergessenheit gerät. Auch mit dem Pleyel-Museum in Ruppersthal wurde und wird ständig dazu beigetragen, der Öffentlichkeit diesen großen und großartigen Meister verstärkt zugänglich zu machen. Mit all diesen Aktivitäten konnte die Internationale Ignaz Joseph Pleyel-Gesellschaft bisher schon mehr als 20.000 musikinteressierte und -begeisterte Menschen aus allen Teilen der Welt erreichen und diesen den großen Weinviertler Pleyel und dessen Werk näher bringen. Ein weiterer Verdienst der Gesellschaft ist die Auflage der ersten offiziellen „Pleyel-Sonderpostmarke"

sowie die erste Biografie über Ignaz Joseph Pleyel, welche Sie, geschätzte Musikfreunde und Pleyel-Bewunderer, nun hier in Händen halten. Diese Biografie stellt einen weiteren bedeutenden Meilenstein im Schaffen der Gesellschaft und in der Erforschung der Geschichte unserer Heimat dar.

Als Landeshauptmann von Niederösterreich sowie als Ehrenpräsident der Internationalen Ignaz Joseph Pleyel-Gesellschaft möchte ich meinen herzlichsten Dank und meine größte Anerkennung aussprechen. Diese richten sich in erster Linie an den Verfasser der Biografie, Adolf Ehrentraud, der sich bereits seit über 20 Jahren intensiv mit der Person Pleyel beschäftigt und einer der wichtigsten Botschafter des Künstlers ist.

Ich danke Adolf Ehrentraud sowie allen anderen Personen, die sich für das Hochhalten der Erinnerung an Ignaz Joseph Pleyel einsetzen und mit ganzer Kraft für dieses Ziel arbeiten. Ihnen, liebe Leserinnen und Leser, danke ich für Ihr Interesse an diesem Buch bzw. an dem großen Weinviertler Künstler und wünsche Ihnen gute Unterhaltung und viel Freude beim Eintauchen in die Vergangenheit eines Mannes, einer Region und eines Landes!

Dr. Erwin Pröll

Franz Otto
Bürgermeister der Marktgemeinde Großweikersdorf

Die Herausgabe dieser Pleyel-Biografie ist für mich ein sehr angenehmer Anlass die Bedeutung des Komponisten Ignaz Joseph Pleyel für unsere Gemeinde hervorzuheben. Durch die rührige Tätigkeit der Ignaz Joseph Pleyel-Gesellschaft unter der Führung des Autors dieses Buches, Herrn Präsident Adolf Ehrentraud, wurden viele wichtige Schritte unternommen um Pleyel und seine alte Heimat wieder weltweit bekannt zu machen. Durch die zahlreichen Aktivitäten im und rund um das Pleyel-Museum in Ruppersthal wurde die Verbundenheit der Bevölkerung in unserer Gemeinde zu Pleyel wesentlich gestärkt.

Das Bindeglied zwischen der Bevölkerung, den Musikinteressierten der ganzen Welt und der Pleyel-Gesellschaft ist unbestritten Adolf Ehrentraud. Er hat durch sein Theaterstück über Pleyel, die zahlreichen Konzerte und Opernaufführungen, nun mit seiner Biografie über Ignaz Joseph Pleyel einen weiteren wichtigen Schritt unternommen die Person Pleyel zu würdigen. Durch sein großes Wissen ist der Autor wie kein Anderer geeignet eine Biografie über diesen großen Komponisten und Verleger zu verfassen und ich darf ihm zu diesem Buch recht herzlich gratulieren. Dem Leser dieser Biografie wünsche ich einige spannende Lesestunden und würde mich freuen unserer Gemeinde einen Besuch abzustatten.

Franz Otto

Autor Adolf Ehrentraud
Präsident der IPG

„Von Ruppersthal in die Welt", so lautet der Untertitel dieses von mir für die Internationale Ignaz Joseph Pleyel-Gesellschaft (IPG) erstellten Versuches einer ersten Pleyel-biografischen Zusammenschau. Dieses Buch enthält die unglaubliche Geschichte eines aus ärmsten Verhältnissen stammenden Schulmeisterbuben, der in die Welt ging, um die Menschen mit seiner Musik und mit seinen Klavieren zu erfreuen.

Ich fühle mich weder als talentierter Schriftsteller noch als guter Musiker und schon gar nicht als Musikwissenschafter, aber ich hatte das Bedürfnis, Pleyels Lebensgeschichte so vielen Menschen wie möglich zu erzählen. Schon meine Vorfahren waren Mitbewohner der Schulmeisterfamilie Pleyl in Ruppersthal, deren jüngster Sohn Ignatius Josephus hieß. Ich besuchte die ersten vier Klassen der Volksschule in Ruppersthal, verbrachte hier meine Jugend und fuhr mit dem Ochsen aufs Feld und in den Weingarten. Ich bin sehr glücklich, in diesem wunderschönen Kultur- und Weinort im Herzen Niederösterreichs mit meiner Frau Irene zu wohnen.

Schon vor 27 Jahren griff ich das erste Mal für Pleyel zum Schreibstift, als ich das Konzept des Ansuchens für eine Sonderpostmarke verfasste, zumal auch die Pleyel-Feier 1957

keinen nachhaltigen Erfolg gezeigt hatte. Dieser erste Versuch zwecks Herausgabe einer Marke zum 150. Todestages Ignaz Joseph Pleyels schlug damals fehl. Umso mehr Freude war es, als wir durch unsere Initiative am Tag des Festaktes zum 250. Geburtstages am 17. Juni 2007 eine erste offizielle € 1,00 Sonderpostmarke im Sonderpostamt Ruppersthal präsentieren konnten. Es ist dies meines Wissens nach die erste und einzige Gedenkmarke ihrer Art. Der Entwurf des Sonderpoststempels stammt von der Grafikerin Christine Pleyl. Bereits vor dem Festakt veranstalteten wir im Pleyel-Museum im

Zusammenwirken mit der Musikuniversität Graz unter der Leitung von Dr. Klaus Aringer ein zweitägiges international besetztes Pleyel-Symposion. Rund 100 Konzertgesellschaften aus aller Welt wurden im heurigen Jubiläumsjahr von uns mit Pleyel-Noten versorgt, damit im Jahr des Jahresregenten Pleyel auch tatsächlich überall seine Musik gespielt werden konnte und zur Freude der Zuhörer auch erklang. Ein wichtiger Tag für die Wiederentdeckung Pleyels war zweifellos der 25. Oktober 1993, als ich den Entschluss fasste, ein Dokumentarspiel über das Leben und Wirken Pleyels zu schreiben. 60 enthusiastische Laien des von mir gegründeten Ignaz Pleyel- Theatervereines Ruppersthal wirkten bei dieser Produktion mit und waren samt den 2000 erschienenen Besuchern Zeugen einer schönen, stimmungsvollen Freilicht- Aufführung im Bereich vor Pleyels Taufkirche am Ignaz Pleyel Platz in Ruppersthal.

Wenn ich auch sogleich den Entschluss fasste, Pleyel und meiner Heimat zuliebe mit Energie für die Wiederentdeckung dieses großen Sohnes unserer Heimat weiter zu arbeiten, war mir nicht bewusst, dass bereits diese Theaterproduktion der Anfang einer Art von „Pleyel-Renaissance" war.

Zunächst gründete ich die Internationale Ignaz Joseph Pleyel Gesellschaft (IPG), versuchte den noch vorhandenen Teil des Geburtshauses zu erwerben und somit vor dem drohenden Abbruch zu retten, was auch mithilfe des Landeshauptmannes von NÖ, Dr. Erwin Pröll, der Kulturabteilung des Amtes der NÖ-Landesregierung, eines Pleyel-Kuratorium, der Marktgemeinde Großweikersdorf, des Landesstudios des ORF- NÖ, der NÖ-Bauinnung und des Theatervereines tatsächlich gelang. Seit der Eröffnung des Pleyel-Museums am 5. September 1998 besuchen uns fast täglich Besucher aus aller Welt. Original Pleyel Hammerklaviere wurden aus Paris und Berlin geholt, ebenso Noten und verschiedenes Bildmaterial aus den Archiven und Bibliotheken. Seit der Gründung der Internationalen Ignaz Joseph Pleyel Gesellschaft (IPG) gaben wir 100 Konzerte und spielten bereits beide Opern dieses zu Unrecht vergessenen großen Österreichers und Europäers. Das ist gut so, denn ein Komponist, der nicht gespielt wird, ist tatsächlich für die Umwelt tot und vergessen.

Viele Besucher des Pleyel-Museums ermunterten mich schon seit Jahren immer wieder, endlich das, was ich im Pleyel-Museum bei den Führungen erzähle, zu Papier zu bringen, was ich jetzt auch endlich gemacht habe. In dieser ersten biografischen Zusammenschau soll vornehmlich Pleyels Leben und Wirken beleuchtet werden, ohne dass ich mich dabei in wissenschaftliche Belange einmische und ganz konfuse Behauptungen aufstellen möchte. Dieses Buch basiert auf legitimen Quellen und soll mithelfen, Vorurteile gegen einen lange unbeachteten und nur im

Schatten seines Lehrers gesehenen großartigen Komponisten abzubauen und diesen Mann endlich so zu zeigen, wie er tatsächlich war.

Pleyel ist schon zu seinen Lebzeiten von anerkannten Musikern wie z.B. Wolfgang Amadé Mozart, Franz Joseph Haydn oder Christoph Willibald Ritter von Gluck und der Musikwissenschaft positiv genannt worden. Neuerdings geschieht dies endlich auch von der „offiziellen" Musikwissenschaft. Pleyel war der meistgespielte Komponist zwischen St. Petersburg und Boston, führte das größte Verlagshaus Europas und gründete die größte Klaviermanufaktur der Welt. Gemeinsam mit seinem Sohn Camille installierte er die „Salle Pleyel" in Paris, jenen Konzertsaal, der für die Franzosen wohl jene Bedeutung hat wie für die Wiener der „Goldene Musikvereinssaal". Wir, die Internationale Ignaz Joseph Pleyel Gesellschaft (IPG), haben nicht das Bedürfnis, aus Pleyel mehr zu machen, als er war. Nein! Was wir wollen, ist, seinen Namen wieder ins Bewusstsein der Menschen zu bringen, damit sein ehemaliger Bekanntheitsgrad erneut dauerhaft hergestellt wird.

Danksagung

Großer Dank gebührt meinen engsten und treuesten Mitarbeitern an diesem Buch: Christine Pleyl für die Grafik und die gesamte Gestaltung sowie Marlene Pleyl für wichtige Assistenz und Texte. Meinen besonderern Dank möchte ich Prof. Dr. Anton Wendler für Hinweise, Texte und Korrekturarbeit aussprechen, ein herzliches Dankeschön ergeht an den ehemaligen Forschungsleiter der IPG, Dr. Heinz Anderle, für Bildmaterial und Texte und auch an Mag. Anita Winterer, ebenfalls für Texte.

Mein Dank gilt: der Lektorin Mag. Sabine Wiesmühler, Mag. Peter Prokop vom Bildarchiv der Österreichischen Nationalbibliothek, Frau Neunteufel-Zechner von der Musiksammlung der Österreichischen Nationalbibliothek, Frau Seidl von der Pressestelle des Landes NÖ (NLK), Herrn Dr. Ralph Andraschek-Holzer von der NÖ-Landesbibliothek, topografische Sammlung, dem Leiter der Universitätsbibliothek Basel, Schweiz, Frau Bettina Falk Falcone, Schweiz, für den Beitrag im Kapitel Werke, den Bürgermeistern der Marktgemeinden Bad Pyrawarth und Göllersdorf, der Pfarre Ruppersthal, Frau Mag. Sinnmaier, Unternehmenszentrale der Post AG, Familie J.-P. Jauzenque in Frankreich, der Musiksammlung des Stiftes Göttweig, Familie Dr. Hermann und Dr. Elisabeth Müller, allen Vorstandmitgliedern der Pleyel Gesellschaft, unseren treuen Sponsoren und dem gf. Präsidenten des NÖ-Fonds Prof. Dr. Twaroch für Unterstützungen. Nicht zuletzt dem Ehrenmitglied und Freund Hans Martin Kaiser aus Nidda in Deutschland für langjährige Hilfe bei Forschungen zum Gewinnen von

Kenntnissen über Ignaz Joseph Pleyel. Mein größter Dank aber gilt dem goldenen Ehrenmitglied der Pleyel Gesellschaft und besonderen Freund Dr. Henry Lieberman aus den USA, der mir in den vergangenen Jahren viele, viele Tausende Seiten mit wertvollen Inhalten in den verschiedensten Sprachen kostenlos ins Deutsche übersetzt hatte.

Ohne das Verständnis meiner Frau Irene wäre mein ehrenamtliches Tun und Wirken für meine Heimat in den beiden letzten Jahrzehnten gar nicht möglich gewesen, darum gebührt ihr mein innigster und herzlichster Dank.

Mein Dank gebührt dem Bürgermeister der Marktgemeinde Großweikersdorf Franz Otto, der Kulturabteilung der NÖ-Landesregierung, und da ganz besonders Hofrat Dr. Kusternig. Der Landeshauptmann des Bundeslandes Niederösterreich, Dr. Erwin Pröll, zeigt nicht erst seit gestern, sondern schon seit der Gründung der Pleyel Gesellschaft starkes Interesse für den in seiner Nachbargemeinde Ruppersthal geborenen großen Sohn Niederösterreichs Ignaz Joseph Pleyel. Und seit dieser Zeit unterstützt er auch unsere ehrliche und ehrenamtliche Tätigkeit wie kein anderer. Ohne ihn gäbe es keine Pleyel-Renaissance! Deshalb möchte ich ihm dieses Buch mit einem herzlichen Dankeschön und aufrichtigen Herzens widmen.

Adolf Ehrentraud

1. Kindheit in Ruppersthal

1.1. Ignaz Joseph Pleyel

Am Samstag, dem 18. Juni 1757, kam im kleinen niederösterreichischen Weinort Ruppersthal der später weltberühmte Komponist, Klavierbauer, Verleger, Musiker, Dirigent, Musiklehrer und Mitbegründer der „Salle Pleyel" in Paris, Ignaz Joseph Pleyel, zur Welt. Er zog von Ruppersthal in die Welt hinaus, um die Menschen mit seinen Klavieren und mit seiner Musik zu erfreuen.

An jenem Tag herrschte vermutlich in der Schulmeisterstube von Ruppersthal große Aufregung. Die Frau des Schulmeisters Anna Theresia lag auf dem frisch gefüllten Strohsack und erwartete ihr neuntes Kind. Vier Kinder hatte sie schon verloren. Das Letztgeborene Maria Franziska verstarb am 21. Mai des Vorjahres noch am Tag der Geburt. Der Schulmeister von Ruppersthal, Martin Pleyl, hatte neben seinem Amt als Schulmeister auch die Mesnerdienste sowie die Regens-Chori-Tätigkeiten für Sonntag, den 19. Juni, vorzubereiten. An Sonntagen nachmittags musste auch die schulentlassene Jugend unterrichtet werden. Außerdem hatten sie im Juni, auf dem Feld und vor allem im Weingarten, alle Hände voll zu tun. Der Ruppersthaler Schulmeister besaß ein Viertel Weingarten im Bründl bei der Jesuiten-Freiheit neben dem Krammer am Paumgartner Steig als Lehen, das es zu bearbeiten galt. Dazu musste er jetzt „ausbrocken" und vor allem die Schieb mit´n Stroh „anbinden", damit sie der Wind nicht abreißt.

An jenem Tag verspürte der Schulmeister verständlicherweise keine Lust, in den Weingarten zu gehen. Vielmehr dürfte er schnell die Hebamme, den Dorfrichter und den Kooperator davon verständigt haben, „dass es bald los gehen wird". Den Kessel galt es schleunigst anzuheizen, damit heißes Wasser zur Verfügung stand, saubere Tücher

Ignaz Joseph Pleyel geboren 1757 in Ruppersthal (NÖ).

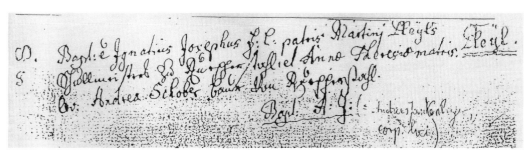

Abb. 1: Dokument zu Pleyels Geburt; IPG

mussten her, auch eine schneidende Schere oder ein scharfes Messer war vonnöten. Die Kiste für das Neugeborene stand schon mit frischem Stroh gefüllt bereit.

Die Kinder, der 12-jährige Franz, die 6-jährige Maria und der 3-jährige Johann, mussten vermutlich an diesem Tag für den Vater und die Mutter die Tätigkeiten im Stall verrichten. Das Zusehen in der Stube bei solchen Ereignissen war sowieso nicht gestattet. Im Stall wartete eine „Melchkuh" darauf, dringend gemolken und gefüttert zu werden. Das Kalb, der Ochs, das Schwein, die beiden Ferkel und die drei Hühner erhofften ebenfalls frisches Futter. Vermutlich musste der 12-jährige Franz mit der Sichel noch schnell eine „Gstetten" hintaus auf der Setz abgrasen. Endlich war es so weit, ein kleiner männlicher Schreihals machte sich bemerkbar. Mutter und Kind waren wohlauf. „Gott sei Dank" hieß es wohl. Auch der Taufpate, der Ruppersthaler Dorfrichter Andreas Schober, war eingetroffen, und so konnte das Kind noch am selben Tag von Kooperator Jankenberger getauft werden. Das Sakrament der Taufe wurde im linken Kirchenschiff beim zehneckigen gotischen Taufstein gespendet. Der Täufling erhielt den Namen Ignatius Josephus.

Nachdem schon vier Kinder verstorben waren, hatten die angehenden Eltern – wie es oft üblich war – anscheinend gelobt, dass das nächste Kind Ignatius (Ignaz) genannt würde. Vermutlich hat also Ignaz Joseph Pleyel seinen Vornamen der erbetenen Patronanz des Ignatius von Loyola (1491-1556) zu verdanken. Nach der Taufe wurde sicherlich noch ein Gläschen 56er, der im Weinkeller in einem Holzfass mit Holzband lagerte, auf den kleinen Ignatius Josephus gehoben, damit der neue Erdenbürger und seine Mutter gesund bleiben mögen. 74 Jahre sollte das Leben dieses Buben dauern, der zum berühmten Ignace Pleyel in Paris wurde und auf dem Prominenten-Friedhof Pére Lachaise neben anderen Berühmtheiten seine letzte Ruhe fand. Das hätte sich wohl an diesem Tag niemand träumen lassen.

Die Kaiserin Maria Theresia in der Hauptstadt Wien hatte wahrlich auch Grund zu feiern, als sie am Tag des Geburtstages von Ignaz Joseph Pleyels in einem Handbillett genau jenen Tag als „Geburtstag der Monarchie" bezeichnete, sicherlich nicht, weil der Schulmeisterbub Ignatius Josephus Pleyl in Ruppersthal das Licht der Welt erblickte, sondern weil Feldmarschall Graf Daun bei Kolin den Preußen-König Friedrich II. besiegt hatte. In einer mörderischen Schlacht siegten 54.000 Österreicher über 33.000 Preußen bei Kolin. Dabei soll König Friedrich seine Soldaten mit den Worten „Ihr Hunde, wollt Ihr ewig leben?" angetrieben haben. Maria Theresia stiftete zur Erinnerung an diesen Sieg den „Militär-Maria-Theresien-Orden". Dieser Orden blieb die höchste Kriegsauszeichnung bis zur Auflösung der österreichischen Monarchie.

Abb. 2: Ruppersthaler Kirche von unten 1908, Hofbauer; NÖ-Landesbibliothek, topografische Sammlung

Abb. 3: Ruppersthaler Kirche (oben), Hofbauer; Quelle wie Abb. 2

Im selben Jahr, am 11. März 1757, erklang in London das Oratorium „The Triumph of Time and Truth", Händels letztes Werk. In Paris starb am 11. Jänner 1757 der Schriftsteller und Philosoph Bernard Le Bovier Fontenelle 100-jährig. Leopold Mozart, der bei den Jesuiten in Augsburg zur Schule ging und dort eine hervorragende musikalische Erziehung genossen hatte, ließ im Heumonat des Jahres 1756 seine erste Violinschule erscheinen. Am 5. November 1757 fand die Uraufführung der Oper „La Clemenza die Tito" von Ignaz Holzbauer in Mannheim statt. Der böhmische Komponist, Geiger und Gründer der berühmten Mannheimer Schule, Johann Wenzel Anton Stamitz, starb, kaum 40-jährig, in Mannheim. Österreich und Russland schlossen im Siebenjährigen Krieg ein Offensivbündnis gegen Preußen, und in der Nachbargemeinde von „Rupperstall" (Ruppersthal), in „Weickerstorff (Großweikersdorf), waren die Arbeiten zur Vergrößerung des alten Friedhofes gegenüber des Pfarrhofes abgeschlossen worden. Der 32-jährige Franz Joseph Haydn war bemüht, die Musikform Quartett zu „kultivieren". In diese Zeit wurden auch die Quartettkomponisten der zweiten Generation hineingeboren, unter ihnen Wolfgang Amadé Mozart (1756-1791) in Salzburg und eben am 18. Juni 1757 Ignaz Joseph Pleyel in Ruppersthal.

Abb. 4: Lithografie Ruppersthal vor 1730; Dr. Müller

1.2. Ruppersthal

Urkundlich wird Ruppersthal um 1235 *Rupolstal* und 1302 *Rapotstal*, 1733 *Ruepperstall*, 1760 auch *Rupperstall* genannt.

In der rund 1.000-Seelen-Gemeinde lebten um diese Zeit 166 Familien in 120 Häusern. Die hier lebenden Menschen waren alles andere als begütert. 13 Grundherrschaften, denen Robot geleistet und der Zehent abgeliefert werden musste, besaßen behauste Untertanen und Grundholden. Sehr oft waren die Herrschaften mit der Robotleistung ihrer Untertanen nicht zufrieden.

Die Kaiserin Maria Theresia in Wien wiederum benötigte dringend Soldaten im Siebenjährigen Krieg gegen die Preußen. Es geschah, dass sich Männer verstümmelten, um nicht zum Militärdienst eingezogen zu werden, oder sich verzweifelt dem Trunk hingaben. Auch die fünf Kinder der Familie Pleyl, davon vier des Schulmeisters Martin Pleyl und der Anna Theresia, lebten in ärmlichen Verhältnissen, Wohnung und Schulmeisterstube glichen einem Kuhstall. Die Dorfkinder wuchsen in Strohkisten heran, waren wachstumsgestört und hatten Blähhälse. Viele Kinder waren deshalb gar nicht schulfähig. Von rund 100 Kindern im Ort waren lediglich 84 imstande, eine Schule zu besuchen. In der etwas kleineren Nachbargemeinde Weickerstorff gingen gar nur 33 Kinder zur Schule. Trotz Schulpflicht besuchten nur 53 Kinder die einklassige Trivialschule in Ruppersthal, davon waren 15 Mädchen. „Du heirat'st eh amol, zuwos brauchst du in d' Schul geh'n", hieß es damals.

Abb. 5: Die Landwirtschaft (ein Bauer zeigt dem Sohn eines Städters das Pflügen), Francois-Adrien Vincent, 1798; Quelle: Dr. Anderle

Die nicht all zu vielen Nutztiere wurden auf die Weide getrieben, eine Stallfütterung gab es nur im Schloss bei der Grundherrschaft des Grafen Schallenberg. Zur Bewirtschaftung von 1.320 Joch Ackerland, 1.132 Viertel Weingärten, 33 Joch Gärten und 45 Joch Waldungen standen 29 Ochsen und 30 Pferde zur Verfügung. 222 Schafe, 135 Kühe, 2 Ziegen und 327 Schweine lieferten das zum Überleben wichtige Fleisch, Milch, Butter und Wolle. Trotz der fruchtbaren Lössböden konnte die arbeitende Bevölkerung den schmalen Feldern gerade das Notwendigste abgewinnen. Die Fruchtwechselwirtschaft gab ganz einfach nicht mehr her. Neben den wichtigsten Feldfrüchten wie Weizen, Korn, Hafer, Gerste, Rübe, Kraut und Erdäpfel war Wein die wichtigste Einnahmequelle. Die Rebenpflanzungen hatten damals in Ruppersthal größte Bedeutung, davon wurde bester Landwein „gefächst". Der Wein aus den frostsicheren und sonnigen Ruppersthaler Rieden wurde ins 50 Kilometer entfernte Wien gebracht. Der Schulmeister Pleyl hatte einen ¼ Weingarten belehnt, den er selbst zu bearbeiten hatte. Aus einem „Viertel" – das waren um die 1.500 Weinstöcke – konnte man nur in besten Jahren rund 48 Eimer Wein fächsen. Diese Menge Wein samt einem eisernem Bandfass ergab damals, je nach Jahrgang und Güte, einen Wert von rund 108 Gulden. Der Schulmeister hatte neben seiner Tätigkeit als Regenschori auch die Pflichten des Mesners zu erfüllen, das

Abb. 6:
Kommunion Ruppersthal;
Österreichische National-Bibliothek (ÖNB)

bedeutete, dass bei der Messfeier ein eigener Messwein bereit stehen musste.

Die Häuser in Ruppersthal waren zum Teil mit Schindeln und zum Teil mit Strohdächern gedeckt. Das Dach des Schulmeisters, gegenüber der alten Wehrkirche, war mit einem Strohdach versehen.

Zu einem funktionierenden Dorfleben gehörten auch Handwerker. Die waren ausreichend vorhanden. Es gab einen Schmied, einen Schlosser, einen Bäcker, einen Fleischhauer, zwei Binder, einen Schuster, einen

Abb. 7: Ruppersthal, um 1950; Quelle: K. Strell

Schneider, zwei Weber, einen Tischler, mehrere Maurer und Zimmerleute, einen Krämer und einen Wirt. Das Getreide wurde in den durch das Flüsschen Schmida betriebenen Mühlen im nahe gelegenen Weikerstorff (Großweikersdorf) und Großwissendorf (Großwiesendorf) vom Korn zu Mehl. Einen Sack Korn brachte man in die Mühle, „einen Stumpf Mehl" bekam man mit nach Hause. Das gemahlene Mehl, mit den richtigen Zutaten versehen, wurde in Trögen zu Laiben geformt und dann in die Lehm-Backöfen „eingeschossen", woraus Brot bester Qualität entstand. Die zunächst knusprigen Brotlaibe, auf die viele hungernde Mäuler warteten, wurden stehend auf der „Brotraim" gelagert. Bis der letzte Laib auf den Tisch gelangte, war das Brot freilich schon beinhart. Dann musste sehr häufig zum Brotschneiden statt des Messers die Hacke zur Hand genommen werden.

Zu den Gemeinden Großwissendorf (Großwiesendorf) und Paumgarten (Baumgarten am Wagram) bestanden gute nachbarschaftliche Beziehungen, immerhin waren sie alle im hiesigen Pfarrverband eingegliedert und feierten daher an Sonntagen mit den Ruppersthalern zusammen die Messe und zu Ägydi das Kirchweihfest (Kirtag).

Jeder dieser Gemeinden war in der dreischiffigen Pfarrkirche ein Kirchenschiff zugeordnet. Die Ruppersthaler durften das Mittelschiff besetzen, während die Baumgartner und die Großwiesendorfer die Seitenschiffe mit Sichteinschränkungen zum Hochaltar zugewiesen erhielten. Die Toten aus diesen der Pfarre Ruppersthal beigeordneten Gemeinden Baumgarten und Großwiesendorf wurden über die unwegsamen „Totenwege", über den 344 Meter hohen Kogelberg zum Leichenhof (Friedhof) nach Ruppersthal getragen und bestattet.

Am Kogelberg, auf der Grenze zwischen Großweikersdorf, Großwiesendorf und Ruppersthal, stand die Wahlfahrtskirche zum „Hl. Kreuz". Die erste Messe wurde am 3. Mai 1710 in Anwesenheit der ganzen hochgräflichen Enkenvoirtischen Familie und mehrerer 1.000 Menschen vom Dechant aus Krems gelesen. Joseph II. ließ diese kleine Kirche aufgrund von Einsparungsmaßnahmen im Jahr 1783 abtragen. Die Monstranz, die Bilder und sonstigen Kultgegenstände gelangten in die Pfarrkirchen nach Großweikersdorf und Ruppersthal. Das

Abb. 9: Hl. Rupert mit Madonna und offenem Salzgefäß, Alberto von Rohden nach Ludwig Seitz (Rom 1880)

Stiftungsvermögen in der Höhe von 1.886 fl (Gulden) 25¼ kr. (Kreuzer) und die vom Abbruch verbliebenen Materialien mussten für den unvollendeten Kirchenturm in Großweikersdorf verwendet werden. Der kleinen Kirche (Kapelle) zum „Hl. Kreuz", damals ein beliebter Wahlfahrtsort, war ein nur ein 74-jähriger Bestand gegönnt.

Dieser Entstehung geht eine sehr bewegte Geschichte voraus. Schon 1693 sollte auf der Grenze zwischen Baumgarten am Wagram, Ruppersthal und Großweikersdorf eine Kapelle gebaut werden. Aus Großwei-

Abb. 8: Ruppersthal; IPG

kersdorf wurden auch bereits nötige Materialien herbeigeschafft. Als die Baumgartner entdeckten, dass das „Kreutz" auf ihrer Freiheit stehen würde, protestierten sie. Auch die Ruppersthaler verkündeten, dass sie diese Kapelle des Nachts wieder niederreißen würden. Und so wurden die Materialien vom so genannten „Wödlischen Kreuz" auf die andere Seite des Kogelberges gebracht, wo am 29. April 1707 mit dem Graben für die Grundfeste die Arbeiten begannen. Am 26. Mai 1707 wurde vom Grafen Enkenvoirt der Grundstein gelegt. Im Verbeschaidbuch kann u.a. gelesen werden: „... legen hiermit zu den Crucifixbild auf den Koglberg den Ersten Stain den 26. May. Nach welchen solches genau angefangen und fort geführt worden". Verbeschaidbuch der Hft. Grafenegg mit der Signatur „Buch 26" und „Buch 24 Folio Seite 340".

Heute steht auf diesem Platz weder eine Kirche noch ein Kreuz oder irgendein Hinweisschild! „Das verehrte Kreuz der Kogelbergkirche" hingegen ist in der Barockkirche zum Hl. Georg in Großweikersdorf zu sehen.

Ein wahres Schmuckkästchen des Dorfes Ruppersthal ist die auf einer Anhöhe liegende spätgotische dreischiffige, mit vier Jochen versehene Staffelkirche, die dem Heiligen Ägydius – einem der volkstümlichsten Heiligen des Mittelalters – geweiht ist. Die alte Wehrkirche, die schon Hussiten-, Türken-, Schweden- und Franzosenangriffen ausgesetzt war, ist in den Jahren 1735-1739 barockisiert worden. Die alte Wehrkirche stammte aus dem 14. Jahrhundert, der Turm scheint aber um einiges älter zu sein, zumal seine Bauart der Frühgotik zugeordnet werden kann. Das ehemalige Altarbild (Tod des Hl. Josef) – es wird Johann Bergl zugeschrieben – wurde damals an die Rückwand des linken Seitenschiffes montiert. In den Kirchenrechnungen der Jahre 1736 bis 1739 scheinen die Namen der Tullner Künstlerfamilie Gürner (auch Gierner), und zwar Johannes

Abb. 10: Das Schloss Ruppersthal, heute; Dr. Müller

Michael und Sebastian, auf, auch der Name des Tischlermeisters Caspar Wetzl aus Tulln wird erwähnt. Sie verrichteten sowohl die Vergolderarbeiten als auch die Tischler- und die Bildhauerarbeiten. Das Hochaltarbild stammt vom „Herrn Eques de Roettiers zu Wienn", der für sein Werk im Jahr 1739 124fl 30kr erhielt.

Zur Zeit des Wirkens von Schulmeister Martin Pleyl waren die Seitenaltäre dem Hl. Rupert und dem Hl. Wolfgang geweiht. Damals wurden auch neue Kirchenbänke montiert, die heute allerdings den Kirchen- und Konzertbesuchern schon etwas zu eng geworden sind. Auf dem Kirchenchor wirkte damals Schulmeister Martin Pleyl als Regens Chori.

Eigenartig mutet die Sage an, wonach in Ruppersthal im 8. Jahrhundert eine Kirche von St. Rupert selbst gebaut worden sein und der Ort angeblich deshalb den Namen Ruppersthal erhalten habe. Diese ehemalige Kirche wurde von Karl I. dem Großen (um 742 † 28. Januar 814 in Aachen) dem Passauer Bistume einverleibt. St. Rupert wurde in Worms am Rhein durch Herzog Theodo inständiges Bitten berufen, den christlichen Glauben auch im heutigen Österreich zu verbreiten und die Sitten zu mildern. So kam also jener Ruprecht mit dieser Mission die Donau herunter. Anscheinend hat er den Kogelberg als Standort für sein Kirchlein auserwählt, weil sich ihm ein wunderbarer Ausblick auf das Tullnerfeld bot. Später bauten

Abb. 11: Ehe, Martin mit Anna Theresia, aus der Pfarrmatrikel; IPG (siehe S. 31, 32)

angeblich St. Ruperts Schüler Cunald und Gisalrich das älteste Kirchlein in Wien ...
Am Südrand des Ortes logierte im einstöckigen, spätbarocken Schloss zu Ruppersthal die Familie des Grafen Schallenberg, die auch die Orts- und Conscriptionsobrigkeit innehatte. Das Landgericht wurde durch die Herrschaft Grafenegg ausgeübt.

Am 30. Juli 1622, nach der Schlacht auf dem Weißen Berg, verkaufte Carl von Saurau mit kaiserlicher Zustimmung das Schloss Ruppersthal an den streng katholischen Johann Baptist Graf von Werdenberg. Graf Christoph Ernst Schallenberg hatte das Schloss samt Besitzungen im Jahre 1658 von Anna Sidonia Laysser erworben. Im Jahr 1675 scheint sein Sohn Christoph Dietmayer Graf von Schallenberg als Besitzer auf, 1719 dann dessen Söhne. Zu Ignaz Joseph Pleyels Zeit im Jahre 1762 erbte das „Schloss Ruppersthal" Katharina Gräfin Schallenberg, geborene Freiin. Wie dem ständischen Gültenbuche zu entnehmen ist, fand bis heute ein reger Wechsel der Besitzer statt. Zum jetzigen Zeitpunkt wird dieses ehemalige Herrschaftsgebäude von der Familie

Dr. Hermann und Dr. Elisabeth Müller bewohnt, die das Schloss vorbildlich renovieren ließ. Während im ersten Stock neun geschmackvolle Zimmer eingerichtet waren, befanden sich im Erdgeschoß die Küche, die Vorratskammern und das Amtslokal der Herrschaft. Das abgesonderte Gebäude war für das „Amtspersonal und die minderen Diener" bestimmt.

Um diese Zeit entstanden in Ruppersthal auch einige Kleindenkmäler. So zum Beispiel der Hl. Johannes Nepomuk als Sandsteinfigur vor dem Schloss-Tabernakelbildstock, im Ort; toskanische Säule mit Quaderaufsatz und Reliefs, Pieta, Gnadenstuhl und Hl. Ambrosius – ein Pfeilerbildstock auf der Straße nach Großweikersdorf aus dem Jahr 1764 – und ein Pfeilerbildstock auf der Straße nach Königsbrunn (im Pleyel-Museum zu bewundern).

Im Garten des Schlosses entstand in den 1780er Jahren ein von Vasen bekröntes Gartenportal im Zopfstil. In der Nähe des Brunnens befand sich der Eingang zum Erdstall, der im Jahre 1404 gegraben worden ist. Das andere Ende des Erdstalls befindet sich in der einen Kilometer entfernten Schmiedgasse Richtung Oberstockstall. Der Erd-

Abb. 12: Erdstall in Ruppersthal; Quelle wie Abb. 1

Abb. 13: Tod des Lehrers Johannes Michael Graf, aus der Pfarrmatrikel; IPG

stall war mit drei Kammern ausgestattet, in denen sich Feuerstellen befanden. Hauptsächlich boten die Erdställe den Menschen Schutz vor einfallenden Kriegsvölkern. Der Maler und Höhlenforscher Ignaz Spöttl hinterließ im Jahre 1880 seine grafischen und textlichen Eindrücke über dieses einmalige Naturdenkmal in Ruppersthal. Seine künstlerische Arbeit ist im Pleyel-Museum zu betrachten (Ich erinnere mich, dass wir uns als Kinder in diesem westlich von Ruppersthal befindlichen Erdstall aufgehalten und uns gegenseitig die Kerzen ausgeblasen haben). Unsere Mütter suchten darin Zuflucht vor den Besatzungstruppen des 2. Weltkriegs.

Am 9. Jänner 1742 gab es in der Pfarrkirche zum Hl. Ägydiuds in Ruppersthal eine Trauung. Der Schulmeister Joannes Michael Graf, der Sohn des Andreas Graf, heiratete die Tochter des wohledlen Herrn Antony Forster von Raab aus Ungarn, und seiner Gattin, der edlen Herrin Cajetana. Es fungierten sehr prominente Trauzeugen. Für den Bräutigam: Balthasar Kramer, Judex Winkelbergensis (Richter in Winkelberg) und Andreas Schneider, Judex Vice-Domini hier. Für die Braut: Andreas Schober, Judex pagi (Dorfrichter), Joannes Kotbauer aus Grafenegg (Richter).

Bei meinen Nachforschungen in den 1980er Jahren fiel mir auf, dass bei den Trauungen der vorangegangen Schulmeister bloß Ortsbewohner aus Ruppersthal als Trauzeugen anwesend waren. Wenn es einmal hoch herging, stand der Dorfrichter als Trauzeuge zur Verfügung. Deshalb dehnten sich 1997 Nachforschungen nach dem angeblichen Herkunftsland von Anna Theresia Forster und nach andern Orten mit dem Namen Raab aus.

Die Frage dabei lautete: Wie kommt denn dieses 19-jährige Mädchen in den kleinen Ort Ruppersthal „hinter die sieben Berge....?" Hätte sie doch näher nach Wien, Eisenstadt, Pressburg oder nach Wiener Neustadt als nach Ruppersthal gehabt.

Der Ehe war keine lange Dauer beschieden. Am 4. Februar 1744 starb der jungvermählte Schulmeister Joannes Michael Graf im Alter von 35 Jahren. Aus der Ehe mit Anna Theresia entstammte die 1744 geborene Tochter namens Rosalia Graf. Die Witwe Anna Theresia konnte sich aber anscheinend nicht für den jüngeren Bruder des Verstorbenen und Onkel ihrer Tochter, Franz Leopold Graf (1719-1779), entscheiden, der bereits im Stift Göttweig als Kantor tätig war. Deshalb wurde dringend ein neuer Schulmeister für

Abb. 14: Taufkirche von Martin Pleyl, Bad Pirawarth; Marktgemeinde Bad Pirawarth

Ruppersthal gesucht. Schon wenig später sollte dieser Martin Pleyl heißen.

Franz Leopold Graf (auch Graff) entschloss sich deshalb, Schulmeister im Stift Göttweig zu werden. Seine Musikalität erlaubte ihm sogar zu komponieren. Laut Professbuch des Stiftes Göttweig (veröffentlicht von H. H. Abt Dr. Clemens Lashofer) wirkte Franz Leopold Graff von 1744 bis 1779 als Schulmeister im Benediktinerstift Göttweig. Graf war ab 1741 Kantor, ab 1744 Schulmeister und später Organist im Stift Göttweig. Dem Ruppersthaler Graf verdankt man angeblich die einzige Abschrift der verschollenen und 1957 wieder entdeckten „Roratemesse" von Joseph Haydn. Er komponierte die „St. Ruperti Messe", vermutlich nach dem Ort Ruppersthal bzw. nach dem vermutlichen Gründer von Ruppersthal „St. Rupertus."[1]

Von diesem Franz Leopold Graf, der uns Heutigen als Komponist völlig unbekannt ist, befindet sich eine ganze Reihe von Werken im Musikarchiv des Stiftes Göttweig. Dieser ebenfalls sehr begabte Ruppersthaler schrieb an die 100 Sakralwerke, davon 14 Requien und zehn Messen. Kein Wunder, ist er doch im selben Haus wie Ignaz Joseph Pleyel geboren, vielleicht sogar in der selben Stube. Das Archiv wird derzeit sehr fachkundig von Univ.-Prof. Dr. F. Riedel betreut. Graf galt seinerzeit neben Johann Georg Zechner (1717-1778) als begabter Komponist, dessen Schaffen den Stilwandel vom barocken zum klassisch-romantischen Stil während der theresianischen Epoche widerspiegelt. Der Komponist, Schulleiter und Musikus wohnte in einer Lehrerwohnung im Stift Göttweig.

Leider gibt es im Benediktinerstift Göttweig kein einziges Bild von Franz Leopold Graf. Es war damals üblich, erst ab den Chorregenten (z.B. Porträts eines Abtes) Bilder anzufertigen. Erst in der Biedermeierzeit kommen namentlich gekennzeichnete Porträts bei weniger hochgestellten Personen vor. Die Internationale Ignaz Joseph Pleyel Gesellschaft (IPG) hat auch die Werke dieses Barockkomponisten bereits gesichtet und archiviert.

Nach dem Ableben von Schulmeister Johannes Michael Graf, das wurde schon berichtet, brauchte man also in der rund 1.000-Seelen-Gemeinde Ruppersthal wieder einen Schulmeister. Immerhin gab es in der Trivialschule zu Ruppersthal 84 schulfähige, davon rund 53 schulgehende Kinder zu unterrichten, womit die Witwe Anna Theresia alleine überfordert gewesen wäre. Noch dazu hatte sie das Kleinkind Rosalia zu versorgen.

Der nächste Schulmeister in Rupperstal wurde der Sohn eines armen Schneiders aus Pyrawarth namens Martin Pleyl. Wie konnte ein armes Kind damals Schulmeister werden? Der aus Schlanders in Südtirol stammende Pfarrer in Pirawarth Josef Anton Holler von Doblhof, der lt. Totenprotokoll der Pfarre Pyrawarth am 15. Februar 1751 verstorben war, vermachte sein Vermögen einerseits der Kirche und andererseits den Armen.

Im Testament des Pirawarther Pfarrers Joseph Anton Holler kann man nachlesen: „Das hinterlassene Vermögen nach Abzug der Legate ... soll in zwey Theil abgetheilet werden, wovon ein Theil der Kirchen allhier af einen Hochaltar soll zukommen, der andere Theil aber unter die Armen soll ausgetheilet werden."[2] Ein Begünstigter dieser Hinterlassenschaft (rund 1.000 Gulden) war auch der Sohn des armen Schneiders Joan Pleyl (1680-?), Martin Pleyl (1716-1790?) aus Pyrawarth.

1.3. Die Familie Pleyel

Weitere Vorfahren von Ignaz Joseph Pleyel: Der Pyrawarther Schneider (heute Bad Pirawarth, Ob. Hauptstraße 29) Joan Pleyl war der Sohn des Philipp (?- vor 1702) und der Christine Pleyl (?–nach 1702) aus Schrick. Er heiratete im Jahr 1702 Gertrud Kürch-

Abb. 15: Inventarium der Verlassenschaft von Anna Theresia, NÖ-Landesarchiv

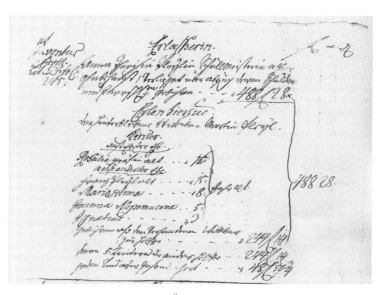

Abb. 16: Erblasserin Anna Theresia, NÖ-Landesarchiv (siehe S. 32 und 33)

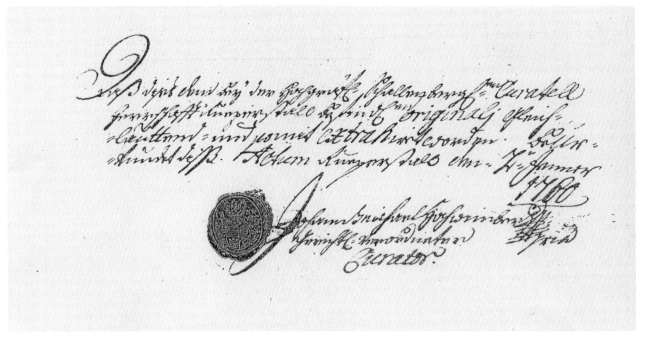

Abb. 17: Siegel und Unterschrift; NÖ-Landesarchiv (siehe 32, 33)

hammer (geb. 1685), die jedoch schon im Jahr 1715 starb. Die zweite Ehe ging er mit Elisabeth Strobl (1691-1761), der Tochter des in Mistelbach wohnenden Thomas Strobl (1655-1713) und der Elisabeth, geb. Danhoffer (1664-171?), deren Sohn Martin Pleyl, der Vater des Komponisten, am 29. Dezember 1716 geboren wurde.

In der IV. Ahnengeneration der Pleyls scheint Georg Strobl mit seiner Frau Barbara auf, sie sind ebenfalls in Mistelbach nachweisbar. Auch Dannhoffer Paul aus Mistelbach und Jänig Kunigunde aus Pulkau zählen zu den Vorfahren des Ruppersthaler Komponisten Ignaz Joseph Pleyel. In der V. Ahnengeneration findet man dann die Namen Thanhoffer Mathias und Dorothea aus Mistelbach sowie Hans Koller von Eibestal. Die Eheschließung von Jänig Adam aus Pulkau und Elisabeth fand bereits vor 1645 statt. Übrigens: Die Pleyls schrieben sich schon vor 1695 mit einem zweiten „e", nämlich: „Pleyel". Martin Pleyl hatte aufgrund der Unterstütung des verstorbenen Pfarrers Holler die Möglichkeit, die Musterschule in Maissau am Fuße des Manhartsberges zu besuchen und dadurch die Chance erhalten, die vakante Stelle des Schulmeisters in Ruppersthal zu besetzen. Nachdem der Schulmeister zu Ruppersthal auch die Mesnerdienste und die Funktion eines Regens Chori zu betreuen hatte, wurde Pleyl Inhaber dieser drei Positionen. Mit dem Gehalt des Schulmeisters war es freilich nicht so gut bestellt, denn trotz dieser Mehrfachfunktionen scheinen in der Tabelle Nr. XII über den Zustand der Trivialschule Rupperstall nur insgesamt 196 Gulden und 34 Kreuzer Jahreseinkommen auf (siehe nachstehende Tabelle), rund die Hälfte davon wurde in Naturalien abgegolten. Nicht alle Kinder konnten nämlich das Schulgeld zahlen. Im Inventarium vom 2. Jänner 1760 (Nachlass nach seiner Frau Anna Theresia) scheinen in einem Absatz unter Activa 10 Gulden ausständiges Schulgeld auf. Zum Vergleich: Joseph Haydn bezog 1790 von Fürst Anton Esterhazy eine Pension von insgesamt 1.400 Gulden.

Anscheinend dürfte dem neuen Schulmeister aus Pyrawarth die junge Witwe des verstorbenen Schulmeisters Graf, Anna Theresia, gefallen haben, denn sonst könnte man im Trauungsbuch der Pfarre Ruppersthal nicht schon am 28. April 1744 die Eintragung der Eheschließung zwischen Martin Pleyl und Anna Theresia, Gräfin,

Abb. 18: Kirche Ruppersthal; Hochaltar; IPG

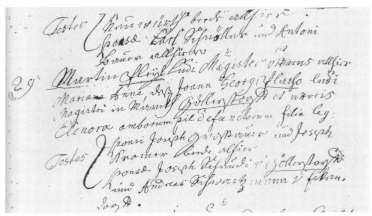

Abb. 19: 2. Hochzeit des Martin Pleyl mit Maria Anna Placho, Pfarrmartrikel; IPG

Abb. 20: Kirche in Göllersdorf; Marktgemeinde Göllersdorf (siehe 34, 35)

finden. Wie man der nachstehenden Eintragung in der Pfarrmatrikel Ruppersthal entnehmen kann, finden sich abermals prominente Trauzeugen ein.

Eintragung im Trauungsbuch der Pfarre Ruppersthal vom 28. April 1744: „Martinus, deß Joannis Pleyl ex Pürawarth et Elisabethae ux: adhuc ambe in vivis filius legitimus/et Anna Theresia, Gräfin, vidua Lude Magistri hic. Testes Sponsi Jacobus Gegenbauer Lude Rector ex Kürchberg, et Andreas Heger Lude Rector ex civitate Eggenburgensi. Sponsae Andreas Schober Judex hic et Balthasar Krammer Judex Winkelbergensis." Also: Martin Pleyl, Sohn des Johann Pleyl aus Pirawarth und seiner Gattin Elisabeth mit Anna Theresia, Gräfin, Witwe und Lehrerin. Trauzeugen für ihn: Jacobus Gegenbauer, Oberlehrer zu Kirchberg, und Andreas Heger, Oberlehrer in Eggenburg; Für sie: Andreas Schober, Dorfrichter, und Balthasar Kramer, Richter in Winkelberg.

Anno 1744 hinterlässt der Pfarrer von Ruppersthal im Trauungsbuch mit dem Eintrag „Gräfin" einen wichtigen Hinweis. Wenn auch dieser Hinweis kein Garant für eine adelige Abstammung von Pleyels Mutter Anna Theresia sein kann, zumal damals bei Namen von weiblichen Personen die Endung „in" in Dokumenten häufig verwendet wurde.

Aus dieser Ehe zwischen Martin Pleyl und Anna Theresia stammten acht Kinder, von denen Franz, Maria Anna, Johann Nepomuk und Ignaz Joseph überlebten. Ignaz Joseph Pleyel war das jüngste Kind dieser Ehe. Der spätere Komponist erblickte, wie schon erwähnt, am Samstag, dem 18. Juni 1757 das Licht der Welt. Am 27. Oktober 1759 starb viel zu früh die Mutter von Ignatius Josephus Pleyl im Alter von 36 Jahren.

Über das Vermögen der verstorbenen Anna Theresia Pleyl wurde vom gerichtlich verordneten Kurator Johann Michael Hochwimmer am 2. Jänner 1760 ein Inventarium im Beisein des Pfarrers Franziskus Taglang, des Dorfrichters Josef Krammer und des ehemaligen Dorfrichters Andreas Schober aufgenommen: Die „Erblasserin" Anna Theresia hinterließ

ein Vermögen in der Höhe von 488 fl und 28 kr. Das Vermögen wurde wie folgt aufgeteilt: Vater Martin Pleyl erhielt 244 fl und 14 kr, weitere 244 fl und 14 kr wurden an die fünf Kinder zu je 48 fl und 50 3/4 kr aufgeteilt. Ein Kind aus 1. Ehe der Anna Theresia mit Joannes Michael Graf, Rosalia Graf, 16 Jahre, und die vier Kinder aus der 2. Ehe mit Martin Pleyl, darunter unser Ignatius.
Im Vermögen der Anna Theresia wurden u.a. angeführt: Ein Weinkeller, der jederzeit verkauft werden kann: 10 fl. Im Weinkeller lagerten Weine der Jahrgänge JG 1757 (18 Eimer), JG 1758 (48 Eimer) und JG 1759 (125 Eimer). Die Holzfässer waren mit hölzernen oder eisernen Bändern umgeben. Der Weingarten und die Äcker jedoch standen im Eigentum von Grundherrschaften. Die jeweiligen Grundstücke wurden vom Schulmeister belehnt.
Weingärten: ¼ im Bründl, Jesuiten-Freiheit neben Mathias Krammer am Baumgartner Steig (Herrschaft Grafenegg);
Äcker: ¾ Joch im Mitterfeld und ½ Joch im Raifel (Herrschaft Schallenberg);
Viehbestand: 1 Melchkuh (10 fl), 1 Kalb (8 fl), 1 Möstochs (18 fl), 1 Frischling und 2 kleine Ferkel (9 fl), 3 Stück Hühner, insgesamt 21 Kreuzer; Waffen: 1 Flinte zu 3 fl; Instrumente: insgesamt 6 fl.

Laut den der Internationalen Ignaz Joseph Pleyel Gesellschaft (IPG) vorliegenden Urkunden sollte der Schulmeister 20 fl 45 kr Sterbegeld zahlen. Als sich Martin Pleyl weigerte, dies zu tun, forderte ihn der Beamte auf, ihm den Kellerschlüssel zu übergeben. Er wollte nämlich im Gegenwert des Sterbegeldes Wein von den Fässern entnehmen. Dies konnte dank der Hilfe des Pfarrers Franziskus Taglan verhindert werden, weil sich der Schlüssel angeblich nicht im Besitz des Schulmeisters befand, sondern irgendwo im Pfarrhof lag ...

Der Historiograf Vogeleis erwähnt, dass Ignaz Joseph Pleyels Mutter aus vornehmer Familie stammte und wegen dieser Heirat enterbt worden war.[3] Dieselbe Feststellung wird in „Musikalisches Conversations-Lexikon" aus dem Jahr 1881 getroffen.[4] Im Musik-Lexikon von Dr. Hugo Riemann kann man nachlesen: Ignaz Joseph Pleyels Mutter „war hochadeliger Herkunft, aber (wegen) ihrer Messaliance wegen enterbt".[5] Joseph Klingenbeck schrieb 1928 in seiner Münchner Dissertation: „Ignaz Joseph Pleyels Mutter war die älteste Tochter eines Grafen von Schallenberg ..."[6] In „Pleyel Biographie universelle ancienne et moderne", wurde von H. Audiffret berichtet, „dass die Mutter Pleyels die Tochter Graf Schallenbergs war".[7]

In „Allgemeine Deutsche Biographie" steht, „dass Martin Pleyl zuerst mit einem hochadeligen, wegen dieser ihrer Messaliance von ihrer Familie verstoßenen und enterbten Fräulein, verheiratet war ..."[8]
Dr. Constant von Wurzbach schreibt in „Biographisches Lexikon" aus 1870: „...die Mutter,

ursprünglich von hoher Geburt (...)"⁹ Im 7. Band von Fetis' „Biographie universelle des musiciens" kann man u.a. nachlesen: „... dieselbe war hochadeliger Herkunft (aber ihrer Mesalliance wegen enterbt), womit vielleicht zusammen hängt, dass P. früh Protektoren fand, welche ihm eine ausgezeichnete Erziehung angedeihen ließen".¹⁰ Fétis war immerhin ein Mann, der mit Pleyel in Paris persönlichen Kontakt hatte.

Germaine de Rothschild schreibt: „Als Knabe zeigte er grosse Begabung für Musik, aber seine Bildung wurde durch die Armut seiner Eltern eingeschränkt. Seine Mutter war jedoch adeliger Herkunft und durch ihre Verwandten wurde er mächtigen Gönnern vorgestellt, die ihm Unterstützung gewahrten. Ein nicht geringer dieser Vorteile war es, dass er durch ihre Gunst fünf Jahre Schüler von Haydn werden konnte."¹¹ Übrigens: Die Grafen Schallenberg haben von 1658 bis 1786 die „Herrschaft Ruppersthal" besessen.

Die Hinweise im Trauungsbuch vom 28. April 1744 bei den beiden Eheschließungen der Anna Theresia würden auch erklären, warum Graf Ladislaus Erdödy (1746-1786) aus Pressburg Mäzen und Förderer von Ignaz Joseph Pleyel wurde. Es gab also offensichtlich ein Interesse an dem begabten Sohn einer verstoßenen Adeligen, die aufgrund der Ehe mit einem gewöhnlichen Schulmeister keine standesgemäße Ehe eingegangen und deshalb auch enterbt worden war. Die österreichische Monarchie war groß, es gab 5.000 Postämter und ebenso viele Gemeinden. In dem rund 34-Millionen-Staat Österreich lebten zwischen Bregenz und Czernowicz, Triest und Krakau zigtausende Schulmeisterkinder.

Neben Ignaz Joseph Pleyel gab es in diesem Vielvölkerstaat ganz gewiss auch noch viele andere musikalische Talente. In Göllersdorf lebte die Tochter des Schulmeisters Joan Georg Placho und seiner verstorbenen Frau Eleonora, Maria Anna. Da Martin Pleyl nicht nur eine Schulgehilfin, sondern auch eine Mutter für seine vier Kinder benötigte, zog es ihn in das rund 18 Kilometer entfernte Göllersdorf, um eine Ehefrau und Stiefmutter für seine Kinder zu finden.

Schon am 29. Jänner 1760, genau drei Monate nach dem Tod seiner ersten Frau, ehelichte Martin Pleyl in der Pfarrkirche zu Ruppersthal die Lehrerstochter aus Göllersdorf Maria Anna Placho (1729-1815).

Im Gegensatz zu den vorangegangen Eheschließungen zwischen Joannes Michael Graf und Anna Theresia sowie Martin Pleyl und Anna Theresia fehlten bei dieser Eheschließung prominente Trauzeugen. Kein Wunder, Ignaz Joseph Pleyls leibliche Mutter war ja bereits tot!

Als Trauzeugen fungierten für den Bräutigam Josef Großauer und Josef Kromer, beide aus Ruppersthal, für die Braut Josef Schaudi aus Göllersdorf und Andreas Schwarzmann aus

Eggendorf. Dieser Ehe entstammten neun Kinder, die aber alle als Kleinkinder starben. Kein Kind wurde älter als zweieinhalb Jahre. Alle neun Kinder raffte die so genannte Rachenbräune (Diphterie) dahin. Der kleine Ignatius musste also zusehen, wie seine Stiefgeschwister wie die Fliegen nacheinander weg starben... Als Tochter eines Organisten hatte Maria Anna Bezug zur Musik und förderte daher mit sehr hoher Wahrscheinlichkeit das Talent ihres musikalischen Stiefsohnes Ignaz Joseph.

Ignaz Pleyels Geschwister: Das älteste Kind aus erster Ehe, Franz Pleyl, hatte das Glück, Kammerdiener beim Grafen Ladislaus Erdödy zu werden. Johann Pleyel (1751?-1811), vermutlich der Bruder unseres Ignaz Joseph, wurde 1788 in Agram in der maria-theresianischen Lehrerbildungsanstalt ausgebildet.
Der Lehrplan in Agram umfasste Gesang, Klavier- und Orgelspiel. Vermutlich hatte Johann ähnliche Anlagen wie sein Bruder Ignaz. Denn zu jener Zeit, als Johann Pleyl in Agram war, begann die Zeit des öffentlichen Musikunterrichts.

Ignaz Joseph Pleyels Schwester Maria hatte nach Stranzendorf geheiratet. Vermutlich lernte Martin Pleyl schon im Jahr 1759 auf seinem Weg nach Göllersdorf zu seiner zweiten Ehefrau den Schmiedemeister Michael Johann Kramer in Stranzendorf kennen, dessen Frau Elisabeth am 12. März 1772 verstorben war. Martin Pleyl und seine zweite Frau dürften daher dem Witwer Kramer ihre Tochter Maria Anna versprochen haben. Die Ehe zwischen dem Schmiedemeister Kramer und Maria Anna wurde am 14. September 1773 in Stranzendorf geschlossen. Nun war auch Maria Anna „unter der Haube". Ihr Bruder Ignaz Joseph absolvierte zu dieser Zeit schon längst sein Studium in Esterhaza bei Joseph Haydn ...

Die nachstehenden Eintragungen stammen aus der Pfarrmatrikel Göllersdorf:
1. Ehe von: **Michael Johann Kramer**, 2.5.1728, Schmiedemeister in Stranzendorf, Sohn des Jacob Kramer Schmiedemeister und der Elisabeth, geborene Knott verheiratet am 22.11.1763 in Stranzendorf mit **Binderin Elisabeth** von Breitenwaida

Kramer Elisabeth, 12.3.1772
in Stranzendorf

2. Ehe von: **Kramer Michael Johann**, Witwer in Stranzendorf
verheiratet am 14.9.1773 in Stranzendorf
Plailin Maria Anna, 7.2.1751
in Ruppersthal

Es folgt nun Ignaz Joseph Pleyels Ahnentafel (siehe nächste Seite).

Ignaz Joseph Pleyels Ahnentafel

Philipp Pleyl	&	**Christine**
„Nachbar" (Bauer oder Weinbauer?)	verheiratet vor 1680	gestorben nach 1702
in Schrick (gest. vor 1702)		

dessen Sohn:

Johann Pleyl	&	*1. Ehe:* **Gertrud Kürchhammer**
Schneider in Pyrawarth	verheiratet am 3.3.1702	Tochter des Egidius u. der Gertrud
geb. 1680 in Schrick bei Mistelbach	in Pyrawarth	geb. in Mordter gegen 1685,
(gest. ? in Pyrawarth)		gest. in Pyrawarth 1715

Johann Pleyl	&	*2. Ehe:* **Elisabeth Strobl**
	verheiratet	geb. am 27.7.1691 in Mistelbach
		gest. am 20.4.1761 in Pyrawarth
		(Mutter von Martin Pleyl)

dessen Sohn aus 2. Ehe:

Martin Pleyl	&	*1.Ehe:* **Anna Theresia Forster**
(Vater von Ignaz J. Pleyel)	verheiratet	verw. Graf, Tochter des Anton
Lehrer in Ruppersthal	am 28.4.1744	(Dominus in Raab) und der
(nachgewiesen bis 1786)		Cajetana Forster (verh. vor 1723,
geb. am 29.12.1716 in Pyrawarth		gest. vor 1742); geb. 1723
		in Raab (Györ), gest. am 27.10.1759
		in Ruppersthal

Kinder aus dieser 1. Ehe:
Franz P. (geb. am 20.4.1745)
Josef Thaddäus P. (geb. am 7.3. 1747, gest. am 23.3.1747)
Anna Theresia P. (geb. am 15.1.1749, gest. am 9.12.1752)
Maria Anna P. (geb. am 7.2.1751)
Maria Elisabeth P. (geb. am 17.4.1753, gest. am 25.4.1753)
Johann Nepomuk P. (geb. am 23.7.1754, gest. 1811)
Maria Franziska P. (geb. und gest. am 21.5.1756)
Ignaz Joseph P. (geb. am 18.6.1757 Ruppersthal, gest. am 14.11.1831 Paris)

Die zweite Ehe des Ruppersthaler Schulmeisters Martin Pleyl:

Martin Pleyl	&	*2. Ehe:* **Maria Anna Placho**
	verheiratet am 29.1.1760	Schulmeisterstochter
	in Ruppersthal	geb. 1729 in Göllersdorf,
		gest. am 25.1.1815 in
		Göllersdorf (verwitwet)

Kinder aus dieser 2. Ehe:
Mathias P. (geb. am 2.12.1760, gest. am 8.6.1762)
Ferdinand P. (geb. am 9.2. 1763, gest. am 10.7.1765)
Josef P. (geb. am 23.2.1765, gest. am 28.2.1765)
Josefa P. (geb. am 10.5.1767, gest. am 17.5.1767)
Cäcilie P. (geb. am 22.1.1769, gest. am 30.1.1769)
Martin Josef P. (geb. am 26.3.1770, gest. am 4.4.1771)
Johann Michael P. (geb. am 9.7.1771, gest. am 30.12.1771)
Aloisia P. (geb. am 1.2.1773, gest. am 25.5.1773)
Anna Maria P. (gest. am 17.3.1768 im Alter von zwei Jahren)
Sie starben alle als Kleinkinder an „Rachenbräune" (Diphterie).

Irrtümer

In der Allgemeinen Deutschen Biographie findet man den 1. Juni 1757 als Geburtsdatum von Ignaz Joseph Pleyel vermerkt. Tatsächlich jedoch erblickte der Ruppersthaler Komponist am 18. Juni das Licht der Welt. Spätere Leser konnten offensichtlich die in den Urkunden geschriebene Zahl deswegen nicht richtig entziffern, weil der Achter liegend geschrieben worden war. In fast allen älteren Quellen wird angegeben, Martin Pleyl hätte 24, 34 oder gar 38 Kinder gehabt. Das ist selbst für jene kinderreiche Zeit äußerst unwahrscheinlich. Die fehlerhafte Angabe einer derart großen Zahl entstand u.a. durch schlechtes Ausdeuten der Pfarrmatrikel. Es stimmt, dass Ignaz Joseph das 24. Kind war, aber nicht vom Schulmeister alleine, sondern das 24. Kind von allen Familien in der Pfarrgemeinde Ruppersthal in jenem Jahr.

Es wurde öfters geschrieben, die zweite Frau hätte ihrem Gatten 14 Kinder geschenkt, was erwiesenermaßen auch nicht stimmt. In erster Ehe des Martin Pleyl wurden acht und in der zweiten Ehe sind neun Kinder nachgewiesen. Der Schulmeister Graf hatte mit Anna Theresia ein Kind (Ich habe diese Ergebnisse zu Beginn der 1980er Jahre in mühsamer Kleinarbeit und mit großzügiger Unterstützung des Geistlichen Rates, Pfarrer Karl Röhrig, aus der Pfarrmatrikel entnommen).

Weiters kann nachgelesen werden, dass Vater Martin Pleyl 99 Jahre alt geworden sei. Schöny (Genealogie) schreibt, dass Martin Pleyl im Alter von etwa 99 Jahren „im Wald überrascht worden" ist. Auch beim Musikbiografen Vogeleis finden wir dieses für damalige Zeiten enorm hohe Alter dokumentiert. Der Fehler könnte aufgrund einer Verwechslung entstanden sein, wobei das Sterbedatum mit jenem von Martin Pleyls zweiter Ehefrau aus Göllersdorf in Zusammenhang gebracht und vermischt worden sein dürfte. Martin Pleyl ist jedoch mit hoher Wahrscheinlichkeit im Alter von 74 Jahren verstorben.

In Carl Ferdinand Beckers „Systematischchronologische Darstellung"[12] liest man die unglaubliche Feststellung, dass Ignaz Joseph Pleyel in Ungarn geboren worden ist.

Martin Pleyl tritt nach seiner Ausbildung in der Musterschule Maissau im April 1744 das Schulmeisteramt in Ruppersthal an. 1790 wurde Lorenz Schmied sein Nachfolger.
Im Heft „4/1990 Genealogie" wird berichtet, dass Martin Pleyl nur bis 1773 in Ruppersthal beurkundet ist. Fest steht, dass Pleyl noch 1786 als Schulmeister in Ruppersthal nachgewiesen werden kann und vermutlich erst im Jahre 1790 starb. Das würde bedeuten, dass Martin Pleyl insgesamt also 46 Jahre lang Schulmeister in Ruppersthal war. Im Jahr 1786 wurde dem 70-jährigen Schulmeister

Martin Pleyel der Schulgehilfe Kaspar Kastler aus der Musterschule Stetteldorf zur Seite gestellt. Der Schulgehilfe musste „freiwillig" hier arbeiten, also ohne jegliches Bareinkommen.

Viele Biografen behaupteten, die Mutter des Komponisten Ignaz Pleyel wäre bei dessen Geburt verstorben. Der Pfarrmatrikel nach jedoch ist Ignaz Joseph Pleyels Mutter erst am 27. Oktober 1759 gestorben. Ignaz J. Pleyel war damals zweieinhalb Jahre alt. Die Pleyl-Schule zu Ruppersthal war eine einklassige Trivialschule vis-à-vis der Pfarrkirche, die im Jahr 1785 mit der Nummer 197 im Viertel unter dem Manhartsberg amtlich geführt wird. In der „Josephinischen Fassion", einem Schulverzeichnis, trägt das alte Schulhaus die topografische Ordnungszahl 220 sowie die Hausnummer 80.

Musterschulen

Das waren Schulen, in denen Lehrer nach der „Saganschen-Methode" wirkten. Eine neue Methode, die Abt Felbiger in seinem Kloster erprobt hatte. Zu ihm wurden Lehrer der umliegenden Schulen geschickt, um einige handwerkliche Grundbegriffe der neuen Lehrart zu erlernen. So wurde für die erste

Tabelle 1

Von	Für	Gulden
von der Kirche	Schul-, Musik-, Meßner-Dienste und Stiftungen	19,30
von der Herrschaft Ruppersthal	an Getreyd 1,15 Sonstiges 3,45	5,00
vom Schulorte und denen dahin eingeschulten Ortschaften	Wetterlautgebühren und dergleichen	26,05
vom Schulorte	(Getreyd und derlei Sammlungen)	11,15
vom Schulorte	Wein (zwischen 25 und 92 Eimer/Jahr)	21,00
vom Schulorte	Begräbnisgebühren und Kopulationsgebühren	15,12
Schulgeld*	Von 53 Schulkindern	98,24
Einkünfte des Schulmeisters		196,26

* Das Schulgeld betrug (1 Gulden entsprach 60 Kreuzer):
  - für Buchstabenkenner wöchentlich   1 Kreuzer
  - für Buchstabierer wöchentlich   1 ½ Kreuzer
  - für Leser wöchentlich   1 Kreuzer
  - für Schüler der 2. Klasse wöchentlich   3 Kreuzer

Zeit, vor allem nach 1774, möglichst schnell und umfassend eine rasche Verbesserung des niederen Schulwesenstandards angestrebt. Den Musterschulen mit Kurzunterweisungen gehörte im Viertel unter dem Manhartsberg neben Mistelbach, Ernstbrunn, Pyrawarth, Stetteldorf, Stammersdorf sowie Enzersdorf im Tale auch Maissau an.

Trotz gesetzlicher Vorgaben gab es zu dieser Zeit die Schulpflicht in manchen Gegenden nur auf dem Papier, so auch in Ruppersthal. Für Schulversäumnisse sah das Gesetz das doppelte Schulgeld als Strafe vor. Viele Eltern konnten aber nicht einmal das einfache Schulgeld zahlen. Wer also seine Kinder in die Schule schickte, tat Recht, und wer sie nicht schickte, wurde auch nicht behelligt. Schulpflicht bestand vom 6. bis zum 12. Lebensjahr. Für die schulentlassene Jugend war noch eine Wiederholung an Sonntagnachmittagen befohlen. Im Weiteren wurde bestimmt, dass die 6- bis 8-jährigen Kinder in der Regel während der wärmeren Jahreszeit die Schule besuchen sollten, da im Winter die Wege für sie zu beschwerlich seien, die 9- bis 13-Jährigen aber wenigstens von Anfang Dezember bis Ende März, denn in der übrigen Zeit glaubte man, auf ihre Mithilfe in der Landwirtschaft meist nicht verzichten zu können. In diesen Grenzen war die allgemeine Schulpflicht zu verstehen, und kein Lehrling durfte freigesprochen werden, der diese Bedingungen nicht erfüllte.

Abb. 21: Geburtshaus (heute: Pleyel-Museum); 1997 noch als Ruine; Günther Rapp

Der Religionsunterricht wurde von den Geistlichen übernommen, so auch in Ruppersthal. Die Schulaufsicht über die Trivialschulen stand einem Gremium zu, dem außer dem Pfarrer und einem Mitglied der Gemeinde auch ein Angestellter der betreffenden Grundherrschaft angehörte.

In den Trivialschulen lehrte man Religion, Schreiben, Lesen, Singen und die Grundrechnungsarten, um „zur Rechtschaffenheit und zur Wirtschaft anzuleiten". Die Schulung umfasste ein bis zwei Klassen. Ruppersthal wurde bis 1894 einklassig geführt.
Der „Tabelle über den Zustand der Trivialschule zu Ruppersthal im Jahre 1786" ist Folgendes zu entnehmen: „Zahl der schulfähigen Kinder: 44 Knaben, 40 Mädchen; Zahl der schulgehenden Kinder: 38 Knaben, 15 Mädchen. Zahl der schulunfähigen Kin-

der: 31 Kinder; Einkünfte des Schulmeisters: 196 fl (Gulden) 34 kr (Kreuzer) inkl. „Mesnerdienste" (Siehe auch Tabelle 1).

Der Schulmeister ist Martin Pleyl, er ist 68 Jahre alt (1786 war er 70 Jahre alt), er ist 41 Jahre hier (1786 war er 42 Jahre hier), er stammt aus der Musterschule zu Maissau lt. den 5ten Zeugnis 1779, er lehrt nicht mehr, seine Sitten sind gut.

Der Gehilfe des Schulmeisters: Kaspar Kastler, 27 Jahre, 14 Dienstjahre, lt. Zeugnis der Musterschule Stetteldorf: ganz gut und fleißig, an seinen Sitten ist nichts auszusetzen, ist freiwillig hier, er ist nöthig hier, weil der Schulmeister (gemeint ist Martin Pleyl) zu alt ist. Der Gehilfe bezog keinerlei Einkünfte. Katechet: Leopold Dungl, Pfarrvikar, ist fast wöchentlich in der Schule.

Der Fassion oder dem wahrhaften Bekenntnis und der Anzeige vom 13. Juli 1785, Nr. 197, kann man entnehmen: Es gab sechs arme Kinder (vier männlichen Geschlechts und zwei weiblichen Geschlechts), die unentgeltlich zu unterrichten waren.

Die Zuschüsse, um den Schulmeister, Mesner und Regenschori Martin Pleyl entlohnen zu können, resultierten aus Einkünften in Barem und an Naturalien (siehe Tabelle). Ferner ist der Tabelle Nr. XII über den Zustand der Trivialschulen zu entnehmen: „Ist ein neues Schulzimmer und Kammer zu bauen, weil das Schulhaus unter der Erd steht, weil es zu klein um 1 Zimmer. 1 Speis und die Schupfe zu wenig. Könnte auf das Beinhäusl 1 Stock gesetzt, 1 Schulzimmer, 1 Kammer für den Lehrer gemacht, das Beinhäusl selbst statt der Schupfen bleiben und 2 Abtritte für die Kinder daran gemacht werden."

1.4. Die Schulmeister zu Ruppersthal

In der Liste der Ruppersthaler Schulleiter findet sich bereits im Jahre 1670 Jakob Greil. 1721 wird Schulmeister Andreas Graf erwähnt, diesem folgte ebenfalls ein Andreas Graf und ab 1742 dessen Sohn Johann Michael Graf. Von 1744 bis 1786 wird Martin Pleyl beurkundet. Ihm folgten: 1790 Lorenz Schmied, 1828 Johann Klausberger und von 1872 bis zur Eröffnung des neuen Schulgebäudes an der Ortsstraße im Jahr 1894 (heute NÖ-Landeskindergarten) Michael Schmied.

Im Jahr 1846 bekam das Schulhaus, das heutige Pleyel-Museum, in dem Ignaz Joseph Pleyel von seinem Vater unterrichtet worden ist, einen neuen Dachstuhl, das alte Strohdach wurde durch Ziegel ersetzt.

Nun beginnt das Wirken des Ruppersthaler Schulmeisterbuben Ignaz Joseph Pleyel ...

Schon bald erkannten die Eltern das Talent des hoch begabten Knaben. Man hatte seine Begabung, Anlage und Neigung zur Musik bemerkt. Es kann davon ausgegangen werden, dass er ähnlich wie Wolfgang A. Mozart unter der Aufsicht seines Vaters die Orgel am Kirchenchor spielen durfte und den ersten Violinunterricht bekam. Schulmeister Pleyl besaß Instrumente im Gegenwert von sechs Gulden. Im Zuge dieser ersten „Ruppersthaler-Ausbildung" entfaltete sich bereits für alle erkennbar das musikalische Talent des Knaben. Das musste ganz einfach gefördert werden, umso mehr, als seine Mutter höchstwahrscheinlich eine Adelige war. Es ist daher leicht zu verstehen, warum man den 14-jährigen Ignaz Joseph Pleyel und nicht irgend ein anders Schulmeisterkind aus dem Vielvölkerstaat Österreich nach Wien brachte. Der kleine Ignaz Joseph wurde zum Lehrer des Adels, nämlich zum freischaffenden Künstler Johann Baptist Wanhal (1739-1813), gebracht. Wanhals Gönner waren zum Beispiel die Familie des Grafen Schaffgotsch, die Familie des Barons I.W. Riesch und die Familie des Grafen Ladislaus Erdödy. Letzterer sollte der besondere Förderer des talentierten Ignaz Joseph Pleyel aus Ruppersthal werden.

Versetzen wir uns in die Situation der Schulmeisterfamilie Pleyl anno 1771. Wie könnte das in Ruppersthal gewesen sein? Nachstehend eine Szene aus dem 1. Akt des fünfaktigen Dokumentarspiel „Ignaz Joseph Pleyel

Abb. 22: Ländlertanzendes Bauernpaar, Groteskenmalerei von Johann Jakob Drentwett 1733 im Gartenpavillon des Schlosses Obersiebenbrunn; Dr. Anderle

– Der vergessene Sohn unserer Heimat" von Adolf Ehrentraud, Uraufführung 1994 vor Pleyels Geburtshaus am Ignaz Pleyel-Platz in Ruppersthal.

Ignaz: *(leise und verschämt)* Herr Vater, darf ich in die Kirche Orgel spielen gehen?
Vater Martin: Unser kleiner Musikus will natürlich schon wieder eine Ausnahme. Also gut, da hast den Kirchenschlüssel, aber nur eine Viertelstunde, hast du gehört?
Ignaz: Vielen Dank, Herr Vater! *(läuft ab)*
Maria-Anna: *(nun hinter Martin, der sich gesetzt hat, hält sich mit beiden Händen am Stuhl fest)* Martin, du musst dem Buben unbedingt eine gehörige Ausbildung zukommen lassen, das bist du seinem Talent

Abb. 23: Theaterstück, 1994; IPG

schuldig. Wir beide können ihm nichts mehr beibringen.

Vater Martin: Ich denk das schon lange, Maria-Anna. Ich kann deswegen schon wochenlang nicht mehr schlafen, und weil ich weiß, dass ich ihn verlier'... meinen Buben... für immer... Er hat das Rüstzeug zu einem ganz Großen... er spielt schon jetzt die Violine wie ein Meister, genau so gut die Bratsche und die Orgel. Der Lausbub hat sogar Talent zum Notensetzen. Wo er das bloß her hat?
Maria-Anna: *(bestimmt)* Er hat's eben, und das muss gefördert werden. Setz' dich hin und schreib' einen Brief!
Vater Martin: Aber an wen denn?
Maria-Anna: Ich weiß es auch nicht. *(geht auf und ab und hält plötzlich inne)* Aber wir müssen etwas unternehmen... Sprich mit der Wirtschafterin von der Gräfin Schallenberg. Die hat beste Beziehungen zur Gräfin, und die wiederum kennt doch den ganzen Adel. Die leiten deinen Brief sicher an die richtige Adresse weiter.
Vater Martin: *(geht nun auch auf und ab und bleibt dann stehen)* Wie Recht du hast. Ja, das ist gut und gut für unseren Ignaz *(entschlossen)* Ich schreib.
(Setzt sich, tunkt die Feder in das Tintenfass und schreibt.)

Wie mag sich wohl der Abschied des Ignaz Joseph von seinem Geburtsort zugetragen haben? Nachstehend eine Szene aus dem 1. Akt des genannten Dokumentarspiels:

Ignaz: *(kommt quietschvergnügt herein)* Herr Vater haben mich gerufen?
Vater Martin: Nimm deine Geige, Ignaz.
Ignaz: *(nimmt die Geige)* Fein, was spielen wir zusammen, Herr Vater?
Vater Martin: Liebst du deine Geige, Ignaz?
Ignaz: Ja, ganz stark... Aber, das weiß ja der Herr Vater. Wollen Sie hören? Ich kann schon wieder ganz was Neues. *(Setzt an und spielt einige Gedanken aus der Ouvertüre der Marionettenoper „Die Fee Urgele".)*
Gefällt Ihnen das, Herr Vater? Gestern erst beim Orgelspielen in der Kirche ist mir diese Melodie eingefallen.
Vater Martin: *(sehr beeindruckt; steht ihm jetzt gegenüber und nimmt seine Hände, es setzt als Untermalungsmusik das eben Gehörte ein)* Sehr sogar *(nimmt ihn)*. Mein lieber, lieber Bub. *(fasst sich wieder)* Willst du deine Fertigkeiten

verbessern, möchtest du ein ganz großer Musiker werden, wovon du immer schon geträumt hast?
Ignaz: *(erstaunt)* Ja, schon, Herr Vater. Aber warum fragen Sie? Sie sind doch der beste Lehrer.
Vater Martin: Schau Ignaz, es gibt so viele große Musiker und so unglaublich begnadete Komponisten in unserem Land. Die könnten dich sehr viel mehr lehren als ich. Ich bin am Ende mit meinem Latein; du hast mich schon jetzt übertroffen. Du musst in die Stadt.
Ignaz: *(gerührt)* Nein, Herr Vater, ich will nicht in die Stadt, ich will nicht zu Künstlern, ich will bei Ihnen und bei meinen Geschwistern bleiben hier in Ruppersthal *(kniet sich nieder)*. Herr Vater, ich bin doch hier zu Hause.
Vater Martin: *(zieht ihn hoch und drückt ihn an sich)* Schau Ignaz, du musst ja nicht fort, weil wir arm sind und kaum alle Mäuler voll stopfen können, nein. Wir, deine Stiefmutter und ich, würden schon sorgen für dich.
Ignaz: *(verzweifelt)* Ich könnt' doch auch im Weingarten und auf dem Acker mitarbeiten, wie meine Geschwister, dann hätten wir noch mehr zum Essen *(weint sehr stark)* ... und ich könnt' da bleiben ... Herr Vater, ich lauf' gleich hinunter ins Niederfeld.
Vater Martin: *(bestimmt, mit dem Finger zeigend)* Ignaz! Bitte, tu es uns und deiner verstorbenen Mutter zuliebe. Ich bin sicher, wir werden einmal sehr stolz sein können auf dich. Ignaz, du hast das nötige Zeug dazu. *(Maria-Anna kommt mit dem Binkerl und den Geschwistern herein.)*

Johann: Was hab' ich gehört, du willst ein großer Künstler werden?
Franz: Unser Musikus geht in die Stadt?
Ignaz: *(weint, schneuzt sich in den Rock)* Kommt' Ihr mich besuchen?
Maria: Ignaz, mein Lieber, du wirst mir fehlen ... *(umarmt ihn)*.
Ignaz: Ihr werdet mir auch fehlen.

Vater Martin: *(holt ein Kreuz aus der Lade)* Ignaz, dieses Kreuz gehörte deiner Mutter. Nimm es. Es soll dich immer vor Gefahren beschützen und an uns erinnern.
Ignaz: Danke, Herr Vater, ich werde es wie einen Schatz hüten; und wenn es mir schlecht geht, nehm' ich es, und dann werde ich an euch und an meine „Heimat Ruppersthal" denken.
Maria-Anna: So, und jetzt wird gegessen *(stellt eine große Schüssel mit Suppe und Brot auf den Tisch)* und dann ins Bett mit dir, damit ihr beide morgen früh zeitig los könnt nach Wien.

(Ignaz wird von seinen Geschwistern umringt. Sie diskutieren heftig, danach setzen sie sich zu Tisch. Während sie anfangen, das Nachtmahl einzunehmen: Black out, rascher Umbau.)

Ende 1. Akt

2. Lehre bei Wanhal in Wien
Johann Baptist Wanhal (1739-1813)

Leicht wird es ihm nicht gefallen sein, unserem Ignatius Josephus, als er von seiner vertrauten Heimat in Ruppersthal weg musste. Ungefähr sechs Stunden musste man einplanen, um ins sieben Meilen (50 Kilometer) entfernte Wien zu gelangen. Es konnte leicht der Fall eintreten, dass Grundherren Durchfahrten versperrten und Pferde für die eigene Feldarbeit requirierten, dann dauerte die Reise wohl noch um einiges länger. Eine Reise von „Weickerstorff" nach Wien mit der Postkutsche kostete damals für eine Person 2 Gulden und 20 Kreuzer. Vater Martin musste also für die Hinfahrt 4 Gulden und 40 Kreuzer aufbringen, für die Rückfahrt nochmals 2 Gulden 20, das machte insgesamt 7 Gulden aus, das war ein beträchtlicher Teil seines baren Monatseinkommens.

Obwohl Ignaz Joseph in Ruppersthal in ärmsten Verhältnissen aufwuchs, lebte er bisher doch immerhin mit seiner Familie und

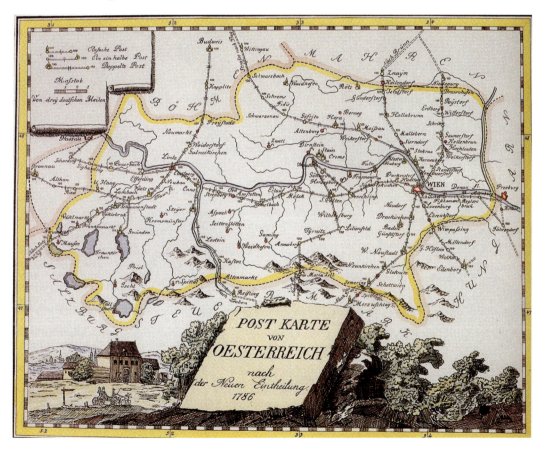

Abb. 1: Postkarte von (Nieder-)Österreich nach der neuen Einteilung 1786; Unternehmenszentrale der Post, Mag. Sinmaier

Abb. 2: Postkutsche aus dieser Zeit, Ankunft im Posthof Wien; Quelle wie Abb. 1

seinen Freunden in vertrauter Umgebung. Nun sollte sich für ihn alles ändern. In Wien, in den engen Gassen und in den gemauerten und möblierten Häusern begegnete er nun einer ganz anderen, fremden, ungewohnten Gesellschaft. Wenn diese zum Großteil auch ungleich vornehmer war, so bedeutete das für den einfachen Dorfschullehrer-Sohn eine große Umstellung, die es zu bewältigen galt.

Wiens Einwohnerzahl wuchs seit der schrecklichen und dann endlich überstandenen Pestepidemie im Jahr 1713 stetig an. 1771 lebten in Wien rund 175.000 Einwohner, in Ruppersthal etwa 1.000. Als Ignaz Joseph von Ruppersthal in die große Stadt kam, tat sich für ihn eine neue Welt auf. Wie muss der Bub gestaunt haben. In Wien gab es zu jener Zeit eine rege Bautätigkeit, und es setzte der Höhepunkt der Barockzeit ein, der ins Rokoko mündete. Die begnadeten und auch heute noch respektvoll bewunderten Architekten Johann Bernhard Fischer von Erlach und Johann Lukas von Hildebrandt hatten alle Hände voll zu tun. Die Palais der Adeligen, darunter auch das weltbekannte Gartenpalais des Prinzen Eugen, das Belvedere, legen noch heute Zeugnis von der Architekturkunst des 18. Jahrhunderts ab. Kanalisation und Straßenreinigung entwickelten sich, die Einführung der Hausnummern (Konskriptionsnummern) sowie die Anfänge eines staatlichen Postsystems fallen in diese Zeit.

Pleyels erster bekannt gewordener Lehrer war gleich einer der allerbesten: Johann Baptist Wanhal (1739–1813). Wanhal wurde am 12. Mai 1739 als Jan Ignatius in Neu Nechanitz (Nove Nechanice) in Böhmen geboren. Er stammte aus einer in Böhmen ansässigen, leibeigenen Bauernfamilie. Ersten Musikunterricht erhielt er von einem Schullehrer in Marsov (Marschendorf), das Orgelspiel erlernte er beim Schulrektor Erban. Mit 18 Jahren, als Ignaz Joseph Pleyel in Ruppersthal das Licht der Welt erblickte, wurde Wanhal Organist in Opocno. In den 1750er Jahren wirkte er als Organist in mehreren nordböhmischen Städten. Den Weg nach Wien ermöglichte ihm eine Gräfin Schaffgotsch, die durch sein Violinspiel auf ihn aufmerksam wurde, wodurch er beim gleichaltrigen, später als Komponist heiterer Opern bekannt gewordenen Carl Dittersdorf (1739-1799) studieren konnte. Dittersdorf wurde 1773 sogar geadelt und durfte sich fortan Ditters von Dittersdorf nennen. Im Sommer 1784 soll Dittersdorf, der sich hauptsächlich der Opernbühne widmete, durch gemeinsames Quartettspiel mit Franz Joseph Haydn (1732-1809), Wolfgang Amadé Mozart (1756-1791) und Johann Baptist Wanhal (1739-1813) auch zur Komposition von Streichquartetten angeregt worden sein.

Abb. 3: Johann Baptist Wanhal; Bildarchiv ÖNB

Rund 700 Werke, davon etwa 100 Sinfonien, genau so viele Quartette und 95 kammermusikalische Werke, werden ihm von der Musikwissenschaft zugeschrieben. Über 60 Messen, zwei Requien und weitere Sakralkompositionen runden sein großartiges, fruchtbares Schaffen ab. Der in den USA lebende Wanhal-Forscher Universitätsprofessor Dr. Paul Bryan wurde am 19. September 2006 von der Internationalen Ignaz Joseph Pleyel Gesellschaft (IPG) für seine großen Verdienste um die Wiederentdeckung von Pleyels Lehrer Wanhal, der unserem jungen Meister Ignaz Joseph Pleyel im Studium 1771-1772 in Stil und Charakter zum Vorbild wurde, zum Ehrenmitglied ernannt.

Schon in den 1760er Jahren galt Wanhal in Wien als hervorragender Musiker, Musiklehrer und Komponist. Wanhal zog sich, vermutlich aus Gesundheitsgründen, aus der Öffentlichkeit zurück. Im Jahr 1790 komponierte er eine Kantate auf den Tod des von ihm wegen der Aufhebung der Leibeigenschaft in Böhmen aufrichtig verehrten Kaisers Joseph II. Seine Werke wurden von bedeutenden Verlegern in ganz Europa gedruckt. Durch seine Tätigkeit als einer der ersten freischaffenden Komponisten und als geschätzter Musiklehrer des Adels vermochte sich Wanhal frühzeitig aus der Leibeigenschaft freizukaufen. Auf Veranlassung seines Gönners Baron I. W. Riesch unternahm er in den Jahren 1769 bis 1771 eine Reise nach Italien (Venedig, Bologna, Florenz, Rom u.a.)

Während dieser Reise hatte er die Gelegenheit, den berühmten Komponisten Christoph Willibald Gluck (1714-1787) kennen zu lernen. Der Dittersdorf-Schüler Wanhal hatte das Glück, auch mit dem in Brüx geborenen und in Wien verstorbenen Florian Leopold Gassmann (1729-1774) zusammenzutreffen, dessen Stil ihn sehr beeinflusste.

Wanhal, der laut Burney unter schweren Depressionen litt, blieb zeitlebens Junggeselle. Depressionen wurden damals auch als religiöser Wahn beschrieben. So soll er sich nicht nur seine Kleidung zerrissen und sich die Haare abgeschnitten haben, sondern angeblich viele seiner Autografe verbrannt haben. Er war daher auch genötigt, die ihm angebotenen Kapellmeisterstelle in Dresden abzulehnen. Wanhal starb am 20. August 1813 in Wien. Sein Sterbehaus befindet sich Ecke Domgasse Nr. 4 und Blutgasse gegenüber des Mozarthauses, im 1. Wiener Gemeindebezirk.

Dem Verleger und Träger der Goldenen Pleyel-Medaille der Internationalen Ignaz Joseph Pleyel Gesellschaft (IPG), Dr. Allan Badley aus Wellington, Neuseeland, kann es die Musikwelt verdanken, dass viele Werke Wanhals verlegt wurden und auch heute noch gespielt werden.
Wanhal war von Pleyels Fortschritten am Klavier sehr beeindruckt. Es ist belegt, dass Pleyel während seiner rund einjährigen Ausbildung von Wanhal auch theoretischen Violinunterricht bekam. (Pohl: Pleyel, Dictionary, Bd. III, S. 2) Aufmerksamen Hörern wird sicherlich schon der Einfluss des Meisters auf seinen Schüler aufgefallen sein. Vor allem Wanhals stilistische Gewichtung, die darauf hinzielte, dass Musik vom Herzen kommen müsse. Kein Wunder also, wenn Graf Ladislaus Erdödy (1746-1786) Pleyel höchstpersönlich an Franz Joseph Haydn weiterempfohlen hat. Es kann nicht ausgeschlossen werden, dass Pleyel bereits bei Wanhal und unter der Aufsicht seines Lehrers erste Kompositionen verfasst hat, die er dann später nach Esterhaza mitnahm.

Margarethe von Dewitz behauptet: „… dass Pleyel sein Studium schon früher abschloss, da Wanhal von 1769 bis 1771 in Italien war und kurz nach seiner Rückkehr nach Wien einen Nervenzusammenbruch erlitt".[13]
Oscar Comettant schreibt in „Un nid d'autographes" hingegen: „Nachdem Graf Ladislaus Erdödy den jungen Ignace Pleyel klavierspielen gehört hatte, nahm er ihn in seine Gunst und schlug Haydn vor, diesen bei sich als Kostgänger aufzunehmen. Haydn nahm gegen Bezahlung jährlich hundert Louis d'or an, was zu jenem Zeitpunkt eine nicht geringe Summe war."[14] Fétis teilt mit: „Pleyel studierte bei Wanhal Klavier bis zu seinem 15. Lebensjahr. Bis zu diesem Zeitpunkt hatte er keinen anderen Lehrer."[15]
Die Internationale Ignaz Joseph Pleyel Gesellschaft (IPG) geht davon aus, dass Pleyel bei Wanhal erst nach dessen Rückkehr aus

Italien studierte. Wäre Pleyel schon als 12-Jähriger zu Wanhal nach Wien gekommen, so hätte er die zweijährige Italienreise seines Lehrers mitmachen müssen, das aber wäre aus den verschiedensten Gründen nicht erlaubt worden. Es ist zu vermuten, dass sich der angegriffene Gesundheitszustand Wanhals nach seiner Rückkunft aus Italien erst zu Beginn des Jahres 1772 rapide verschlechterte, als er einen Nervenzusammenbruch erlitt. Nach seiner Genesung erholte er sich auf den Gütern von Graf Janos (Johannes) Erdödy im ungarischen Varasdin und in Slawonien.[16] Die meisten Biografen stimmen darin überein, dass Pleyel bei Haydn in der Zeit von 1772 bis 1777 studierte. Darum gehen wir davon aus, dass Pleyels einjährige Ausbildung bei Wanhal von 1771 bis 1772 stattgefunden hat. Schon bald also sollte der nunmehr 15-jährige Ruppersthaler Schulmeisterbub den damals schon so bekannten Maestro Franz Joseph Haydn (1732-1809) kennen und schätzen lernen.

Abb. 4: In diesem Haus starb Johann Baptist Wanhal, Domgasse Ecke Blutgasse (Wien, 1. Bezirk); Dr. Anderle

3. Studium bei Franz Joseph Haydn
3.1. Pleyel in Esterhaza

Über Franz Joseph Haydn zu schreiben, hieße wohl Wasser in die Donau gießen oder Eulen nach Athen tragen. Viele Biografen haben schon vorzügliche musikalische Würdigungen, Biografien und musikgeschichtliche Abhandlungen abgefasst, sodass es hier eigentlich nur noch in groben Zügen festzuhalten gilt, in welch bedeutsamer Weise Haydn als Lehrer und Vorbild, Anreger und später als Kollege Einfluss auf den Musiker Ignaz Joseph Pleyel hatte.

„Keiner kann Alles, schäkern und erschüttern, Lachen erregen und tiefe Rührung, und alles gleich gut als Haydn."[17] So hat 1776 ein sehr maßgebender Musikus, nämlich kein Geringerer als der geniale Wolfgang Amadé Mozart, über Haydn geurteilt.

Zehn Tage nach Abfassung dieses Briefes verheerte der zweite große Brand Eisenstadt. Das geschah am 17. Juli 1776. Abermals wurde dabei Haydns Haus ein Raub der Flammen, viele Kompositionen wurden vernichtet, darunter wahrscheinlich auch Kompositionen seines Schülers Pleyel, die wir bis heute vergeblich suchen. Fürst Esterhaza half großzügig: Er ließ mithilfe von Haydns Schüler Pleyel die Innenausstattung wieder so herstellen, wie sie vor dem Brand war.
Ja, so war unser Pleyel: hilfsbereit, bescheiden und ehrlich, und das ein Leben lang.

Ob nun der Schüler oder der Meister selbst die Idee hatte, eine Oper über das abgebrannte Haus zu schreiben, ist nicht genau bekannt. Eines aber konnte nachgewiesen werden: Ignaz Joseph Pleyel begann mit der Komposition der Ouvertüre der Oper „Das abgebrannte Haus" oder „Die Feuersbrunst" (Ben 702, Hob. XXIXb:A). Es steht fest, dass die drei Sätze der Feuersbrunst-Ouvertüre mit dem ersten, dem zweiten und vierten Satz der Pleyel-Sinfonie Benton 129, bis auf die Bläserstimmen, übereinstimmen.

Die Musikologin Dr. Rita Benton schreibt den dritten Satz der Ouvertüre Haydn zu, nahm aber dieses Werk in ihren thematischen Katalog auf. Teil III hatte Haydn 1773 als dritten Satz der Oper „L'infedeltà delusa" (Hob. XXVIII/5) benützt sowie in einer Sinfonie (Hob. 1a/1) von der Ouvertüre ausgehend aufgebaut (siehe RISM H-3288 bis H-3290 für die frühen Ausgaben der Sinfonie).

Pleyel war zum Zeitpunkt des Brandes in Eisenstadt schon mit der Komposition seiner ersten Oper (Singspiel) „Die Fee Urgele" oder „Was den Damen gefällt" beschäftigt (Ben 701).
Leider schlägt das Leben manchmal mit sehr rauer Hand zu. In den frühen Morgenstunden des 18. Novembers 1779 vernichtete ein

neuerlicher Brand in Esterhaza Zuschauerraum, Bühne, Maschinenraum und Garderobe des Opernhauses. Es ist kaum zu ermessen, was der Musikwelt dabei an Noten verloren ging.

Das stetig wachsende Ansehen Haydns und die immensen Erfolge seiner Werke führten Haydn die ersten Kompositionsschüler zu. Der Meister sorgte nach damaligem Brauch auch für Kost und Quartier. Der Schülerkreis Haydns setzte sich zum größten Teil aus Musikern des Fürsten zusammen, P. Primitivus Niemecz, Johann Georg G. Distler, Johann Baptist Krumpholz, Anton Kraft, Franz Anton Rosetti. Pleyel wurde mit einem Stipendium des László (Ladislaus) Erdödy zu Haydn geschickt. Haydn konnte es ja gar nicht riskieren, den protegierten jungen Musikus abzulehnen, und Pleyel konnte nichts Besseres passieren, als bei einem der allerbesten Musiker seiner Zeit zu studieren. Der Schüler erwies sich seines Lehrers durchaus würdig. Erdödy interessierte sich besonders für Pleyels Entwicklung und ließ daher auch alle seine Beziehungen spielen, damit der talentierte Pleyel bei Haydn am Esterhaza-Hof studieren konnte. Der ungarische Graf zahlte die beachtliche Summe von einhundert Louis d'or für Unterkunft und Ausbildung seines Schützlings. Auf heutige Verhältnisse umgerechnet ergibt sich in Summa, dass Haydn von Graf Erdödy für das fünfjährige Studium Pleyels rund 72.000 Euro bekam.

Abb. 1: Joseph Haydn, um 1775 (?); Quelle: Dr. Anderle

Als Zeichen seiner Zufriedenheit über die offenbar wohl gelungene musikpädagogische Arbeit erhielt Haydn später vom Grafen Erdödy noch zwei Pferde, einen Kutscher und einen Wagen dazu. Haydn selbst bezeichnete Pleyel als seinen „Lieblingsschüler", wohingegen Pohl zu berichten weiß, dass Pleyel Haydns „wirksamster Schüler" wurde.[18]
Über die Dauer des Studiums wird von den meisten Biografen angenommen, dass es 1772 begann und sich über fünf Jahre erstreckte. Pleyel war bei seiner Ankunft in Esterhaza rund 15 Jahre alt. Als Haydn, der Handwer-

kersohn aus Rohrau so alt war wie Pleyel, begann gerade seine schöne Stimme zu mutieren. Gott sei Dank wendete der energische Einspruch des Vaters eine Kastration ab.

Wie mag Pleyel Reise und Ankunft im prächtigen Schloss Esterhaza erlebt haben? Besonders natürlich die Ankunft wird für den Landjungen Ignaz überwältigend gewesen sein – in einem Schloss, über das der ehemalige Gesandte der österreichischen Kaiserin und spätere Kardinal in Straßburg Louis Rene Edouard, Prinz von Rohan, sagte: „Außer Versailles gibt es in Frankreich keinen Ort, der, was die Pracht anlangt, mit Esterhaza vergleichbar wäre."[19] Noch heute heißt Schloss Esterhaza „Ungarisches Versailles".

3.2. Reise und Ankunft

Nachstehend eine Szene aus dem 5-aktigen Dokumentarspiel „Ignaz Joseph Pleyel – Der vergessene Sohn unserer Heimat" von Adolf Ehrentraud. Die Uraufführung fand am 25. Juni 1994 am Ignaz Pleyel-Platz in Ruppersthal vor dem Geburtshaus des Komponisten statt.

Sprecher: Pleyl reist ab. Seine Ausbildung bei seinem Lehrer ist zu Ende? Der Lehrer des Adels ist was? Krank? Man erzählt, dass Wanhal aus Italien mit einer schweren Gemütskrankheit heimgekehrt ist. Ist es denn so schlimm? Wanhal wird angeblich ins ungarische Varasdin oder vielleicht auch nach Slawonien geschickt, dort kann er sich erholen. Die Erdödys besitzen dort nämlich große Ländereien. Pleyl hingegen wird vom Grafen zur Ausbildung nach Esterhaza zum berühmten Joseph Haydn geschickt. Ja, das ist gut so, eine bessere Ausbildung kann man ihm gar nicht wünschen.

Bereits vor dem Sonnenaufgang reisen sie mit einem Gespann des Grafen in südöstliche Richtung ab.
Die g-Moll-Sinfonie (g2) von Wanhal klingt leise aus. Leise setzt die Abschiedssinfonie in fis-Moll, Hob. I/45 (1772), von Franz Joseph Haydn (1732-1809) ein.
Nach zwölf Stunden bequemer Fahrt sind sie in Esterhaza angelangt. Jetzt fahren sie gerade über einen langen Damm, der über reinen Morast führt, auf beiden Seiten befinden sich stattliche Weiden und schöne Erlen. Der Damm wird von einer wunderschönen Kastanienallee abgelöst. Man kann bereits das Schloss sehen. Also, was die Pracht des Schlosses ungemein erhöht, ist der Widerspruch zur ebenen, eintönigen Gegend dort ringsum. Pleyel sieht und hört Bauern, die tanzen und musizieren. Dort ein Marktschreier, der auf einem von sechs Ochsen gezogenen Wagen steht. Auf der anderen Seite zeigt ein Zahnbrecher auf einem Podium seine Kunst. Vor dem Hauptgebäude stehen fürstliche Grenadiere, baumlange Burschen, in dunkelblauen Uniformen mit roten Manschetten, weißen Schleifen, weißen Knieho-

sen und schwarzen Bärenmützen. Jetzt ist gerade Wachablöse. Die Militärkapelle spielt einen Marsch, Pleyel steht nun auf dem Wagen und hat vor lauter Aufregung hochrote Wangen. Der Kutscher erzählt ihm, dass die vor ihnen liegende Haupttreppe direkt in den Paradesaal führt. Die Gäste werden über die Freitreppe hinaufgeführt. Zum Empfang wird ein roter Teppich ausgerollt. Natürlich nicht bei Haydns Schülern. Mit offenem Mund steht nun der halbwüchsige Ignaz da und bewundert das Schloss. Pleyel, mit seiner netten und bescheidenen Art hat schnell die Freundschaft eines Dieners gewonnen, der ihn durch einige Räume des Schlosses führt.

In westlicher Richtung sind das chinesische Teehaus und das Opernhaus zu sehen. Die Pracht der Gebäude ist kaum zu beschreiben. Eine Treppe führt hoch zur fürstlichen Hauptwohnung, links und rechts befinden sich rot marmorierte Säulen. Die Postamente sind massiv vergoldet. Das Parterre des Opernhauses bietet Platz für gut 400 Zuschauer. Auf der Seite sieht man vier strahlend weiße Öfen zur Beheizung des Opernhauses. Die Bühne ist großzügig angelegt, dahinter befinden sich die Garderoben für die Sänger. Täglich werden hier Opern gespielt, besonders solche der italienischen „Opera Seria". Dem Opernhaus gegenüber steht das Marionettentheater. Pleyel riskiert auch dort einen Blick hinein. Es ist prachtvoll ausgestattet, mit Samt, Muscheln, Schnecken, Stuckatur und Perlenverzierung. Unvergleichlich aber sind Bühne und Kostüme des Marionettentheaters. Die Ausstattung ist exzellent. Welchen faszinierenden Eindruck muss das Ganze erst bei Kerzenlicht erwecken! 126 Räume gibt es im Schloss, alle mit feinstem Geschmack eingerichtet und dekoriert, kostbarstes Porzellan aus China, Japan, Dresden und Wien. An den Wänden hängen

Abb. 2: Esterhaza Bagatelle; ÖNB Bildarchiv

Bilder italienischer und niederländischen Meister. Und Uhren, überall ticken Uhren, 400 verschiedene, jede ein einzelnes, kunstvolles Meisterstück und mit großer Schönheit ausgestattet. Eine Uhr hat einen ausgestopften Kanarienvogel eingebaut, der nach geschlagener Stunde eine Arie singt. Eine andere Spieluhr wieder ist in einem Armsessel eingebaut.

Noch atemberaubender aber ist der Grundriss. Der Sommersaal zu ebener Erde wurde mit weißem Marmor ausgestattet und mit Deckenfresken geschmückt. Ganz oben am Dach befinden sich Glöckchen, die beim leisesten Windstoß läuten. Welche Pracht!

Jetzt informiert man Pleyel über die Hausordnung. Um 6 Uhr wird diniert, es gibt Karpfen aus dem Neusiedlersee. Was? Haydns Schüler bekommen Rindfleisch von einer 61-jährigen Kuh, schwarze Nockerln und Parmesan mit Nudeln noch dazu?

Doch Pleyel interessiert nur Meister Haydn. Der wohnt dort drüben in der südwestlichen Ecke, im ersten Stock des Musikerhauses. Der Diener erzählt, dass es heute am Abend ein großes Konzert gibt. Nichts auf der Welt kann den jungen Pensionär, so nannte man beim Lehrer wohnende Schüler, davon abhalten, heute am Abend Meister Haydn zu sehen und seine Musik zu hören. Pleyel bringt seine Sachen in sein Schlafgemach. Danach macht er sich auf die Suche nach dem Konzertsaal. Da ist er ja! Schon kann er hören, wie Musiker ihre Instrumente stimmen. Ist das nicht aufregend? Am liebsten würde er selbst eine Geige in die Hand nehmen und mitspielen. Jetzt ist es so weit: Er kann Haydn sehen. Ja, dort steht der große verehrte Meister. Er trägt eine blaue Livree mit goldenen Knöpfen. Nun wird die Musik der Haydn-Sinfonie Hob. I/45 lauter.

Pleyel ist fassungslos. Noch nie in seinem Leben hat er eine derart vollkommene Musik und so ein gutes Orchester gehört. Pleyel hört genau hin. Es ist eine Sinfonie in fis-Moll. Haydn dirigiert vom Cembalo aus. Pleyel weiß nicht, ob er weinen oder lachen soll. Seine Wangen erglühen, und sein Mund steht voller Verwunderung offen.

Nun gibt der Meister den Einsatz zum letzten Satz. Wunderschön! Doch was geschieht jetzt? Die Musiker stehen nacheinander auf und gehen fort? Der Klang des Orchesters wird immer schwächer (die Musik wird immer schwächer) Haydn verlässt das Cembalo, nimmt seine Geige in die Hand und spielt nun alleine mit dem Konzertmeister Luigi Tomasini. Jetzt legen auch diese beiden Künstler ihre Instrumente hin. Es ist still geworden. (Ende der Musik). Pleyel, ganz aufgeregt, kauert auf dem Boden, und er getraut sich nicht einmal zu atmen.

Dem Fürsten aber stehen die Tränen in den Augen, als er sagt: „Ich verstehe! Morgen packen wir und reisen ab. Auch die Musiker müssen endlich wieder zu ihren Familien." Und so wurde wohl aus dieser fis-Moll-

Abb. 3: Nikolaus der Prachtliebende; ÖNB Bildarchiv

Sinfonie die Abschiedssinfonie, die den Musikern den wohl verdienten Heimaturlaub einbrachte.
Schnell verschwindet nun Pleyel in sein Schlafgemach. Er wirft noch einen Blick in den prachtvollen Garten, der mit grünen Lampions ausgestattet ist, danach huscht er hastig in sein neues, äußerst bequemes Bett, weit weg von zu Hause. Aufgeregt von den vielen Erlebnissen vergisst er, das Fenster zu schließen, sodass ihn gegen drei Uhr früh der fatale Nordwind weckt, der ihm fast die Schlafhaube herunterbläst.

Endlich schläft er ein, weit weg von zu Hause. In seinen unruhigen Träumen aber sieht er unentwegt seinen Vater, wie er den Kirchenchor zu Ruppersthal leitet. Seltsamerweise hört er dazu Melodien, die aus der heutigen eindrucksvollen Abschiedssinfonie von Haydn stammen ... Fine!

In den fünf Jahre bei Haydn lernte der junge Pleyel viele prominente Staatsmänner und Musiker kennen, was ihm später beim Umgang mit hochgestellten Persönlichkeiten erleichternd zu Hilfe kommen sollte. Im Juni 1772 besuchte der musikliebende Diplomat Prinz Louis René Edouard de Rohan, zu jener Zeit außerordentlicher Botschafter Frankreichs in Österreich, den Hof des Fürsten Esterházy und auch jenen Graf Erdödys in Pressburg, wo er ob der hervorragenden musikalischen Kultur, die bei den ungarischen Adeligen herrschte, höchst beeindruckt war.

Rohan wurde bekanntlich im Jahre 1778 Kardinal der Diözese Straßburg und war maßgeblich an der Ausdehnung der schon florierenden musikalischen Aktivitäten des Münsters in Straßburg beteiligt. Er wird sich später sicherlich seiner Aufenthalte in Ungarn erinnert haben. Als sich nämlich die Gelegenheit ergab, einen Assistenten für den in Holleschau in Mähren geborenen Kapellmeister Franz Xaver Richter zu finden, war Haydns Lieblingsschüler Pleyel eine geradezu logische Wahl.

Das Studium bei Haydn in Esterhaza war geprägt von einem familiären Verhältnis zwischen Schüler und Meister. Sämtliche damals gängige Musiktheorien wurden den Schülern sehr menschlich vorgetragen. Außerhalb der Unterrichtsstunden lernten die Schüler manchmal mehr als im eigentlichen Unterricht durch lange Unterweisungen. Das Unterweisen bezog sich nicht nur auf die Gegenstände der Kunst, sondern auch auf das täglichen Leben und den Charakter. Die Schüler schätzten ihren „Papa" sehr. Auch Haydn wusste Vorbilder zu schätzen. Während er selbst auf den berühmtesten aller Bach-Söhne, Philipp Emanuel Bach, bewundernd aufblickte und sagte: „Er ist der Vater, wir sind die Buben"[20], so tat das auch zeitlebens Pleyel gegenüber Haydn. Ob in Esterhaza, Straßburg oder in Paris. In London, als so manche Zeitgenossen Pleyel schon über Haydn stehend taxieren wollten, erklärte Pleyel voller Bescheidenheit, dass Haydn der Größere und der Vater von allen sei. Auch Mozart titulierte Haydn „Papa". Hinter dieser Titulierung „Papa" steckt schon etwas mehr als nur ein verniedlichendes Beziehungswort. Haydn war in gewisser Weise tatsächlich der geistige Vater dieser beiden Musiker.

Joseph Klingenbeck schreibt in seiner Dissertation, dass Pleyel im Laufe der Ausbildung bei Haydn ein ausgezeichneter Klavier- und Violinspieler wurde. Zudem erhielt Pleyel eine gute Ausbildung in sinfonischer, Kammer-, Kirchen- und Theatermusik. Dass Haydn dann später durch einige Biografen als nicht allzu sorgfältiger Lehrer des jungen unbändigen Beethoven (den Haydn auf dem Rückweg aus London in Bonn kennen lernte) bezeichnet wurde, hat sicherlich einen ganz anderen Hintergrund.

Die Lehrzeit Pleyels fand zu einer Zeit statt, in der Haydn einen wichtigen Wendepunkt

Abb. 4: Schloss Esterhaza anno dazumal; ÖNB Bildarchiv

in der künstlerischen Entwicklung erreicht hatte, und zwar während der langen Quartettpause zwischen den „Sonnenquartetten" (Op. 20, 1772) und den „Russischen Quartetten" (Op. 33, 1781), als der Stil Haydns eine starke Veränderung erfuhr. Auf die Quartettpause Haydns weist insbesondere Adolf Sanberger in seiner grundlegenden Studie in der „Altbayrischen Monatsschrift" (1900) und in „ausgewählte Aufsätze zur Musikgeschichte" (München 1921) hin.

Damals stieg das Interesse des Fürsten Nikolaus des Prachtliebenden für die italienische Oper. Das beeinflusste auch Pleyels musikalische Entwicklung sehr positiv. Als Kapellmeister am Fürstenhofe war Haydn ursprünglich hauptsächlich für Orchester- und Kammermusik zuständig. Haydn verstand es geschickt, auch den Durst des Fürsten für das Baryton zu stillen, indem er Kompositionen für dieses selbst damals ausgefallene Instrument schuf. Während Pleyels Studienzeit bei Haydn entstanden 29 Stücke für das Baryton. Eigenartigerweise alle im Jahr 1772, in Pleyels erstem Lehrjahr. Haydn, der sehr vielfältige, fürstliche Musikwünsche zu erfüllen hatte, delegierte die Komposition vieler Baryton-Werke an seine Kollegen und Studenten. Es kann daher mit Fug und Recht angenommen werden, dass Werke, die Haydn zugeschrieben werden, schon von Pleyel selbst komponiert worden sind. Sogar der berühmte Haydnbiograf Robbins Landon lässt verschiedentlich durchblicken, dass einige Sinfonien, von denen die Musikwelt glaubt, dass sie von Haydn stammten, eigentlich von Pleyel seien. Alan Tyson erbringt den Nachweis, dass drei Trios, die unter dem Namen Haydns veröffentlicht wurden, tatsächlich von seinem Schüler komponiert wurden.

Die Internationale Ignaz Joseph Pleyel-Gesellschaft (IPG) erlaubt sich darauf hinzuweisen, dass die beiden Klaviertrios Hob. XV: 3 und 4 in C und F von Pleyel komponiert worden sind, ehe sie von Haydn und dem Londoner Verleger Forster zusammen mit dem Klaviertrio in G, Hob. XV: 5 als eigene Werke angeboten worden sind. Beide Werke waren zunächst einmal Violinsonaten von Pleyel, also Sonaten für Klavier und Violine. Haydn dürfte später lediglich die Cellostimme hinzugefügt haben. Was in aller Welt Haydn dazu bewogen hat, dies zu tun und die Pleyelwerke als seine eigenen auszugeben, bleibt wohl ungeklärt. Anscheinend hat er die Werke aufgrund der sofort ersichtlichen musikalischen Qualität als gut befunden, sodass er an den Verleger Forster nach London schrieb, die Kompositionen mögen unter Haydns Namen verlegt werden, da er sie ja geschrieben habe. Pleyel hat übrigens die Werke Hob. XV: 3-5 später in seinem Verlag veröffentlicht. Die New Yorkerin Dr. Rita Benton hat diese Klaviertrios im Bentonverzeichnis jedenfalls unter der Nr. 428-430 eingetragen.

Rosemary Hughes ordnet dem komponierenden Pleyel manche Kompositionen der „Feldpartien" (Blasmusiken) zu, die bislang als solche von Haydn galten. Vielleicht fielen diese Frühwerke Pleyels, die von Pleyel selbst wie auch von Fetis mehrmals angesprochen worden sind, den Flammen zum Opfer. Vielleicht aber wird noch das eine oder andere Frühwerk Pleyels in Haydns Oeuvre aufgefunden. Das bloße Sichten im „Thematisch-bibliografischen Werksverzeichnis" von Anthony van Hoboken allein wird da wohl nicht genügen. Musikpraxis und genaues Manuskriptstudium müssen in Hinkunft die Möglichkeiten ausloten! Pleyel festigte während seines Studiums durch den Unterricht und die enge Zusammenarbeit die persönlichen Beziehungen zu Joseph Haydn, der später zu einem Freund und engen Vertrauten wurde. Doch einmal soll es auch zu Differenzen zwischen Lehrer und Schüler gekommen sein. Angeblich verschwanden neu komponierte Quartette Haydns, die nie wieder auftauchten. Zunächst verdächtigte der misstrauische Haydn seinen Schüler Pleyel des Diebstahls. Bald aber sah Haydn die Ungerechtigkeit seiner Beschuldigung ein und sprach nie mehr über diesen unliebsamen Vorfall. Seltsamerweise haben sich auch Haydnforscher nie mehr um das Geheimnis des Verschwindens dieser Quartette gekümmert. Haydn hatte nach dem Tod seines eigentlichen Brotgebers, Nikolaus des Prachtliebenden, geradezu fluchtartig Esterhaza verlassen

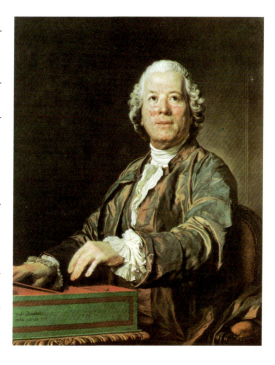

Abb. 5: Christoph Willibald Gluck; Porträt von Joseph-Siffred Duplessis, Paris 1775; Quelle: Dr. Anderle

und unter anderem persönliche Gegenstände auch Manuskripte liegen gelassen. Auch dabei könnten Manuskipte abhanden gekommen sein. Wie ja auch durch Haydns eigenes Zeugnis bekannt ist, hat Haydns unmusikalische und überdies (mit Grund) eifersüchtige Gattin mit Noten die Haare eingewickelt. Leicht möglich, dass sie auch einige von Pleyels Kompositionen erwischt hat. Jedenfalls blieben laut Schletterer manche Werke endgültig verschollen.

Als Christoph Willibald Gluck (1714-1787) nach der Aufführung seiner Furore machenden, erfolgreichen Oper „Alceste" aus

Paris nach Wien zurückkehrte, besuchte er bald darauf Joseph Haydn in Esterhaza und war nicht nur von Vorführungen von Werken Haydns, sondern auch von Pleyels kompositorischen Fähigkeiten positiv überrascht (siehe Kapitel 4).

Das gründliche Studium bei Franz Joseph Haydn sollte Pleyel das Tor in die Musikwelt öffnen und somit den Weg zu einer Karriere als Komponist ersten Ranges ebnen. Später vervollkommnete sich Pleyel durchaus eigenständig durch die während der Studienreisen in Italien gewonnenen Erkenntnisse und als Assistent bei seinem Vorgänger als Domkapellmeister, bei Franz Xaver Richter, einem der Hauptvertreter der Mannheimer Schule, am Münster zu Straßburg. Schließlich entwickelte er nach und nach einen eigenen Stil, seine unverwechselbare volkstümliche Ausdrucksform.

Bereits im Alter von 19 Jahren besaß Pleyel die Fähigkeit, ein echtes erstes Meisterwerk, „Die Fee Urgele" oder „Was den Damen so gefällt", zu schreiben. Nun trat aber auch eine „künstlerische, internationalisierende Aufpolierung" seines eigenen Namens ein, indem der 19-jährige Ruppersthaler Pleyel durch Einfügung eines einzigen Buchstabens sozusagen seinen Künstlernamen kreierte und sich erstmals schriftlich „Pleyel" nannte. Als Beweis dafür dient der in der Österreichischen Nationalbibliothek aufbewahrte Autograf der genannten Oper aus dem Jahre 1776. Diese umfangreiche Partitur ist das bisher erste bekannte handschriftliche Lebenszeichen Pleyels.

Die auf einem deutschsprachigen, allerdings aus dem Französischen übersetzten Libretto fußende Marionettenoper ist eigentlich eine Singspieloper und kann nicht zuletzt wegen ihres großen Erfolges im prächtigen Marionettentheater in Esterhaza und im Nationaltheater (Burgtheater) zu Wien mit Fug und Recht als kleine Zauberflöte bezeichnet werden (siehe Kapitel 12).

Pleyel wurde relativ schnell in den wichtigsten europäischen Musikzentren durch seine ins Ohr gehende, gefällig nach den Regeln seiner Zeit hervorragend komponierte Kammermusik bekannt und öfters in einem Atemzug mit Mozart, Beethoven und Haydn genannt.[21]

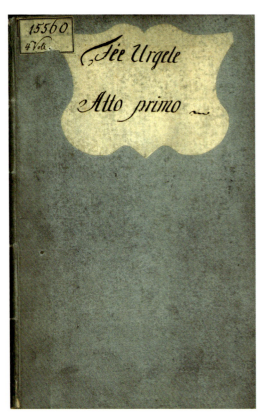

Abb. 6: „Fee Urgele"; ÖNB Bildarchiv

3.3. Schloss Esterhaza, die Sommerresidenz der Familie Esterhazy

1625 erhielt Nikolaus Esterhazy, der sich im Kampf gegen aufständische Siebenbürger und gegen die herannahenden Türken Verdienste erworben hatte, die Palatinswürde und den Grafentitel, Paul Esterhazy 1687 den Fürstentitel. Danach erwarb Fürst Paul ein wildreiches Au- und Sumpfgebiet (heute Fertöd, ungarisch: Sumpf) beim Neusiedlersee – der damals erheblich größer war als heute – und erbaute ein Jagdhaus. Sein Sohn Joseph war es dann, der 1720 den Wiener Baumeister Anton Erhard Martinelli beauftragte, ein Jagdschloss mit zwei Seitengebäuden zu errichten. Josephs zweitgeborener Sohn, Nikolaus I., erbte 1762 das Herzogtum. Er liebte einen großzügigen Lebensstil, der ihm den Beinamen „der Prächtige" oder „Prachtliebende" einbrachte. Für seinen tapferen Einsatz und seine Verdienste in der Schlacht von Kolin am 18. Juni 1757 erhielt er das damals geschaffene Kleinkreuz des Militär-Maria-Theresien-Ordens und später (1765) auch das Kommandeurkreuz dieses Ordens.

In den Jahren 1762 bis 1766 ließ er das Schloss in Fertöd nach dem Vorbild Versailles umbauen. Das Opernhaus aus dem Jahre 1768 bot für 400 Besucher Platz, das Marionettentheater und das Musikhaus entstanden in den Folgejahren. Der Fürst verstand es, für seine adeligen Gäste prächtige Feste zu geben. Dazu boten sich ein großer Konzertsaal und andere prächtige Räumlichkeiten an. Es gab ein geheiztes Glashaus, in dem 68 Orangenbäume überwintern konnten. Das dreigeteilte schmiedeeiserne Tor besteht noch heute. Das Schloss beherbergte ein Ensemble für Kirchenmusik in Kismarton,

Abb. 7: Graf Miklas Esterhazy; ÖNB Bildarchiv

Abb. 8: Generalplan Esterhaza; ÖNB Bildarchiv

ein Kammerorchester, die „Chor-Musique" und die „Capelle". Später gab es auch ein Opernensemble.

Haydn bekam vom Fürsten in der Eigenschaft als Hofkomponist und Hofkapellmeister (1762-1790) alle erdenklichen Unterstützungen. Im Jahre 1775 umfasst Haydns Kapelle 27 Musiker, davon waren – Haydn mit eingeschlossen – 19 Instrumentalisten und acht Sänger. Auffallend ist das Fehlen von Trompeten und die für heutige Begriffe schwache Besetzung der Streicher: Vier ersten Violinen, drei zweiten Violinen, zwei Bratschen, einem Cello und einem Kontrabass standen zwei Oboen, zwei Klarinetten, zwei Fagotte, zwei Hörner und eine Pauke gegenüber.

Vom Jahr 1776 an wurde der Schwerpunkt des musikalischen Geschehens in Esterhaza auf die Oper verlegt, täglich gab es Opern- oder Theateraufführungen. Auch Pleyels „Die Fee Urgele" oder „Was den Damen so gefällt" stand auf dem Programm. Spielfrei waren nur die Monate Dezember und Jänner, in denen der Fürst am kaiserlichen Hof in Wien weilte. Pleyel nützte die Möglichkeit, seine erfolgreiche Oper im Jänner 1777 im Nationaltheater in Wien wiederholen zu lassen.

In den ersten Jahren dieses umfangreichen Opernbetriebes war Haydn „Mädchen für alles". Erst später, als ein eigener „Bühnenbildner" und ein „Librettist" angestellt wurden, konnte sich Haydn ausschließlich den musikalischen Aufgaben widmen.

Der Glanz und die Pracht der Hofhaltung zu Esterhaza kannten kaum Grenzen. Nikolaus der Prächtige pflegte zu sagen: „Was sich der Kaiser leisten kann, das vermag ich mir schon lange zu leisten."

Einer der wichtigsten Faktoren des prunkvollen kunstsinnigen Hofes war das Musikleben, das sich an die Person des Hofkomponisten und Kapellmeisters Franz Joseph Haydn knüpfte und auf besonders hohem Niveau stand. Ihre Begeisterung über die hier vermittelten künstlerischen Werte brachte die Kaiserin Maria Theresia, die sich 1773 in Esterhaza aufhielt, mit den Worten zum Ausdruck: „Wenn ich eine gute Oper sehen möchte, fahre ich nach Eszterhaza."

Die Pressburger Zeitung berichtete über den Besuch der Kaiserin in Esterhaza am 11. September 1773: „Am 1. September trafen auch ihre K. K. Ap. Majestät samt den zwo Erzherzoginnen Marianna und Elisabeth, im gleichen mit dem Erzherzog Maximillian, in fünf Stunden von Wien allhier ein. S. E. Hochfürstl. Durchlaucht suchten daher das allerhöchste Erzhaus durch verschiedene Unterhaltungen, Abwechslung zu vergnügen.

Ihre Majestät ließ sich nach Tische im Garten herumführen, und die übrigen höchsten Erzherzöglichen Herrschaften prominierten neben bey zu Fuße. Alsdann wurde auf einer ganz neuen Bühne eine Marionettenoperette Philemon und Baucis oder Jupiters Reise auf die Erde aufgeführt, und so dann ein überaus festlicher Ball in Masken er öffnet. Der zweite Vormittag ist wieder mit dem

Abb. 9: Maria Theresia als Königin von Ungarn, Porträt von Martin van Meytens, 1759; Quelle: Dr. Anderle

Spazierengehen verstrichen, und nach vollzogener Tafel hat abermals ein kleines Schauspiel in Gesängen seinen Anfang genommen. (...) Am Schluß fieng der hintere Theil des neu erbauten Theaters zu sinken und wurde unsichtbar vor aller Augen. Dagegen erblickten die allerhöchsten Anwesenden die prächtige Beleuchtung des Gartens, und das Feuerwerk nahm seinen Anfang."[22]

Nach dem Tod des Fürsten im Jahr 1790 verlegte sein Sohn, Fürst Anton, den Sitz der Familie nach Eisenstadt. Haydn wurde mit 1.000 plus 400 Gulden in Pension geschickt. Dafür sorgte noch rechtzeitig Fürst Nikolaus der I. Nun begann der Niedergang von Esterhaza. Bald war das einstige Prachtschloss nicht wieder zu erkennen. Dieses Schloss, in dem unter Nikolaus dem Prachtliebenden die Tonkunst besonders gepflegt wurde, wo der Adel einem der kunstsinnigsten und reichsten Fürsten huldigte, verfiel. Selbst der See, der einst fast bis zu den Toren des Schlosses reichte, war in seinen Ufern weit zurückgetreten, als wolle er andeuten, dass er mit diesen neuen Bedingungen unter Fürst Anton nichts mehr zu tun haben möchte (siehe Kapitel 8).

Der Rest des Vorhandenen wurde in den letzten Wochen des II. Weltkrieges geplündert und dann sich selbst überlassen. Erst 1957 begannen die Restaurierungsarbeiten. Die noch glänzenden Stellen an Fenster- und Türrahmen sind Überreste der Originalvergoldung aus 18/20 Karat Blattgold. Ab 1950 hieß der Ort Esterhaza Fertöd, der im heutigen Bezirk Györ-Moson-Sopron liegt. Im Jahre 1959 wurde dem Publikum der Zugang zu einigen Räumen wieder ermöglicht. Die Internationale Ignaz Joseph Pleyel-Gesellschaft (IPG) hat unter dem Motto „Auf den Spuren von Ignaz Joseph Pleyel" am 2. Oktober 2005 im Prunksaal des Schlosses Esterhaza ihr 71. Konzert gegeben.

Abb. 10: Konzert mit Helen Reid; Dr. Anderle

Studium bei Franz Joseph Haydn

4. Kapellmeister in Pressburg
Pleyel bei seinem Mäzen Graf Ladislaus Erdödy

Den Plan, Pleyel zu seinem Kapellmeister in Pressburg zu machen, hatte wohl Graf Lászlo (Ladislaus) Erdödy (1746-1786) schon gefasst, als Pleyel noch Wanhals Schüler war. Von Wanhal hatte der Graf auch erfahren, dass Pleyel große Fortschritte am Klavier machte. Im Jahre 1777 lud der Graf seinen jungen Schützling Ignaz Joseph Pleyel nach Pressburg (Bratislava) ein, die musikalische Leitung am Hof zu übernehmen. Das schien dem kunstsinnigen Adeligen der ideale Ort zu sein, wo Pleyel seine Begabung als Kapellmeister ausüben könnte.

Pleyels fünfjährige Studienzeit bei Haydn, wofür Graf Erdödy die stolze Summe von 100 Louis d'or pro Jahr für Unterkunft und Ausbildung des Schülers zu berappen hatte, war vorüber. Während der fünfjährigen Ausbildung läpperte sich somit das beachtliche Sümmchen von immerhin rund 72.000 Euro zusammen. Nicht berücksichtigt dabei sind die Kosten für eine Kutsche samt Kutscher und zwei Pferden, die Haydn vom Grafen für Pleyels erfolgreiche Ausbildung noch extra bekam. Für das Futter der Pferde musste Fürst Nikolaus der Prachtliebende selber in

Abb. 1: Pressburg
Von Esterhaza führt Pleyels Weg weiter nach Pressburg;
ÖNB Bildarchiv

die Tasche greifen. Auch ein gewisser Franz Pleyel, wahrscheinlich Ignaz Joseph Pleyels ältester Bruder, wurde von Graf Erdödy besoldet, da er in dessen Personalstand als Kammerdiener geführt wird. Und so hatten wohl die zwei Pleyel-Brüder aus Ruppersthal im fernen Pressburg die Möglichkeit, über ihre Familie zu sprechen.

Als Kapellmeister für Graf Erdödy hätte der junge Komponist aus Ruppersthal ein musikalisches Zentrum erschaffen können, das jenem Esterhazys durchaus geglichen hätte.

Die Grafen Erdödy waren begeisterte Liebhaber der Musik. Sie leisteten sich zwischen 1770 und 1780 den Erhalt von drei Kapellen und einer Operntruppe und trugen somit wesentlich zum damaligen Musikleben bei. Im Juni 1772 überzeugte sich der musikliebende Diplomat Fürst Louis René Edouard de Rohan (1734-1803) höchstpersönlich von den florierenden Kulturaktivitäten der Erdödys in Pressburg (heute Bratislava). Pressburg war damals die Krönungsstadt Ungarns und ein wichtiges kulturelles und politisches Zentrum. Viele der Adeligen, die dort

Abb. 2: Landschaft vor Wien; Aquarell von Johann Matthias Schmutzer, nach 1762; Quelle: Dr. Anderle

Abb. 3: Pleyel 20-jährig, als frisch gebackener Kapellmeister; ÖNB Bildarchiv

aufgrund ihrer Regierungstätigkeit ansässig wurden, betrachteten Musik als eine Facette ihres kulturellen Erbes und sozialen Standes. Graf Lászlo Erdödy war für sein so genanntes „Virtuosenorchester" bekannt und besaß eine reiche Manuskripten-Sammlung von über 100 Sinfonien. Er hielt auch einige Virtuoso-Spieler in seinen Diensten, unter ihnen den bekannten Geiger Mestrino.[23]

Die Erdödys erhielten die Grafenwürde im Jahre 1511, früher als jede andere Familie in Ungarn.[24] Ladislaus Erdödy war der Sohn des Lajos Erdödy und der Regina M. Stubenberg. Sein Ur-Ur-Großvater und jener des János Erdödy waren Brüder. Die erste Gemahlin Lászlos war die Gräfin Juliana Draskovich, und die zweite war die Baronesse Ágota Stillfried. Sein Sohn hieß Georg. Peter Erdödy wiederum war mit Beethoven befreundet und ein Vetter ersten Grades von Ladislaus Erdödy.

Die alte ungarische Adelsfamilie Erdödy unterhielt außer mit den Komponisten Pleyel und Wanhal auch beste Beziehungen zu Haydn, Mozart und wie erwähnt zu Beethoven. Für Pleyels musikalische Entwicklung spielte nicht nur sein Gönner und Mäzen Graf Ladislaus Erdödy (1746-1786) eine wichtige Rolle, sondern auch dessen Bruder Ludwig. Wanhal erholte sich zu Beginn der 70er Jahre auf den Gütern des Grafen Janos (Johannes) Erdödy in Slawonien und Ungarn.

Pleyels Gönner, Graf Ladislaus Erdödy, war als oberster Graf der Grafschaft von Kreutz eine einflussreiche Persönlichkeit des Verwaltungsbezirks Varasdin. Außerdem war er auch Vorsitzender des Schul- und Studienwesens in Kroatien. Vermutlich hielt er sich in der Zeit vor seinem Tod in Wien auf, denn er scheint auf der damaligen Subskribentenliste Mozarts auf. Graf Ladislaus Erdödy starb am 13. Juli 1786 in Wien und schied schon als 40-Jähriger, also viel zu früh, von dieser Welt.

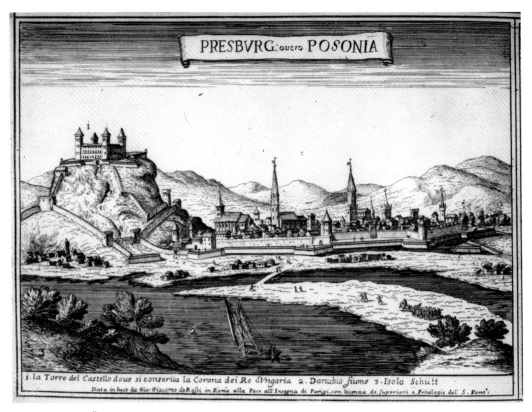

Abb. 4: Pressburg; ÖNB Bildarchiv

Zwei Jahre nach Erdödys Tod fand eine Versteigerung von mehreren Hunderten Sinfonien, Concerti, Quintetten, Opern, Messen und Instrumenten für karitative Zwecke statt. Jedem Musikwissenschafter stellt sich da zwangsläufig die interessante Frage, ob da nicht auch Manuskripte Pleyels dabei gewesen sein könnten und wo diese jetzt sein mögen.

Der jüngere Bruder Ludwig Erdödy (1749-1794) war der Gründer der Freimaurerloge „Zum goldenen Rad", vormals „Zum goldenen Hirschen". Sie befand sich seit dem Jahr 1778 in Fidisch bei Eberau im Burgenland. In diese Loge wurde nicht nur Graf Ladislaus Erdödy selbst, sondern wie schon erwähnt auch Ignaz Joseph Pleyel aufgenommen. Pleyel wird am 29. Juli 1785 als Schüler von Ludwig von Erdödy unter den abwesenden Mitgliedern aufgezählt. Im selben Jahr wird Pleyels Lehrer in die Loge „Zur wahren Eintracht" eingeführt. In den nachstehenden Ausführungen des Haus-Hof- und Staatsarchives in Wien kann man nachlesen, dass Pleyel später von der Loge abgegangen ist (Wien, Haus-, Hof- und Staatsarchiv: Vertrauliche Akten der Kabinettskanzlei, Karton 72, Konvolut Ungarn, fol. 40-41: Mitgliederverzeichnis der Loge zum goldenen Rad in Eberau (20.7.1785). Auf fol. 41v ist zu lesen: von der Loge sind abgegangen: 63. Ignatius Pleiel Compositeur bey Ladisl. Graf v. Erdödy. Lehrling).

Nach einem kurzem Aufenthalt in der ungarischen Hauptstadt war Pleyel fest entschlossen, Bildungsreisen nach Italien zu unternehmen. Graf Ladislaus Erdödy war zunächst gegen Pleyels Abreise, da er fürchtete, seinen Schützling, auf den er von Anfang an gebaut hatte, für immer zu verlieren. In weiser Voraussicht gab der Graf aber nach und unterstützte Pleyels Studienreisen mit allen in seiner Macht stehenden Mitteln.

Das gute Verhältnis zwischen Pleyel und dem Grafen Ladislaus zeigt sich auch unter anderem dadurch, dass er seinem Mäzen seine sechs Streichquartette Opus 1 (Ben 301-306), die in den Jahren 1782-83 entstanden sind, widmete.

Das Werksverzeichnis von Rita Benton: „Ignace Pleyel: A Thematic Catalogue of his Compositions" führt an, dass Pleyel als Kapellmeister in Pressburg zwei beachtliche Sinfonien geschaffen hat: eine in c-Moll (Ben 121), eine in A-Dur (Ben 122) und ein Violoncellokonzert in C-Dur (Ben 108). Vor diesen charmanten Jugendwerken hatte Pleyel im Schloss Esterhaza (November 1776) und im Jänner 1777 im Nationaltheater zu Wien sein „kleines Meisterwerk", die Marionettenoper „Die Fee Urgele", geschaffen. Die Internationale Ignaz Joseph Pleyel Gesellschaft (IPG) vermisst allerdings jene Frühwerke, die Pleyel selbst in seinem Brief an Graf Erdödy anspricht (siehe Kapitel Italien).

Nicht einmal im Werksverzeichnis von Dr. Rita Benton: „Ignace Pleyel: A Thematic Catalogue of his Compositions" scheint vor Pleyels Marionettenoper eine Frühkomposition des Ruppersthaler Meisters auf. Wo ist das Streichquartett von Pleyel, dass angeblich Hofkomponist Gluck im Jahre 1776 in den Händen hielt? Eigenartig. Da dürfte es für die Pleyel-Forschung noch einiges zu tun geben. Zurzeit ist also die in der

Abb. 5: Schloss Kofidisch bei Eberau; Dr. Anderle

Abb. 6: Aufnahme eines Lehrlings (englischer Stich 1809 nach einer französischen Vorlage um etwa 1780); Quelle: Dr. Anderle

Musiksammlung der Österreichischen Nationalbibliothek liegende Partitur der „Fee Urgele" das erste handschriftliche Zeugnis des neunzehnjährigen (!) Komponisten.

Es ist ja kaum zu glauben, dass ein Schüler von Franz Joseph Haydn als erstes Werk gleich eine Oper komponiert haben soll. Sogar ein Tischlerlehrling muss zunächst einmal gründlich lernen, wie man den Hobel führt, bevor er das Gesellenstück fertigen darf. Das Meisterstück aber folgt erst danach. Pleyels Marionettenoper „Die Fee Urgele" oder „Was den Damen so gefällt" war weit mehr als ein Gesellenstück, sie war ein echter Wegbereiter zu Mozarts Zauberflöte (1791), sie war ein Meisterstück. Die Internationale Ignaz Joseph Pleyel-Gesellschaft (IPG) hat dieses ursprünglich als Marionettenoper gedachte Werk im Jahr 2001, erstmals nach 225 Jahren, anstelle mit Puppen in einer Freilichtaufführung als Singspieloper mit Sängerinnen und Sängern inszeniert (Regie: Anton Wendler).

1778 schreibt der junge Kapellmeister aus Ruppersthal seine erste Sinfonie (Ben 121), ein Werk, das für die damalige Zeit eine relativ große Besetzung aufweist: Es wurde für 2 Violinen, Viola, Bass, 2 Oboen, 2 Hörner, 2 Trompeten und Timpani geschrieben.
Diese Sinfonie steht in c-Moll und hat eine langsame Einleitung (Adagio). Das sind zwei echte Besonderheiten, wie Dr. Aringer beim ersten Pleyel-Symposion zu berichten wusste. Pleyel hat bei elf seiner bisher bekannten 41 Sinfonien eine langsame Einleitung gewählt. Auch die Tonart in c-Moll in der langsamen Einleitung nimmt eine Sonderstellung bei den Sinfonien ein. Noch im selben Jahr entsteht eine Sinfonie in A-Dur (Ben 122) für 2 Violinen, Viola, Bass, 2 Oboen und 2 Hörner, die bei André, Artaria, Bossler, Forster und Imbault erscheint.

Noch bevor es Pleyel in das Musikland Italien zog, bereiste er Staaten der Donaumonarchie. Bei seinen Reisen lernte er neben dem österreichischen auch den böhmischen Adel kennen. Das bot gute Gelegenheiten, seine Werke in den Klöstern und Schlössern unterzubringen.
Pleyel wusste sicherlich nur allzu gut, dass die Fürsten- und Adelshöfe im Raum Wien, Prag und Pressburg dem Monarchen nicht nachstehen wollten und so genannte „Harmoniemusiken" ins Leben riefen, die Blasinstrumenten spielerische Möglichkeiten boten. Wie konnte nun der noch kaum bekannte Pleyel eigene Kompositionen an den Höfen unterbringen? Eines Tages kam er in das seit 1196 bestehende Kloster Osek (Deutsch: Ossegg). Der Ort entstand am Handelsweg, der aus Böhmen über Bílina (Bilin) und Krušné hory (Erzgebirge) nach Deutschland führte. Dort sagte ihm der Prior kurz und bündig: „Wenn er was vom Mozart oder Haydn hat, kann er wieder kommen." (E. Hradekky). Was machte Pleyel? Kurzerhand radierte er seinen eigenen Namen aus und setzte mit kühner Hand unter seine Manuskripte solche damals sehr bekannter Komponisten. Was dann passierte? Ja, man riss sich geradezu um die neuen Bläserstücke von Mozart oder Haydn alias Pleyel. Wenn das nicht für die Qualität von Pleyelischer Harmoniemusik spricht?

Die Internationale Ignaz Joseph Pleyel-Gesellschaft (IPG) hat bei ihren Konzerten derartige Werke von Pleyel, die Mozart und Haydn zugeschrieben waren, schon gespielt. Außerdem ist es ihr gelungen, eine beachtliche Zahl von Pleyels Bläserwerken in Donaueschingen, Zwettl, Brno und Salzburg wiederzuentdecken. Aber auch der Schweizer Musikwissenschafter Harald Strebl, Teilnehmer am ersten international besetzten Pleyel-Symposion (15.6. und 16.6. 2007 im niederösterreichischen Ruppersthal), hat 2007, dem Jubiläumsjahr Pleyels, drei Harmoniewerke von Pleyel aufgespürt.

Es existiert eine Abmachung Pleyels mit dem Notar Lacombe, wodurch er elf große

Sinfonien- darunter auch die Jugendsinfonie in c-Moll, Ben 121, sowie zwölf Quartette dem Herrn Jean Gérôme Imbault, Musikverkäufer zu Paris, übergibt.

In den Archiven des Notars Lacombe (Karton 203, Archive der Präfektur des Bas-Rhin, in Straßburg) gibt es eine weitere ähnliche Abmachung zwischen Herrn Ignace Pleyel, Kapellmeister dieser Stadt, und Herrn Imbault, Musikverkäufer zu Paris, vom 20. Xbre 1786 NdÜ: „Vor dem unterschreibenden königlichen Notar, der beim königlichen Rat von Elsaß gemeldet und in Straßburg wohnhaft ist, war Herr Ignace Pleyel, Kapellemeister des Straßburger Domes, anwesend. Dieser hat deklariert, dem Herrn Jean Gérôme Imbault, Musikverkäufer zu Paris, der hier anwesend war und zugestimmt hat, freiwillig zu übergeben und überlassen: elf große Sinfonien, die er komponiert hatte, sowie zwölf Quartette, welche die selben sind, die er am 1. Juli mittels Abonnement angeboten hat; von den Sinfonien gibt Herr Pleyel an, sechs davon nie im Ausland je übergeben oder überlassen zu haben; die fünf anderen sind im Ausland gedruckt worden aber Herr Imbault verlangt das Recht, diese in Frankreich oder sonst irgendwo, wo es ihm beliebt, wieder zu drucken, ohne daß Herr Pleyel zu irgendwelcher Zeit, noch aus irgendwelchem Grund, oben genannte Stücke anderen übergeben darf, oder ihnen das Recht gewähren, sie in Frankreich oder im Ausland zu drucken.

Diese Überlassung wurde gemacht auf Grund vom (Geld-)Wert, die Herr Pleyel aconto aus der Hand von Herrn Imbault erhielt und die die Schuld des letzteren tilgt; für die Durchführung der oben angegeben Versprechen und Übergaben haftet Herr Pleyel mit allen seinem Besitz, beweglich und unbeweglich, gegenwärtig und zukünftig. Aufgestellt, gelesen, und verabschiedet in Straßburg, am 20. Dezember 1786, am Nachmittag, in Anwesenheit von Herrn Felix Lex und Louis Dumont, anwesende Notare und Pflichtzeugen, die mit den Parteien und den Notaren unterschrieben haben. Unterschriften: Ignace Pleyel, Imbault, Dumont, Lex, Lacombe."[25]

Pleyel sollte später vor allem in jener Gattung so erfolgreich werden, die als Aristokrat der musikalischen Welt bezeichnet werden kann, nämlich der Kammermusik. Joseph Klingenbeck bezeichnete Pleyel neben Franz Joseph Haydn und Wolfgang Amadé Mozart „als Componisten vom ersten Range".

Bildungsreisen nach Italien

Abb. 1: Landkarte Italien: Neapel, Rom, Florenz, Turin, Lucca, Mailand, Venedig, Padua und Genua: Pleyels Stationen während seiner Italienreise; ÖNB Bildarchiv

Die roten Punkte kennzeichnen Pleyels Aufenthalte in Italien

5. Bildungsreisen nach Italien
Von Mailand bis Neapel

Der junge Kapellmeister Pleyel hatte den unbändigen Wunsch, das gelobte Land der Musik, Italien, kennen zu lernen. Da Haydn sich in einer Neuorientierungsphase befand, einem wichtigen Wendepunkt der künstlerischen Entwicklung, an dem er während der langen „Quartettenpause" zwischen seinen „Sonnenquartetten" (Op. 20, 1772) und den „Russischen Quartetten" (Op. 33, 1781) seinen Stil änderte, schien jetzt dem jungen Pleyel wohl der richtige Zeitpunkt, andere Wege kennen zu lernen. Natürlich bot sich für ihn Italien, besonders die melodiöse „neapolitanische Schule", an.

Zwischenzeitlich avancierte der junge Musikus zum Kapellmeister des Virtuosenorchesters des Grafen Erdödy, der offenbar mit Pleyel Ähnliches vorhatte, wie es sein Verwandter, der Fürst Eszterhazy, mit dem Genie Haydn praktizierte. So war er natürlich anfangs nicht sehr von Pleyels Reiseplänen begeistert.

Ladislaus Erdödy, der Sohn des Lajos Erdödy und der Regina M. Stubenberg, wollte ein musikalisches Zentrum in Pressburg erschaffen. Als Spielstätte sollten auch die vornehmen Räumlichkeiten des Schlosses Eberau in Burgenland dienen, und der hochbegabte Pleyel wäre eine gute Gallionsfigur für solch ein musikalisches Unterfangen gewesen.

Jedenfalls sollte dieses Zentrum jenem von seinem Verwandten in Esterhaza gleichen. Graf Erdödy konnte sich deshalb für Pleyels Plan, nach Italien zu reisen, nicht erwärmen. Ahnte er etwa, dass sein Schützling nie wieder nach Pressburg zurückkehren würde oder dass er selbst schon mit 40 Jahren diese Welt verlassen sollte? Schlussendlich aber unterstützte er Pleyels Reisepläne doch. Es wurden für Pleyel die erforderlichen Mittel für drei Studienreisen in das „Kulturland Italien" flüssig gemacht. Auch der Bruder des Grafen, Ludwig, kümmerte sich um Pleyel. Er führte den Zwanzigjährigen vor der Abreise in die schon erwähnte Freimaurerloge zum „Goldenen Hirschen", später „Goldenes Rad", in Fidisch bei Eberau ein. Die mit diesem Schritt sich auftuenden gesellschaftlichen Verbindungen waren nicht zu verachten.

Pleyel dürfte während der letzten Opernaufführungen seiner Oper „Ifigenia in Aulide" Ende Juli 1785 von der Freimaurerloge abgegangen sein. Denn ab 20. Juli 1785 kann man auf fol. 41v im Mitgliedsverzeichnis der vertraulichen Akten der Kabinettskanzlei nachlesen: „63. Ignatius Pleiel Compositeur bey Ladisl. Graf v. Erdödy. Lehrling, von der Loge abgegangen." Danach dürfte Pleyel abermals seine alte Heimat besucht haben

Die 1752 geborene Maria Carolina war eine Tochter der Kaiserin Maria Theresia und mit König Ferdinand dem IV. verheiratet.

– auch sein Vater Martin Pleyl lebte noch in seinem Geburtsort Ruppersthal.

Schon während seines Studiums bei Haydn und danach in Pressburg, lernte Ignaz viele gastierende Musiker und prominente Staatsmänner kennen. Unter ihnen befand sich Pleyels zukünftiger Brotgeber, Fürst Louis René Edouard de Rohan – zu jener Zeit war Rohan außerordentlicher Botschafter Frankreichs. Auch sein erster Lehrer Johann Baptist Wanhal dürfte Pleyel schon in Wien von Italiens Kulturleben erzählt haben.

Da Pleyel sein musikalisches Talent weiterentwickeln wollte, bot sich Italien für den 20-Jährigen förmlich an. Italien war Pleyels große Chance, wo er sich auch als Komponist einen Namen machen konnte. Welche Gedanken auch immer den Kopf Pleyels beschäftigt haben, das Land der Musik kennen zu lernen, heute wissen wir, dass es gut war, diesen Weg zu gehen. Es ist nicht eindeutig nachweisbar, wie oft Pleyel Italien besuchte – fest steht aber, dass er nicht später als 1777 Österreich in Richtung Neapel verließ. In den Jahren 1781 und 1783 kehrte er für kurze Zeit nach Österreich zurück. Immer wieder zog es Pleyel nach Italien, in jenes Land, wo die Musik so viel sangbare Melodik ausstrahlt. Fetis berichtet, dass Pleyel bei seiner zweiten Italienreise mindestens bis Februar 1783 blieb, da er bei einer Aufführung von Cherubinis „Lo sposo di tri (sic!) femine" in Rom anwesend war. Pleyels Reise im April 1786 wurde von einem italienischen

Abb. 2: Maria Carolina; ÖNB Bildarchiv

Korrespondenten im April 1786 sehr lobend dokumentiert und nach Wien berichtet.

Danach sollte es zwanzig Jahre dauern, bis er wieder seine Heimat betreten durfte – diesmal mit seinem sechzehneinhalbjährigen Sohn Joseph Stephan Etienne Camille, der seine Erlebnisse aus Wien eindrucksvoll in einem Brief an seine Mutter schildert. Zunächst aber führte ihn seine Bildungsreise nach Neapel, wo er in den Jahren 1777 und 1778 einige Monate verbrachte. Schletterer und François Joseph Fétis berichten, dass Pleyel mit wichtigen Empfehlungsschreiben des Grafen Erdödy ausgestattet war. Diese Briefe dürften an die Königin, an die schöne und geistreiche Maria Karolina (1752-1814) von Österreich, eine Tochter der Maria Theresia, die nach Tanuccis Rücktritt 1777 die Regierung übernahm, gerichtet gewesen sein. Es ist deshalb leicht zu erklären, warum Pleyel dem König Ferdinand IV. (1751-1825) höchst persönlich vorgestellt wurde. Es wird berichtet, dass ihn der König mit Güte empfing.

Der ohne jegliche Geistesbildung aufwachsende König Ferdinand IV. folgte seinem Vater, der als Karl III. König von Spanien war. Ferdinand ist vor allem für die Vereinigung Neapels und Siziliens bekannt. Diese wurden dann zum Königreich der beiden Sizilien.

Der König war ein enthusiastischer Spieler des Leierkastens. Diese Kunst wurde ihm vom Sekretär der österreichischen Botschaft, Norbert Hadrava, auf der Nachbildung einer alten Lyra beigebracht. Der Wiener Norbert Hadrava, ein nicht unbegabter Musiker und Komponist, war es auch, der Pleyel im Jahre 1784 den Auftrag für die Oper „Ifigenia in Aulide" verschaffte.

Als König Ferdinand IV. den jungen Pleyel kennen lernte, erbat er von ihm Werke für die Leier, die er mit Leidenschaft spielte. Pleyel kam dem Wunsch des Königs gerne nach und schrieb diese Stücke noch während seines Aufenthaltes in Italien. Es handelt sich um die Werke Ben 202 und Ben 202,5. Es dürften die einzigen noch vorhandenen Leierkompositionen von Pleyel sein. Die Autografe liegen in der Nationalbibliothek

Abb. 3: Das Gesellschaftskonzert, Stich Nr. 8 einer Serie „Mode des Tages" von Blanchard nach einer Zeichnung von Desrais (Direktorialzeit); Quelle: Dr. Anderle

Frankreichs in Paris und in der Deutschen Staatsbibliothek in Berlin. Laut Dr. Rita Benton wurde das Concerto für zwei Lyren besonderes gelobt.

Auch Gyrowetz und Sterkel, später auch Haydn, schrieben einige Stücke für dieses Instrument. Norbert Hadrava sorgte dafür, dass auch Haydn und Sterkels Werke aufgeführt wurden. Der sonst eher rohe, auf die Jagd versessene König war von Pleyels Tonsetzerqualitäten begeistert, nicht zuletzt deshalb wurde Pleyel mit der Komposition der Oper „Ifigenia in Aulide" beauftragt. Pleyel widmete dem König 1790 auch noch eine Serie von sechs Streichquartetten, C, B, E-Moll, G, A und f-Moll (Ben 353-358). Diese Widmung gibt einen weiteren Hinweis auf die gute Beziehung der beiden zueinander. Pleyel kehrte nach seinem Wien-Besuch 1781 abermals nach Italien zurück und verweilte dort bis 1783 – diesmal hauptsächlich in Rom. Im Jahre 1785 wurde seine opera seria „Ifigenia in Aulide" in Neapel uraufgeführt. Die Aufführung fand am 30. Mai 1785 im San Carlo Theater, zur Feier von König Ferdinands Namenstags, statt. Die Oper zeugt von Pleyels Vielseitigkeit (siehe Kapitel 12, „Ifigenia in Aulide"). Obwohl er sich bislang als Instrumentalkomponist einen Namen gemacht hatte – die Oper „Die Fee Urgele" ausgenommen – und außerdem kein Italiener war, wurde dieses „Dramma per musica" in drei Akten im Zentrum der italienischen Oper des 18. Jahrhunderts ein großer Erfolg.

Abb. 4: König Ferdinand IV., geb. am 12.1.1751 in Neapel – gest. in am 4.1.1825 Neapel; ÖNB Bildarchiv

Abb. 5: Autograph, Partitur „Ifigenia in Aulide"; Dr. Benton

Es ist nicht leicht, Pleyels Weg zu anderen Orten außer Neapel und Rom zu verfolgen. Durch das Aufspüren der Wohnorte und Bewegungen der Künstler, mit denen er in Kontakt kam, kann man aber seine „italienischen Jahre" ziemlich genau geografisch einengen.

Fétis erwähnt, dass Pleyel in Italien viele Freunde gewinnen konnte. Pleyels offene und freundlich-bescheidene Art, vor allem aber sein musikalisches Können brachten ihm die Freundschaft vieler Künstler ein. So gelang es ihm, die Gunst der Komponisten Cimarosa, Gugliemi und Paisiello zu gewinnen. Cimarosa und Gugliemi waren während Pleyels Italienaufenthalt in Neapel. Giovanni Paisiello (1740-1816) war zwischen 1776 und 1784 in St. Petersburg und kann daher mit Pleyel erst nach seiner Rückkehr Kontakt aufgenommen haben. Wir gehen also davon aus, dass Pleyel Paisiello erst zum Zeitpunkt seiner Opernaufführung am 30. Mai 1785 in Neapel kennen gelernt haben kann.

Pleyels Freundschaft mit dem Schüler Tardinis, Pietro Nardini (1722-1793), und Gaetano Pugnani (1731-1798) müssen ihn bis Florenz und Turin gebracht haben. François Joseph Fétis schreibt, dass Pleyels Geschmack stark von den großen Vokalmeistern Italiens beeinflusst wurde. Unter ihnen waren Luigi Marchesi (1755-1829), Gaetano Gudagni (1725-1792), Catherina Gabrielli (1730-1796) und Gasparo Pacchierotti (1740-1821). Die Aufführungsorte dieser Sänger weisen

Abb. 6: Teatro San Carlo, Aussenansicht; ÖNB Bildarchiv

darauf hin, dass Pleyel Lucca, Mailand, Venedig, Padua und Genua besucht haben könnte. Domenico Cimarosa (1749-1804) war einer der führenden italienischen Opernkomponisten des späten 18. Jahrhunderts.
Während Pleyels Italienaufenthalt wohnte Cimarosa abwechselnd in Neapel und Rom, auch Pietro Alessandro Gugliemi (1728-1804) traf Pleyel in Neapel.

Die Italienjahre waren für die Entwicklung Pleyels als Komponist äußerst wichtig. Er adoptierte die Drei-Satzform und legte weniger Gewicht auf die thematische Entwicklung. Heute wissen wir, dass die vielseitigen Anregungen des fast fünfjährigen italienischen Aufenthaltes im Schaffen Pleyels nachhaltig wirksam geworden sind.

Abb. 7: Neapel; ÖNB Bildarchiv

Obwohl Pleyels stilistischer Hintergrund großteils von Haydn beeinflusst war, mischte sich sein inneres Gefühl für melodiöse, leicht fließende Musik auf natürliche Art und Weise mit der italienischen Art (lirisismo cantabile). Pleyel zog nun ein anderes Publikum an und ging einen eigenen Weg. Manchmal ließ er offenbar ganz bewusst das Menuett aus, das Haydn grundsätzlich im Mittelsatz verwendete.

Zeitlebens verehrte er seinen „Papa Haydn", nie vergaß er, seine Dankbarkeit und seinen Respekt auszudrücken. In seinen Drucken gab Pleyel sich lange Zeit stolz den ehrenvollen Titel „Élève de Haydn" (Schüler von Haydn). Pleyel wusste aber auch, wem er die Möglichkeit der Entfaltung seines künstlerischen Lebens und somit auch seines späteren Ruhmes verdankte. Dies war ohne Zweifel sein Gönner und Mäzen Graf Ladislaus Erdödy. Pleyel widmete daher seine Streichquartette Opus 1 (Ben 301-306) aus den Jahren 1782-1783 Graf Erdödy für dessen Großzügigkeit, väterliche Sorge und Bemühungen.

Pleyels Dankbarkeit drückt sich in einem Brief aus, den er an Graf Ladislaus Erdödy mit folgenden Worten richtet (aus dem Katalog von Dr. Rita Benton):

„Illustrissimo Signore Conte, Permetta, che io le dedichi col più profondo rispetto queste mie composizioni musicali, che ora per la prima volta veggono per mezzo della stampa la luce pubblica. Alla sua bontà, alla sua paterna cura, ed al suo incoraggimento devonsi le grazie, e tutto la vita dell´arte mia. […] non sono né si difficili nell´esecuzione, né si profondi nell´arte, come i miei precedenti, ma composti così a bella posta, accio si rendano più comuni, e piacevoli. […]"
(Auf Deutsch:)
Ruhmreicher Herr Graf, erlauben Sie, dass ich Ihnen mit tiefstem Respekt diese meine musikalischen Kompositionen widme, die nun erstmals durch den Druck das Licht der Welt erblicken. Ihrer Güte, Ihrer väterlicher Vorsorge und Ihrer Ermunterung verdanke ich mein künstlerisches Leben. Ich betrachte diese erste Gabe meiner Veröffentlichungen bloß als kleinen Teil meiner dankbaren Gefühle, für die mein ganzes Leben zu kurz wäre, um sie Ihnen in würdiger Weise auszusprechen. Ich schrieb diese Quartette in Italien, und zwar im Geschmack, der dort überwiegt; sie sind weder in der Ausführung so kompliziert noch in der Kunst so tief wie meine Vorangegangenen, aber absichtlich so komponiert, dass sie mehr einfach und geruhsam wiedergegeben werden. Der Name, dem ich dieses Werk als Widmung zueigne, der eines wahren Kenners und Liebhabers der noblen musikalischen Kunst, wird jeden Defekt, der vorhanden sein könnte, überdecken. Die gütige Annahme dieser Widmung… wäre mehr als genügender Lohn für den bescheidenen Diener Ihrer ruhmreichen Person, Ignazio Pleyel.

Interessant ist die Aussage Pleyels: „Ich schrieb diese Quartette in Italien, und zwar im Geschmack, der dort überwiegt; sie sind weder in der Ausführung so kompliziert noch in der Kunst so tief wie meine Vorangegangenen, aber absichtlich so komponiert, dass sie mehr einfach und geruhsam wiedergegeben werden." Wo sind die vorangegangenen Quartette, die schon vor den Opus 1 Quartetten geschrieben worden sind? Wo sind die Quartette, die in der Kunst tiefer liegen sollen? Anscheinend handelt es sich bei diesen Werken um die von Klingenbeck angesprochenen Frühwerke, die unter Haydns Aufsicht (also bis 1777) komponiert worden sind.

Wahrscheinlich hat Wolfgang Amadé Mozart in seinem Brief vom 24. April 1784 an

Abb. 8: Blick auf die antike Brücke über den Po, Gemälde von Antonio Canaletto; Quelle: Dr. Anderle

seinen Vater Leopold diese 1783 bei Gräffer erschienenen Quartette Opus 1 (Ben 301-306) und nicht die weit reiferen Opus 2 Quartette (Ben 307-312) gemeint, die Haydn gewidmet waren. Das ist zwar nicht hundertprozentig geklärt, doch sehr wahrscheinlich.

Mozarts Brief vom 24. April 1784 an seinen Vater Leopold in Salzburg sagt über das Talent Pleyels sehr viel aus. Er deutete an, dass es für die Musikwelt gut wäre, wenn Pleyel Haydns Nachfolger werden würde. Mozart schreibt: „Dann sind dermalen Quartetten heraus von einem gewissen Pleyel; dieser ist ein Scolar von Joseph Haydn. Wenn sie selbige noch nicht kennen, dann suchen Sie sie zu bekommen; es ist der Mühe werth. Sie sind sehr gut geschrieben und sehr angenehm. Er wird seinen Meister gleich herauskennen. Gut und glücklich für die Musik, wenn Pleyel seiner Zeit imstande ist, uns Haydn zu remplacieren."

Immerhin wurde dieser Brief von keinem Geringeren als Wolfgang Amadé Mozart geschrieben, der selten anderen Komponisten Lob spendete, im Gegenteil seine Kollegen sehr häufig kritisierte oder sich über sie mit Versen lustig machte. Die Internationale Ignaz Joseph Pleyel Gesellschaft (IPG) ist der Meinung, dass Mozart genau wusste, was er in diesem Brief schrieb.

Wie Pleyel seinen Papa verehrte, wissen wir auch. Er widmete ihm diese seine bei Rudolf Gräffer in Wien erschienenen Opus 2 Quartette (Ben 307-312). C. F. Pohl, Haydn (Berlin 1875) S. 103. Die Widmung lautet: „Sei quartetti composti e dedicati al celeberrimo e stimatissimo fu suo Maestro il signor Gius. Haydn in segno di perpetuo gratitudine."

Diese Quartette, die auch schon von der Pleyel-Gesellschaft (IPG) bei Konzerten gespielt worden sind, widmete also Pleyel dem für seine Quartette gerühmten Haydn als Zeichen der ewigen Dankbarkeit. In der Wiener Zeitung vom 17. September 1785 steht eine Notiz mit der Ankündigung des Erscheinens der „seinem Freunde Joseph Haydn" gewidmeten sechs Quartette von Mozart: „Kurz vorher hatte auch Pleyel Haydn sechs Quartette gewidmet, welche Torricella in der Wiener Zeitung Nr. 101, Dezember 1784 ankündigte und von 4 guten Künstlern im großen Passauerhof am 21. Dezember um 7 Uhr aufführen lassen wird. Die Eintrittsbillets werden in seinem Geschäfte unentgeltlich ausgegeben." Da bislang keine frühere Ankündigung gefunden werden konnte, wurden Pleyels Opus 2 Quartette (Ben 307-312) vermutlich erstmals im Dezember 1784 aufgeführt. Anscheinend sind Pleyels Opus 1 und Opus 2 Quartette nicht die von Klingenbeck erwähnten Frühwerke, zumal sie erst zwischen 1782 und 1784 entstanden sind, als Pleyel schon in Italien war. Zu dieser Zeit fällt Haydn mit hoher Wahrscheinlichkeit als Aufsichtsperson aus. Wenn nun Mozart die 1782-1783 entstandenen Opus 1 (Ben 301-306) Quartette von Pleyel im Brief an seinen Vater am 24. April 1784, die Pleyel selbst als „... nicht so tief ..." einschätzt, was hätte er über die 1784 entstandenen, Haydn gewidmeten Opus 2 (Ben 307-312) Quartette gesagt? Mit hoher Wahrscheinlichkeit hat Mozart auch diese Opus 2 Werke Pleyels gekannt. Weniger als ein Jahr darauf widmete Mozart seine sechs Quartette Joseph Haydn.

Dass es frühe Quartette von Pleyel (also vor den Opus 1 Quartetten) gegeben haben könnte, erwähnt auch Fétis. Er meint, dass Haydn Maestro Gluck bei seinem Besuch im Jahre 1776 ein von Pleyel komponiertes Streichquartett zeigte. Gluck war beeindruckt und sagte zu Pleyel: „Mein junger Freund, nun da Sie gelernt haben, Noten aufs Papier zu setzen, bleibt Ihnen nur mehr übrig, zu lernen, wie man einige wieder ausradiert." Dem Werksverzeichnis von Rita Benton „Ignace Pleyel: A Thematic Catalogue of his Compositions" ist zu entnehmen, dass Pleyel während seiner Zeit als Kapellmeister bei Graf Ladislaus Erdödy, ob nun in Pressburg oder während seiner Bildungsreisen in Italien, insbesondere zwischen 1777 und 1785 Folgendes geschaffen hat:

– 2 Concerti (Ben 101-102)
– 7 Sinfonien (Ben 121-127)
– 4 Werke für Kammermusik (Ben 201-202.5)
– 2 Quintette (Ben 271-272)
– 18 Streichquartette (Ben 301-318)
– 3 Klaviertrios (Ben 428-430) (siehe auch Hob. XV: 3-5)
– und die opera seria „Ifigenia in Aulide" (Ben 703).

Anscheinend müssen wir in Hinkunft verstärkt nach Frühwerken (1772-1777) Pleyels suchen. Wir müssten dabei eigentlich bei Haydns Oeuvre beginnen.
Italien war Katalysator für Pleyels musikalische Entwicklung und Prüfstein seines Talents. Kompositionen, vor allem eine Serie von sechs Streichquartetten Pleyels, waren in Italien bekannt. Auch in diesem Fall ist sich Fétis sicher, dass es sich um Pleyels Opus 1 Quartette handelte. Gerber weiß zu berichten, dass die Italiener besonders Pleyels Quintette schätzten, insbesondere jenes in F-Moll (Ben 278). Ein italienischer Korrespondent berichtet nämlich im April 1786 an das „Magazin der Musik" in Wien Folgendes: „Vor einiger Zeit haben wir das Vegnuegen gehabt, Haydns vortrefflichen Schueler, den Herrn Pleyel, hier [in Italien] zu sehen, und kennen zu lernen ... Er ist ein junger, feuriger und sehr geschickter Komponist; dabey voller Bescheidenheit und sehr angenehm im Umgang ... Er hat uns von seinen neuen Quatuors und Trios hoeren lassen, die ganz vortreflich [sic] und originel [sic] sind. Nichts aber geht ueber seine Quintetten fur zwei Violinen, 2 Bratschen und den Bass. Eins davon aus f- Moll ist vorzueglich ein Meisterstueck. Welcher Gesang, welche Harmonie herrscht darin."

Darüber hinaus weiß der Wörterbuchverfasser Gerber im Jahre 1792 über Pleyel Folgendes: „In Deutschland, Italien und Frankreich ist er ein allseits beliebter und angesehener, junger Komponist." Gerber berichtet auch, dass Pleyel während einer Italienreise „überall sehr schmeichelhaft empfangen wurde. Die Leute hörten nicht auf, ihn zu loben, einerseits wegen seiner Musik und seines Spieltalentes, anderseits aber auch wegen seines erfreulichen, heiteren und bescheidenen Benehmens …"

Joseph Klingenbeck erwähnt folgenden Zeitungsbericht aus dem Jahr 1787 in „Ignaz Pleyel. Sein Streichquartett im Rahmen der Wiener Klassik": „Unter den verschiedenen Tonkünstlern, die hier seit einiger Zeit gewesen sind, haben sich die beiden Herren Krause aus Stockholm, und Pleyel aus Wien, sowohl wegen ihres schönen Spiels und ihrer Komposition, als auch wegen ihres vorzüglichen artigen Betragens überall sehr beliebt und gefällig gemacht. In den angesehensten Häusern hatten sie Zutritt und wurden stets gerne gesehen. Nicht leicht hat man Virtuosen so ungern abreisen sehen, als diese beiden braven Männer. […]"

Abb. 9: Landschaft um Rom; ÖNB Bildarchiv

6. Erfolge in Straßburg
6.1. Assistent bei Franz Xaver Richter

Ab 1783 sind Pleyels Spuren in Straßburg feststellbar. Um diese Zeit wurde in Straßburg die Frage akut, wer wohl den überpensionsreif werdenden, seit 1769 im Amt befindlichen alternden Domkapellmeister Franz Xaver Richter (1709-1789) aus Holleschau in Mähren unterstützen und ihm nachfolgen könnte. Vor seiner Berufung nach Straßburg war Richter 22 Jahre lang Mitglied der berühmten Hofkapelle des pfälzischen Kurfürsten Karl Theodor zu Mannheim. Die Wahl fiel einhellig auf Ignaz Joseph Pleyel. Vermutlich waren die Würfeln schon lange vorher gefallen, als Louis René Édouard de Rohan-Guémené (1734-1803) im Juni 1772 als Botschafter Frankreichs in Esterhaza auf Besuch war.

In Straßburg trafen jetzt Mannheimer Tradition, durch Franz Xaver Richter geprägt, mit dem Wiener klassischen Stil und den italienischen Einflüssen, die Pleyel (nicht zuletzt durch seine musikalischen Studien in Italien) favorisierte, zusammen.

Damals lernte Pleyel Johann Philipp Schönfeld (1742-1790) kennen. Gemeinsam mit dem Kapellmeister am „Temple Neuf" veranstaltete Pleyel ab 1785 regelmäßig die „Concerts Pleyel-Schönfeld" oder auch „Concerts des amateurs". Beide konnten mit diesen, bald recht bekannt werdenden Konzerten ihre Finanzen beträchtlich aufbessern. Straßburg wurde unter Pleyel wieder zur musikalischen Metropole, die es schon um die Wende des 15. Jahrhunderts war.

1783 wird Ignaz Pleyel Vizekapellmeister am Münster zu Straßburg.

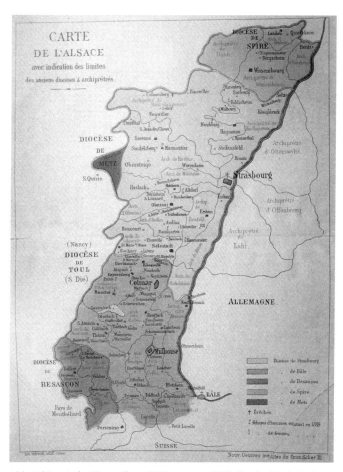

Abb. 1: historische Karte Elsass, Diiözesen vor 1789; Quelle: Dr. Anderle

Abb. 2: Straßburger Münster; ÖNB Bildarchiv

Bei der Frage, wann Pleyel genau nach Straßburg kam, widersprechen sich die Quellen. Die Internationale Ignaz Joseph Pleyel Gesellschaft (IPG) geht nach gründlicher Forschung davon aus, dass Pleyel 1783 Assistent von Richter wurde, wenngleich er dieses Amt durch seine anderweitigen Verpflichtungen in Italien erst etwas später antrat.

Ob Pleyel damals schon ahnte, dass Frankreich einmal seine Wahlheimat werden sollte? Eines schon vorweg: Pleyels Straßburger Jahre (1783-1793) erwiesen sich als die musikalisch fruchtbarsten seines Lebens, wobei man seine charmanten und einfallsreichen Jugendwerke, die er in Esterhaza, in Pressburg oder während seiner Italienreisen geschrieben hatte, nicht als minder bedeutend betrachten darf. Pleyel war nun längst in der Lage, selbstständig in eigenem erkennbarem Stil zu agieren und somit seinen eigenen Weg zu gehen.

Pleyels „Stern" begann in der Straßburger Zeit hell zu leuchten. Sein Ruf als Komponist erreichte in Straßburg eine außergewöhnliche Höhe. Alles, was aus seiner Feder floss, wurde ins Unendliche vervielfältigt. Mendel schrieb: „In Wien, Paris, Berlin, Leipzig, London und in Holland waren seine Kompositionen so beliebt, dass man für den Augenblick keinen andern Komponisten zu kennen schien." Leider fielen im Jahre 1871 viele seiner Sakralwerke, Messen und Motetten, einer Straßburger Feuersbrunst zum Opfer.[26]

Francois Fétis, der Pleyel nicht zuletzt durch persönlichen Kontakt wohl am besten von allen Biografen kannte, hielt für die Nachwelt fest: „Seine Streichquartette und Klaviersonaten erhielten eine Beliebtheit, von denen es wenige Beispiele gibt. Die Publikationen dieser Werke vervielfältigten sich ins Unendliche, und Exemplare davon wurden in unwahrscheinlichen Mengen in Wien, Berlin, Leipsick, Paris, London und Holland verbreitet."[27]

In Straßburg schrieb Pleyel jene zierlichen, frischen, fantasievollen Quartette und Klaviersonaten, und jene mit lieblichen Melodien durchsetzten Sinfonien, die ihn nun zum populärsten Komponisten Mittel- und Westeuropas machten. Mehr noch: Pleyel wurde die treibende Kraft der Konzerte in der neuen Spiegelhalle, seine Kompositionen fanden große Anerkennung, er wurde zur musikalischen Seele Straßburgs. Genau zum richtigen Zeitpunkt vermittelte Prinz Louis von Rohan 1783 mit dem 26-jährigen Pleyel einen jungen und tüchtigen Musiker als Vizekapellmeister. Nun konnte Pleyel, der schon als Schulmeisterbub unter der Anleitung seines Vaters die kleine Kirchenorgel am Kirchenchor in Ruppersthal spielen durfte, die imposante, 1716 vom berühmten Andreas Silbermann erbaute Orgel am Münster in Straßburg spielen.

6.2. Die „Pleyel-Schönfeld-Konzerte" in Straßburg

Ignaz Joseph Pleyel arrangierte sich in Straßburg mit Johann Philipp Schönfeld (1742-1790), der bereits 1781 die „Concert des amateurs" ins Leben gerufen hatte. Schönfeld war, wie bereits erwähnt, Kapellmeister des „Temple Neuf" und dazu Direktor der Öffentlichen Amateurkonzerte. In der Folge entstanden die damals so berühmt gewordenen Pleyel-Schönfeld-Konzerte in der neuen Spiegelhalle. Schönfeld, der für die Existenz der Konzerte und finanzielle Absicherung der Künstler sorgte, fand in Pleyel genau den Partner, den er für die erfolgreiche Fortführung der Konzerte benötigte.

Pleyel besaß nicht nur ausgezeichnete künstlerische Fähigkeiten, sondern er verfügte auch über genügend unternehmerisches Geschick, welches dem um 13 Jahre älteren Schönfeld sehr gelegen kam. Bei den Konzerten in Straßburg war es üblich, gute und möglichst hübsche Sängerinnen zu engagieren. Pleyel hatte kein Problem, Musiker oder hübsche Sängerinnen zu beschäftigen. Schönfeld hingegen dürfte sich da ein bisschen schwerer getan haben. Laut den Ausführungen von Hermann Ludwig aus Straßburg erklärte Schönfeld: „... dass es unmöglich sei, eine gute Sängerin zu gewinnen, ... der gute und schlechte Ruf eines Concerts, beruht lediglich auf der Wahl einer

Sängerin ..., die Sängerin muss gut sein, auch hübsch womöglich ..."[28]

Schönfeld war der feinsinnige, routinierte Dirigent der Straßburger Konzerte, Pleyel die musikalische Seele derselben. Wie kein Zweiter verstand er, die ihn umgebende Künstlerwelt zu elektrisieren und eine höchst gespannte, musikalische Begeisterung in die Massen hineinzutragen. Schönfeld gab damals bekannt, dass ihn sein Freund Pleyel mit seinem Talent und seiner freundschaftlichen Beihilfe während des Winters unterstützen wird. Wie könnte es anders sein? Pleyel war Schönfeld bis zu dessen Tod treu. Schönfeld starb am 5. Jänner 1790.[29]

Die größte Anzahl der Kompositionen Pleyels aus der Straßburger Zeit (1783-1793) wurde zuerst im „Concert des amateurs a la salle du miroir" und in den „Concerts Schönfeld-Pleyel" aufgeführt.

Die Programme der Konzerte wurden im „Wochenblatt" veröffentlicht. Sie sind in den „Affiches de Strasbourg – Straßburgisches Wochenblatt" seit November 1785 an vollzählig angeführt zu finden. Damals gab es in Straßburg kaum ein Konzert, in dem nicht eine oder mehrere Kompositionen Pleyels auf dem Programm standen. Das Orchester war relativ klein und bestand aus rund zwanzig Musikern.[30]

Genevieve Honegger berichtet: „Musik fliesst also von der Feder des Kapellmeisters, lebendig, leuchtend, voll Eleganz und Frische. Pleyel wird bald überall gespielt werden." Folgende erste Konzertankündigung erschien ebenfalls in der „Feuille hebdomadaire" am 3. September 1785: „Donnerstag 8. September. Fest der Geburt der hl. Jungfrau, Konzert im grossen Auditorium der Universität, wo man die Kantate mit grossem Chor, von Herrn Schoenfeld fur das Geburtstag des Königs komponiert, aufführen wird; ferner einige neue Sinfonien von Hayden und Pleyel, und Herr Danner, Kammervirtuose seiner Durchlaucht des Kurfürsten von Bayern wird dort ein Violinkonzert und eine konzertante Sinfonie aufführen."[31]

Fast regelmäßig stand auf den Programmen eine „Nouvelle-Sinfonie de Pleyel", so zum Beispiel beim Konzert vom 1. März 1786, eine „Nouvelle Sinfonie de Pleyel a variations". Im Konzert „au profit des pauvres" findet sich eine „Sinfonie de caractère de Pleyel" auf dem Programm. An einem der letzten Konzertabende des Jahres 1791 wurden sogar gleich drei Kompositionen Pleyels vorgetragen. In den verschiedenen Konzerten wurden ein „Menuetto et Trio de Pleyel", einige Messen und Motetten gespielt. Auch Kompositionen von Franz Joseph Haydn, den Brüdern Stamitz, von Hoffmeister, Cimarosa, Sarti, Paesiello, Piccini, Gossec und manchmal auch von Wolfgang Amadé Mozart, Devienne, Krumpholtz und Graun kamen zu Gehör.[32]

Abb. 3: Six Sonatas; Dr. Benton

Pleyel vermerkte seinen Titel als Domkapellmeister am Münster zu Straßburg „Mr. Ignace Pleyel, Maître de chapelle de la Cathédrale de Strasbourg" nur bei zwei seiner Partituren. Er zog die Bezeichnung „Schüler von Herrn Haydn" vor. Pleyel verehrte „Papa Haydn" zeitlebens sehr und vertraute zudem, berechtigterweise, auf die Zugkraft dieses weltbekannten Komponisten.

Ab November 1786 wurde Pleyel offiziell Co-Direktor der Konzerte. Nun hatte er, so ein Titel verpflichtete, ganz besonders auf die Programmgestaltung der Konzerte zu achten. Ab sofort sollte es keine Aufführung ohne eine Sinfonie oder ein anderes Stück von Pleyel oder Haydn geben. Der Erfolg unter dem neuen Co-Direktor begann sich nun überall bemerkbar zu machen, selbst die neue Spiegelhalle in der Rue des Serruriers (Schlossergasse) wurde in schönem Perlengrau mit Firnis ausgemalt. Bis dahin fanden die Konzerte im „L'Esprit" statt. In einer Saison wurden an Montagen, von November bis Ostern, sechzehn Konzerte gespielt, dazu kamen Benefizkonzerte für Künstler und Bedürftige. Der Abonnementpreis betrug 18 Pfund für die Herren und 12 Pfund für die Damen.[33]

Am Ende der Saison wurde ein Benefizkonzert für die Armen („au profit des pauvres" am 9. April 1786) gegeben. Im November 1791 begann die letzte Saison der Amateur-Konzerte, bei denen alle Programme von Pleyel nach dem üblichen Modell gestaltet wurden. Zusätzlich hatte Pleyel auch eine Einladung der „Professional Concerts" in London angenommen. Diese Einladung war nicht nur finanziell attraktiv, sie war für einen Künstler auch schmeichelhaft, sodass sich Pleyel am 15. Dezember 1791 mit seinem Schüler Jacob Philipp Pfeffinger auf den Weg machte. Schon einen Tag vor dem Hl. Abend 1791 erreichen Meister und Schüler die Stadt an der Themse. Dieser Aufenthalt sollte in der Musikgeschichte seinen festen Platz finden .... (mehr davon im Kapitel 8).

6.3. Pleyel lernt seine große Liebe Franziska-Gabrielle Ignatia kennen

Im Jahre 1787 hatte Pleyel das Glück, die große Liebe seines Lebens kennen zu lernen. Diese junge Frau namens Franziska-Gabrielle Ignatia Levebvre aus Straßburg war wahrscheinlich ein sehr hübsches Fräulein. Wir wissen nicht, wie viele Damen unser Meister schon anlässlich seiner Bildungsreisen in Italien kennen gelernt hatte, doch eines wissen wir genau, diese Mademoiselle Franziska-Gabrielle aus Straßburg hatte unserem Ignaz den Kopf verdreht. Ihr Vater, Stephan Lorenz Lefebvre, übte das ehrsame Gewerbe eines Tapeziermeisters, Teppichwebers und Tuchmachers aus. Er wohnte mit seiner Frau Maria-Gabriel, geborene Peyve, und der Tochter in der St. Louis Straße. Dieses Haus war für Pleyel nicht nur sehr augenscheinlich wegen der dort logierenden Tochter Franziska-Gabrielle ein schönes Haus, sondern auch wegen der eleganten Louis XV., Fassade. Pleyels gute Stellung am Münster zu Straßburg dürfte den einflussreichen Eltern ganz gut gepasst haben. Bei solchen guten Voraussetzungen mussten die beiden ganz einfach ein Paar werden und im Hafen der Ehe landen.

Am 22. Jänner 1788 war es dann so weit. Der Magister capellae Cathedralis argentinensis Ignatius Josephus Pleyel führte seine Braut Franziska-Gabrielle Ignatia Levebvre in der Straßburger Kathedrale St. Ludwig zum Trauaktar. Der Heiratsvertrag wurde bereits am 16. Dezember 1787 vor dem Anwalt Lacombe aufgesetzt. St. Ludwig war jener Stadtteil, wo Pleyels Braut wohnte. Als Trauzeugen fungierten die Straßburger Musiker Franz Lorenz Chappuy und Friedr. Daniel Vogt.[34]

Pleyel wohnte vor seiner Trauung im Stadtteil der Jung-St. Peterpfarrei. Nun bezog das frisch gebackene Ehepaar eine Wohnung in der St. Louis Straße Nr. 4. Heute hat dieses Haus die Nummer 8-10 in der St. Ludwigsgasse.[35] Schon am 18. Dezember desselben Jahres kam der Erstgeborene, Camille, zur Welt. Das Kind wurde noch am selben Tag in der Kirche zu St. Ludwig auf den Namen Joseph Stephan Etienne Camille getauft. Der 31-jährige Österreicher Pleyel war nun endgültig zum Elsässer geworden. Aus Pleyels Ehe mit Franziska sollen laut Biografen Vogeleis vier Kinder hervor gegangen sein, wovon angeblich nur Camille überlebte. Die Geschwister Virgine, Gabriel und Eugenie sollen bereits als Kleinkinder verstorben sein.[36]

Gegen diese von Vogeleis gemachten Angaben sprechen einige andere Hinweise. Fétis zum Beispiel gibt acht Kinder an, nicht

Abb. 4: Pleyels Wohnhaus in Straßburg; Dr. Otto Kokron

aber, wie viele davon überlebten. A. Mangeot schreibt 1908, dass Camille mit seiner Schwester noch im Jahre 1814 korrespondiert hätte. Frederic Chopin bittet am 18. Juli 1842 seinen Freund Camille Pleyel in einem Brief, er möge seine Verehrung seiner Mutter und seiner Schwester zu Füßen legen. Zu diesem Zeitpunkt wäre Camilles Schwester etwa 50 Jahre alt gewesen. Wahrscheinlich haben Eugenie und/oder Virginie doch länger gelebt, wer wäre sonst Camilles Schwester gewesen? Auch Camilles Bruder Gabriel wurde später als Klavierbauer mit einer eigenen Firma in Paris genannt. Mangeot weiß auch zu berichten, dass sich Ignaz Joseph Pleyels Frau Franziska-Gabrielle um ihre Kinder Virgine, Eugenie und Gabriel kümmerte, als Camille seinen Vater 1805 nach Wien begleitete.[37]

Vogeleis dürfte also mit der Angabe, Pleyel hätte vier Kinder gehabt, wovon nur eines länger lebte, einem Irrtum unterliegen sein.

6.4. Ein genialer Sohn eines genialen Vaters

Camille Pleyel (1788-1855)

Ein genialer Sohn eines genialen Vaters: Joseph Stephan Etienne Camille Pleyel (1788-1855), genannt Camille, war das älteste Kind von Ignaz Joseph Pleyel und Franziska-Gabrielle Pleyel, ein großartiger Klavierbauer, Verleger, Komponist und begnadeter Pianist.

Die Eltern erkannten bald, dass Camille das Talent seines Vaters geerbt hatte. Er besaß sowohl dessen musikalische Anlagen als auch die unternehmerischen Begabungen. Camille entwickelte sich schon als Schüler seiner Eltern sehr vorteilhaft. Später, als Eleve von Johann (Jan) Ludwig (Ladislav) Dussek (1760-1812) und Friedrich Wilhelm Kalkbrenner (1785-1849), wurde er zu einem der besten Pianisten seiner Zeit. Joseph Stephan Etienne Camille Pleyel sollte aber auch ein anerkannter Komponist und sehr erfolgreicher Unternehmer werden. Im April 1831 heiratete er die ausgezeichnete Pianistin Camilla Moke, die er ihrem Verlobten, dem berühmten Komponisten und Tonerneuerer Hector Berlioz „ausspannte". Von 1813 bis 1814 reiste Camille durch Südfrankreich, gab Klavierkonzerte, verkaufte Noten und Klaviere – manchmal als Tauschgeschäft für Holz und Wein. Er arrangierte für die Firma den Kauf von Mahagoni, suchte und kontaktierte gute Klavierbauer und trieb fällige Schulden ein.

Abb. 5: Camille Pleyel; ÖNB Bildarchiv

Am 19. Mai 1815 bewährte er sich glänzend in einem Konzert vor dem englischen Königshause in Anwesenheit von Königin Charlotte, der Prinzessin Charlotte und dem Kronprinzen. Er gab in der englischen Hauptstadt auch einige öffentliche Konzerte, darunter eine Doppelaufführung mit dem wohl berühmtesten Pianisten dieser Zeit, seinem Lehrer Friedrich Wilhelm Kalkbrenner. Zusätzlich erteilte er Klavierunterricht, stimmte Klaviere und berichtete seinem

Vater von den Konstruktionen der Firmen Broadwood und Tomlison. 1815, kurze Zeit vor dem Ausscheiden des Chefkonstrukteurs Jean Henri Pap, wurde er rechtmäßiger Teilhaber der Firma, die fortan den Namen „Ignace Pleyel et fils aine" trug. Vom 16. März bis 21. Juli 1815 hielt sich Camille in London auf. Er wurde sogar vom älteren Salomon dem Prinzregenten vorgestellt. Seine etwas mehr als 100-tägige Reise nach London diente vermutlich auch dazu, der Wehrpflicht zu entgehen (100-tägige Rücktrittsperiode von Napoleon).

Mit dem Eintritt in die Unternehmungen seines Vaters verließ Camille allmählich die künstlerische Laufbahn. Schade, meinte kein Geringerer als Ludwig van Beethoven, der nicht nur Vater Ignaz Joseph Pleyel, sondern auch dessen Sohn Camille als Komponisten schätzte.

Camille lernte Beethoven erstmals im Jahre 1805 persönlich kennen, als er seinen Vater nach Wien begleitete. Endlich konnte er die Heimat seines Vaters und seine Lehrer kennen lernen. Beeindruckt von Ludwig van Beethoven, schrieb er an seine geliebte Mutter in Straßburg folgenden Brief:
„Er ist ein untersetzter Kerl, mit pockenarbigem Gesicht und präpotentem Verhalten. Als er jedoch erfuhr, dass es Pleyel war, wurde er etwas höflicher ... Endlich hörte ich Beethoven ... Er spielte ausgezeichnet, aber er hat keine Ausbildung, und seine Technik ist nicht poliert, das heisst, seine Bewegungen sind nicht fehlerlos. Er hat viel Feuer, aber er schlägt zu fest; es gab ein paar verteufelt schwierige Passagen aber er hat sie nicht fehlerlos geschafft. Er hat mich aber sehr erfreut durch seine Improvisation („en préludant") ... Manchmal tat er die erstaunlichsten Sachen. Jedenfalls sollte er nicht als Klavierspieler beurteilt werden, da er sich völlig der Komposition gewidmet hat, und es sehr schwer ist, gleichzeitig Komponist und Vortragender zu sein."[38]

Ludwig van Beethoven schrieb an Ignaz und Camille Pleyel in Paris am 26. April 1807: „Mein lieber verehrter Pleiel – Was machen sie, was ihre Familie, ich habe schon oft gewünscht bey ihnen zu seyn, bis hieher war's nicht möglich, zum Theil war auch der Krieg dran schuld, ob man sich

Abb. 6: Ludwig van Beethoven mit Lyra, idealisierendes Porträt von Josef Willibrord Mähler, 1804; Quelle: Dr. Anderle

ferner davon müße abhalten laßen – oder langer? ... so müßte man Paris wohl nie sehen ... mein lieber Camillus, so hieß, wenn ich nicht irre der Römer, der die bösen Gallier von Rom wegjagte, um diesen Preiß, mögte ich auch so heißen, wenn ich sie allenthalben vertreiben könnte, wo sie nicht hingehören – was machen sie mit ihrem Talent lieber Camille – ich hoffe, sie laßen es nicht allein bloß für sich wirken – sie thun wohl etwas dazu – ich umarme sie beyde Vater und söhn von Herzen, und wünsche neben dem Kaufmännischen, was sie mir zu schreiben haben, auch vieles von dem, was sie selbst und ihre Familie angeht zu wißen – leben sie wohl und vergeßen sie nicht ihren Wahren Freund Beethoven."[39]

Camille komponierte Klaviersonaten (seine letzte überlieferte als op. 51), Trios, die hauptsächlich Fantasien sind, Potpouries von Opernarien, Rondos, Nocturnes, Capries und Melangés. Er förderte talentierte Künstler, einer davon war sein Freund Frédéric Chopin (1810-1849). Chopin bekam durch Camille die Chance, am 26. Februar 1832 in der „Salle Pleyel" in Paris zu debütieren. Auch sein Abschlusskonzert gab Chopin in dieser berühmten Musikstätte. Im Jahr 1837 begleitete Camille Chopin nach London, nicht zuletzt um diesen über die unglückliche Liebe zu Marie Wodsinska hinwegzutrösten. Chopin war ein Bewunderer und Verehrer von Pleyels Klavieren. In Valdemossa (Mallorca) ist Chopins, ihm von George Sand geschenktes, Pleyel-Klavier, Opus 7267, zu sehen. Chopin bewunderte Camilles Klavierspiel: „Es gibt nur einen Mann, der weiss, wie man Mozart spielt. Dies ist Pleyel, und wenn er zustimmen sollte, möchte ich gerne mit ihm eine vierhändige Sonate spielen. Ich bin auch gerne Bereit zu lernen."

Ein Benefizkonzert für die Familie eines behinderten Musikers am 1. Jänner 1830 in Pleyels Wohnung war Anlass für die Eröffnung der „Salle Pleyel". Diese heute noch so bedeutende Konzerthalle „La Salle Pleyel" wurde also von Camille zusammen mit seinem Vater ins Leben gerufen. Mit dem Auftreten Frederic Chopins am 20. März 1832 in der Rue Cadet Nr. 9 wurden die Pleyelschen Räumlichkeiten immer mehr zum Mittelpunkt der internationalen Musikwelt. Aber auch andere Berühmtheiten wie z.B. die Pianisten Kalkbrenner, Anton Rubinstein und Eduard Grieg, der Flötenspieler Tulou und der Oboist Vogt spielten in diesem Konzertsaal. 1839 eröffnete Camille einen größeren Konzertsaal in der rue Rochechouart.

Den im Jahre 1797 von Ignaz Joseph Pleyel gegründeten Verlag „Chez Pleyel" löste Camille 1834 auf, um sich zur Gänze auf den Klavierbau zu konzentrieren. Nach Camilles Tod am 4. Mai 1855 wurde die Firma von Auguste Wolff (1821-1887) übernommen, der dieses erfolgreiche Unternehmen an seinen Schwiegersohn weitergab.

Am 5. April 1831 heiratete Camille die Exverlobte von Hector Berlioz, die Pianistin Marie Felicite Denise Moke (1811-1875) und gab ihr die Möglichkeit, Klavierunterricht zu erteilen. Die schöne Marie Moke verlobte sich vorerst mit ihrem Bewunderer Hector Berlioz, der im Dezember 1830 nach Rom reiste, um den „Prix de Rome" entgegenzunehmen. Drei Monate verstrichen, und diese Zeit reichte Marie, um Camille Pleyel zu heiraten. Berlioz in Florenz ans Bett gefesselt, schrieb damals eine neue Instrumentation zur Ballszene seiner „Sinfonie fantastique". Als er das Bett endlich verlassen konnte, eilte er zur Post, um nach einem Brief seiner geliebten Marie zu fragen. Siehe da: Es war einer da! Voller Hoffnung öffnete er ein eigenartiges Päckchen. In dem beiliegenden Brief stand aber nicht, dass sie ihn liebte, sondern dass sie zwischenzeitlich Camille Pleyel geheiratet hatte. Das überstieg Hector Berlioz' Verständnis von Toleranz. Tränen der Wut stürzten ihm aus den Augen, und er fasste sofort den Entschluss, nach Paris zu eilen, um zwei schuldige Frauen (seine Verlobte und deren Mutter) und Camille Pleyel zu töten. Die geschah aber, Gott sei Dank, nicht.

Im Juli 1830 schrieb die jung vermählte Marie Pleyel über ihren Ehemann: „... da er weiß was für mich Unabhängigkeit bedeutet, befürwortet er, dass ich auch in Zukunft unterrichte". 1833 widmete ihr Chopin drei Nocturnes opus 9 und dem Freunde Camille Pleyel die berühmten 24 Preludes

Abb. 7: Marie Pleyel, Ehefrau von Camille; ÖNB Bildarchiv

op. 28. Marie Felicite Denise Pleyel zählte bald zu den großen Pianistinnen ihrer Zeit, sie war Schülerin von Herz, Moscheles und Kalkbrenner.

Doch auch die Verbindung mit Camille Pleyel sollte nur von kurzer Dauer sein (dreieinhalb Jahre). Nach Aufhebung der Ehegemeinschaft im Jahre 1835 feierte Marie große Triumphe in der musikalischen Welt. Sie wurde als „Göttliche Pianistin" bezeichnet, andere Rezensenten schrieben wiederum: „Weder Himmel noch Erde haben ähnliches gehört." Sie wurde von Jakob Ludwig Felix Mendelssohn Bartholdy (1809-1847) ebenso geschätzt wie von Franz Liszt (1811-1886), der auch ein sehr persönlicher Freund wurde. Mit Liszt führte sie 4-Handstücke auf, übrigens auch in Wien. Als Franz Liszt der schönen Marie Pleyel bei einem Konzert in Wien die Noten umblätterte, munkelten die Wiener unter vorgehaltener Hand, dass der große Heros nicht nur die Noten umgeblättert haben soll. 1848 übernahm Marie am Brüsseler Konservatorium die Leitung einer Klavierklasse. Sie starb 64-jährig im Jahre 1875. Ihre Tochter Clarly Camille, ebenfalls eine gute Pianistin, starb 1856 im Alter von nur zwanzig Jahren.

6.5. Pleyel als „bischöflich-hochstiftlicher Straßburgischer Münsterkapellmeister"

Im Frühling 1769 wurde Franz Xaver Richter (1709-1789) durch Kapitelsdekret vom 24. April 1769 zum „Maitre de musique de la Cathedrale" an Stelle des scheidenden Joseph Garnier zum Straßburger Münsterkapellmeister ernannt. Der böhmische Musiker Richter, nach der Überlieferung 1709 zu Holleschau (Holesov) in Mähren (CSSR) geboren, war vor seiner Berufung nach Straßburg 22 Jahre lang (seit 1746/1747) Mitglied der berühmten Hofkapelle des pfälzischen Kurfürsten Karl Theodor zu Mannheim gewesen. Richter genoss einen weit verbreiteten Ruhm als Komponist und Dirigent, und er trug reichhaltig zum Repertoire der Kirchenmusik während seines Aufenthaltes in Straßburg bei. Seine Versuche, die neuen sinfonischen und theatralen Stile in seinen Sakralkompositionen zu verwenden, wurden von vielen seiner Zeitgenossen als zu weltlich empfunden. Gerade dies war jedoch die Essenz der musikalischen Einzigartigkeit des Straßburger Münsters und erfuhr von den jeweiligen Kardinälen starke Unterstützung.

Im Jahre 1778 gab Mozart drei Konzerte in Straßburg und war von der florierenden Musik des Münsters so beeindruckt, dass er in einem Brief an seinen Vater den Wunsch äußerte, Assistent Richters zu werden.

Aus dem Brief, datiert 26. Oktober 1778 in Straßburg: „... wenn der Cardinal der sehr kranck war als ich ankamm gestorben wäre, so hätte ich einen guten Platz bekommen, denn H[err] Richter ist 78 jahr alt ..."[40] Die Anspielung auf den Kardinal weist auf Mozarts schmerzhafte Erfahrungen mit Kirchenbeamten in Salzburg hin. Ferner steht in diesem Brief: „... Alles kennt mich. Sobald sie den Namen gehört haben, so sind schon gleich die zwei Herren Silbermann und Herr Hepp (Organist) zu mir gekommen, Herr Capellmeister Richter auch. Er ist jetzt sehr eingeschränkt, anstatt 40 Bouteillen Wein sauft er jetzt etwa nur 20 des Tages ..."

Die imposante Münsterkapelle war mit der von Versailles vergleichbar: Es gab sechzehn Kantore, acht Chorkinder und gegen dreißig Musiker. Unter der Leitung Richters war die Münsterkapelle Straßburgs die zweitwichtigste nach der Kapelle von Versailles geworden, die einige der besten Musiker des Kontinentes anzog. Die Arbeit war aber für den 74-Jährigen schon sehr mühsam geworden. Er hatte den Kardinal um Hilfe gebeten.
Eine berühmte Gravur von Christophe Guerin aus dem Jahre 1785 zeigt uns Franz Xaver Richter beim Dirigieren einer Kantate zum Neuen Jahr im Straßburger Münster auf der fünf Jahre zuvor errichteten Tribüne, rechts vom Chor.

Als Richter am 12. September 1789 starb, wurde Pleyel „bischöflich-hochstiftlicher Straß-

Abb. 8: Franz Xaver Richter, ÖNB Bildarchiv

burgischer Münsterkapell-Meister". Er erbte den Titel zu jener Zeit, als die religiöse Krise mit der Säkularisierung der Kirchengüter und der zivilen Konstituierung des Klerus begann (2. November 1789).
Die Besoldung am Münster war beachtlich. Einem Rechnungs-Bericht von 1788 kann

man entnehmen: „Au Sieur Richter 1000 fl; au Sieur Pleyel 900 fl." Eine jeweils stattliche Summe, die der Chef und sein Vizekapellmeister verdienten.[41]

Die 1780er Jahre stellten die fruchtbarsten der Münsterkapelle dar. Musik war zu einem wichtigen Bestandteil der Zeremonien des Münsters geworden, aber nicht nur dank Kardinal René de Rohans Unterstützung. Richter und Pleyel setzten die musikalischen Vorstellungen des Kardinals in die Tat um. Mit Pleyels Leitung wuchsen auch die musikalische Stärke des Orchesters und die musikalischen Aktivitäten. Die Messen des bischöflichen Hofes von Straßburg waren pompös und festlich. Kardinal Louis Constantin de Rohan erkannte die Wichtigkeit der Musik als Demonstration von mächtiger würdevoller Bedeutung und förderte die Teilnahme großer Vokal- und Instrumentalgruppen an den Messen sowie an anderen kirchlichen Zeremonien. Zweifellos beeinflusste der Besuch von Fürst René de Rohan im Jahre 1772 an den Höfen von Esterhazy und Erdödy seinen Entschluss, noch mehr musikalische Aktivität im Münster zu fördern.

Im Jahre 1782 gab es 17 Sänger und 28 Instrumentalisten im Dienste des Münsters. Pleyel stockte in den Jahren 1786 bis 1789 den Stab auf 20 Sänger und 40 Musiker auf. Neben seiner Tätigkeit als Domkapellmeister wirkte nun Pleyel sehr erfolgreich als Komponist, Dirigent, als Geiger und Pianist. Nach der Schätzung von Grandidier gab das Straßburger Domkapitel für die Münsterkapelle jährlich rund 30.000,00 livres aus. Das Orchester war für damalige Zeiten großzügig besetzt: Auf jeder Seite gab es 10 bis 11 Violinen, vier Bratschen, vier Violoncello, vier Kontrabässe, zwei Flöten, zwei Oboen und zwei Klarinetten, zwei Hörner, Trompeten und Pauken. Der Chor bestand aus sechs Sopranen, sechs Altistinnen (Knaben), sechs Tenören und sechs Bässen, also 24 Sängern.[42]

In der Folge änderte sich in Frankreich aber einiges: Die französische Revolution hielt ihren Einzug! Sie erreichte auch Straßburg. Schon im November 1789 konfiszierten die Revolutionäre einen Teil des Kirchenbesitzes. In der Folge gab es auch Veränderungen in den Gemeindebüros und in der Kirchenhierarchie. In den 1790er Jahren spitzte sich in Straßburg die politische Situation weiter zu. Als Kardinal Rohan am 13. Juni 1790 Straßburg fluchartig verließ, übernahm Pleyel dessen Verantwortung.

Am 18. März 1790 dirigiert Pleyel das vom Fürsten Franz von Hohenlohe angestimmte Te Deum bei der Installation der neuen Munizipalität, acht Tage später die Musik bei der Eidesleistung der Stadträte im Münster. Musik wurde nun zu einem politischen Werkzeug. Am 14. Jänner 1791 kündigte H. von Schauenburg an, dass der Stiftsgottesdienst aufzuhören habe, wenn die Stiftsmitglieder nicht bereit seien, den „Civileid" zu leisten. Um einen Aufruhr zu verhindern, wandte sich der Bürgermeister an die Pfarrer und an den Sänger Dupont, den Pfarrgottesdienst nicht ausfallen zu lassen.

Nun begann Pleyels Abstieg. Pleyel wurde auf Befehl des Bürgermeisters Dietrich am 15. Jänner 1791 „vorübergehend" von Dupont, einem „zweitklassigen" Sänger und seinem zeitweiligen Vertreter, ersetzt. Er, der in Straßburg so viel erreicht hatte, wurde über Nacht auf die Straße gesetzt, seine Tantiemen und seine Einkünfte als Münsterkapellmeister wurden einbehalten.

Abb. 9:
Rouget de Lisle;
ÖNB Bildarchiv

Hymne a la liberté

Im Jahr 1791 arbeitete Pleyel im Salon der Madame de Dietrich mit dem Pionierhauptmann Rouget de Lisle zusammen, der im Mai 1791 nach Straßburg gekommen war. Es entstand eine echte Freundschaft zwischen den beiden, die sie veranlasste, gemeinsam Werke entstehen zu lassen. Pleyel war der Tonsetzer, Rouget de Lisle der Librettist. Die bedeutendste Komposition dieser Zusammenarbeit war wohl die große Aufmerksamkeit erregende Hymne: „Hymne a la Liberté" (Ben 705), die von Pleyel anlässlich der Feier zur Ausrufung der Verfassung am 25. September 1791 dirigiert wurde. Constant Pierre hatte zu diesem Thema eine sehr interessante handgeschriebene Notiz des Rouget de Lisle veröffentlicht:

„Diese Hymne wurde ursprünglich komponiert und zu Musik gesetzt von Pleyel, zum Anlass der Annahme des ersten Verfassungsaktes in Strassburg. Der Bürgermeister dieser Stadt, F. Dietrich, der mich darum gebeten hatte, liess es nach dem Rythmus der französischen Wörter ins Deutsche übersetzen, und sie auf breiter Basis während der acht Tage vor der Feier verteilen. Gefeiert wurde sie

Abb. 10: Feier zur Annahme der Verfassung auf dem Paradeplatz (Place des Armes, heute Place Kleber) in Straßburg am 25. September 1791, Stich von Dupuis; Quelle: Dr. Anderle

im Freien auf der Place d'Armes. Ein kolossales Orchester führte die Hymne unter der Leitung von Pleyel selbst auf. Die Musiker dieses Orchesters sangen zuerst den Hauptteil jeder Strophe, dessen zweite Hälfte im Chor von der riesigen Menge, die den Platz bis ins letzte Winkel auffüllte, aufgenommen wurde, begleitet von den Musikkapellen aller Regimente der Garnison, die zu jener Zeit sehr zahlreich waren. Man kann sich keine Vorstellung dieses musikalischen Effektes machen, ohne es gehört zu haben. Schon am nächsten Tag hatte diese gallisch-germanische Hymne den Rhein überquert und wurde rasch unter der Bevölkerung von Baden sehr beliebt."[43]

Zu diesem Zeitpunkt war Pleyel nicht nur völlig verarmt, sondern auch politisch suspekt. Seine neue Komposition konnte seine Verzweiflung nur vorübergehend lindern. Es sollte das Glück jedoch bald wieder an seine Türe klopfen.

7. Die Marseillaise
Wer war der Komponist?

Verschiedene Themen der Weltliteratur kommen nie zur Ruhe, so auch das um die Geschichte der Marseillaise. Wer ist nun wirklich der Komponist der französischen Nationalhymne, dieser zündenden, weltberühmten Melodie?

Genau an jenem Tag, an dem die Guillotine das erste Mal ihren „Zweck" erfüllte, wurde Hauptmann Joseph Rouget de Lisle (1760-1836) beauftragt, ein Kriegslied für die Rheinarmee zu schreiben. Ein Verbrecher namens Pelletier starb damals in Paris unter dem von Joseph Ignaz Guillotin, (1738-1814) Anatomieprofessor, Freimaurer und Abgeordneter des Dritten Standes, erfundenen Fallbeil. Das Volk jubelte. Auch der Bürgermeister von Straßburg, Philippe-Frédéric de Dietrich (1748-1793), wurde später ein Opfer der neuen Tötungsmaschine. Wie sich Pleyel vor dem Fallbeil retten konnte, wird im Kapitel XI dieses Buches beschrieben.

Damals überstürzten sich auch in und rund um Wien die Ereignisse: 1790 starb Kaiser Joseph II., (Pleyel schrieb die Sinfonie in c-Moll, Ben 142, im Gedenken an den Tod des Kaisers). In Esterhaza starb Fürst Nikolaus der Prachtliebende, Fürst Anton ließ das einstige Prachtschloss seines Vaters Esterhaza total verrotten, Franz Joseph Haydn verließ daraufhin fluchtartig unter Zurücklassung eines Großteils seiner Habe Esterhaza (siehe Kapitel 2). In Paris versuchte Ludwig XVI. durch einen Fluchtversuch sich mitsamt seiner Familie der Revolution und ihren Organen zu entziehen. Nachdem am 20. Juni

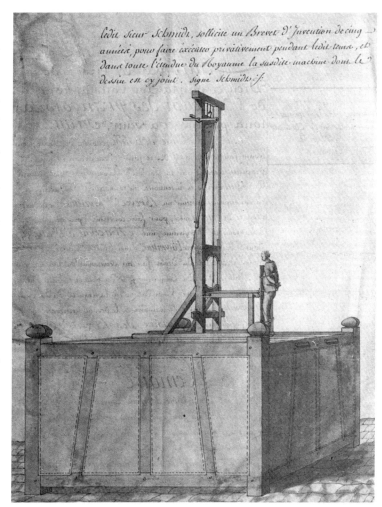

Abb. 1: Guillotine, französische Patentschrift; Quelle: Dr. Anderle

1790 das Unternehmen scheiterte, wurde der König streng bewacht, durfte aber als ohnmächtiger Schattenherrscher weiter residieren. Als aber bekannt wurde, dass sich der französische König von Österreich Hilfe erwartete, beschloss die Nationalversammlung am 20. April 1792, Österreich den Krieg zu erklären. Fünf Tage darauf erreichten die Stafetten mit der Nachricht von der Kriegserklärung Straßburg.

Frankreich war damals in mehrere Lager gespalten, auch die Soldaten der Armee wussten nicht so recht, für wen sie denn nun eigentlich Kopf und Kragen riskieren sollten. Immerhin gab es selbst im revolutionären Frankreich neben den Republikanern noch genug königs- und papsttreue Menschen.

Langsam, aber sicher bewegten sich österreichische und preußische Militäreinheiten gegen das revolutionäre Frankreich in Richtung Rhein. Es drohte also Gefahr von Osten. Die Aussichten auf einen französischen Sieg waren verschwindend klein. Zumindest ein motivierender, mitreißender Schlachtgesang musste her. Aber woher nehmen? Der eher volkstümliche Revolutionsgesang „Ça ira" war ohne Biss, eindeutig zu lahm. Eine neue Melodie, welche Soldaten zum Kampf anzustacheln vermochte, das wäre doch immerhin etwas!

Am Abend des 25. April 1792 waren im Salon des Bürgermeisters versammelt: Madame Dietrich, die beiden Nichten Louise und Amélie, die beiden Söhne Albert und Fritz (letzterer war Kommandeur des Bataillons „Les enfants de la patrie"), Marschall Luckner, Général Victor de Broglie (1756-1794), die höheren Offiziere Armand d'Aiguillon (1720-1782), Achille du Chastelett (1760-1794), Kléber (der später so berühmte General) und die Offiziere Cafarelli du Falga, Malet, Desaix und Ingenieur-Hauptmann Rouget de Lisle.[44] Es hatte sich herum gesprochen, dass Rouget de Lisle, ein Offizier im Regiment des anwesenden Marschalls, imstande war, zündende Hymnen zu schreiben. Was man aber offenbar nicht wusste, war, dass bei diesen, zunächst von Rouget in Anspruch genommenen Kompositionen sein Freund Ignaz Joseph Pleyel der Komponist war. Rouget selbst figurierte lediglich als Textdichter. Das bedeutendste Werk, das die Beiden zusammen schrieben, war wohl die Hymne à la liberté. Pleyel dirigierte sein Werk am 25. September 1791 selbst.[45]

Rouget wurde noch in dieser Nacht unter stürmischen Beifall von der anwesenden Prominenz im Salon des Bürgersmeisters beauftragt, einen Kriegsgesang zu Ehren des anwesenden Marschalls zu komponieren. Der am 10. Mai 1760 im Jura zu Lons-le-Saulnier geborene Hauptmann Claude Joseph Rouget de Lisle war seit 1. Mai 1791 in die Straßburger Garnison versetzt worden. Ihm wurde von seiner Mutter geraten, Offizier in der Rheinarmee zu werden, da er doch immerhin Sohn eines adeligen Advokaten

Abb. 2: Josef II. auf dem Sterbebett, Stich von Hieronymus Löschenkohl; Quelle: Dr. Anderle

war, und nur Adelige durften eine Offizierslaufbahn einschlagen. Rouget fiel nicht nur durch seine roten Haare auf, sondern auch dadurch, dass er die linke Schulter etwas höher als die rechte trug. Zu jener Zeit akzeptierten, wie schon erwähnt, die Militärschulen des Königs nur Söhne adeliger Familien. Glücklicherweise besaß der Vater Rougets ein Grundstück nahe Lons-le-Saulnier. Wer Grund besaß, hatte Anrecht auf einen Namen. Der junge Rouget de Lisle absolvierte sein Militärstudium in Paris ohne Glanz und ohne besondere Leidenschaft. Sein Steckenpferd vielmehr war es, Reime zu dichten und eine passende Melodie dazu auf der Geige zu suchen. Klavierspielen konnte er allerdings nicht. Als Pionieroffizier diente er in den Garnisonen von Mezières, Grenoble und dann in Strassburg. Zum Zeitpunkt der Kriegserklärung kam er gerade aus Paris zurück, voller Freude über den Erfolg seines Theaterstückes „Bayard in Brescia", das gerade in der „Comédie Italienne" aufgeführt worden war.

Vermutlich ging Rouget nichts ahnend am 25. April 1792 auf Einladung des Bürgermeisters zur anberaumten Feier. Die auf Befehl des Bürgermeisters überall angebrachten Plakate mit den Text „Zu den Waffen Bürger! ..." konnten von ihm kaum übersehen werden. Das starke Signal „Es muss gekämpft werden, siegen oder sterben" hieß nur allzu deutlich überall die Parole. Der Abend im Hause des Bürgermeisters verlief belebt und freudig. Champagner, Wein und die Vorfreude auf einen Sieg umnebelten vermutlich auch Rouget de Lisles Geist. Beide, der Marschall und der Bürgermeister, konnten wohl an diesem Abend noch nicht ahnen, was sich ereignen würde. Hätten sie geahnt, dass auch sie bald den Kopf unter das Fallbeil legen müssten, hätten sie wohl an diesem Abend ganz andere, nämlich konträre Pläne geschmiedet. Der Bürgermeister wurde erst nach einem zweiten Prozess hingerichtet, General Lucknerst Kopf legte man unter das Fallbeil, als er nach Paris fuhr, um seine Pension abzuholen.

Rouget de Lisle, der in dieser Nacht des 25. April 1792 beauftragt wurde einen Marschgesang, also ein Kriegslied, zu schreiben, nahm diesen Kompositionsauftrag wahrscheinlich nicht ganz ohne innerliches Widerstreben an. Wenn den Angaben Delfolies Glauben geschenkt werden kann, war sich Rouget seiner bescheidenen Begabung wohl bewusst: „Je m'estime trop peu pour un honneur si grand ... Je ne suis guere qu'un pauvre faiseur de romances." Rouget schwebten eher antike, klassische Gesänge vor.[46]

Dass Rouget de Lisle den Text des Liedes an die Rheinarmee zur Gänze selbst erfunden hat, wurde bisher nur von wenigen Wissenschaftern bezweifelt. Dennoch möge durch folgende überlieferte Episode ein wenig zur Beleuchtung der damaligen Situation beigetragen und etwas Licht ins legendäre Dunkel gebracht werden: Eines Tages als man Rouget sagte, er hätte für die „Marseillaise" doch einige Verse des Autors von Richard Löwenherz und von Amphitryon, von dem Dichter und Dramaturgen Michel Sedaine, ausgeborgt, antwortete Rouget de Lisle: „Es war eine Ehrerbietung an einen berühmten Mann!"[47]

Dennoch fielen ihm anscheinend schon auf dem Heimweg vom Bürgermeister die Worte des Textes für das Kriegslied gegen Österreich ein. Die Plakate an den Wänden und die Getränke des Herrn Bürgermeisters waren sicherlich gute Stimmungsmacher, um die richtigen Texte zu finden. Da fiel ihm

Abb. 3: Rouget de Lisle singt im Hause des Bürgermeisters Dietrich die Marseillaise,
Gemälde von Isidore Pils 1849; Quelle: Dr. Anderle

plötzlich ein: Sein Bataillon, auf das er stolz ist, heißt doch „Les Enfants de la Patrie (Die Kinder der Heimat)". Als er sich zu Hause an seinen Schreibtisch gesetzt hatte, begann er sein Lied mit den Worten: „Allons, enfants de la patrie ... (Los, Kinder der Heimat ...)". [48]

Wen man nun dazu die mit poetischen Freiheiten geschmückte Geschichte von Stefan Zweig im Kapitel „Das Genie einer Nacht" aus dem sehr spannend geschriebenen Buch „Sternstunden der Menschheit" (Frankfurt 1952) hernimmt, dann hätte Rouget de Lisle in rund vier Stunden dieses dem Marschall

Abb. 4: Bürger singen die Marseillaise; zeitgenössische Gouache (Deckfarbenmalerei) der Brüder Lesueur; Quelle: Dr. Anderle

Luckner gewidmete Lied an die Rheinarmee niedergeschrieben. Rouget de Lisle wäre also demzufolge tatsächlich „das Genie einer Nacht".

Hauptmann Rouget, der erst nach Mitternacht den Heimweg angetreten haben soll, um sich danach noch vier Stunden zur Nachtruhe ins Bett zu begeben, hatte also schon in der Früh das Werk vollendet! Zu einer zündenden Melodie hätte er mit flinker Hand auch noch sechs Strophen Text geschrieben und ihn der Melodie genau unterlegt. Die französische Presse berichtet am 9. September 1956 unter „Literature – Eduction", dass Rouget de Lisle das Werk schon zeitlich in der Früh zum Bürgermeister brachte. Der „Maire" hatte sich im Garten aufgehalten, seine Familie schlief noch. Laut dem Rezensenten dieses Artikels, Raoul Tack, setzte sich der Bürgermeister sogleich ans Cembalo, um diese Melodie hören zu können. Durch sein Spielen wurde die gesamte Familie geweckt. Zuerst erschienen die zwei Nichten und die Aufsichtsperson Rosa im Salon. Danach spielte Rosa am Cembalo, und Dietrich sang die sechs, von Rouget de Lisle aufs Papier gesetzten Strophen. Bereits am selben Abend war die gesamte Prominenz des Vorabends anwesend. Als der Bürgermeister zum Dessert diese zündende Melodie vortrug, waren alle begeistert.

Diese Szene vom 26. April 1792 hat der französische Maler Isidore Pils (1813-1875) im Jahr 1849, also unglaubliche 57 Jahre später, in verklärender Art dargestellt. Wie viele andere Künstler hat auch er es vorgezogen, der Legende gegenüber der Geschichte den Vorzug zu geben. Pils lässt nämlich Rouget de Lisle persönlich, noch dazu mit viel Pathos, das Kriegslied auf seinem Bild im Salon des Bürgermeisters singen.[49]

Die musikalisch hochbegabte Frau von Dietrich, Louise Sabylle von Ochs aus Basel, soll das Lied bereits am 26. April 1792 instrumentiert haben. Drei Tage später wurde es in Straßburg zum ersten Mal öffentlich gesungen, danach bei öffentlichen Festlichkeiten. Am 30. Juli 1792 wurde dieses Kriegslied auf den Lippen von sechshundert föderierten Marseillern in die französische Hauptstadt Paris getragen. Von diesem Tag an, als diese Freiwilligen singend mit dieser Melodie in die Metropole einzogen, nannte man diesen Schlachtgesang „Chant des Marseillais" oder kurz „la Marseillaise". Drei Jahre später wurde sie zur offiziellen Nationalhymne Frankreichs erklärt. Der revolutionäre Schlachtgesang passte genau in die Zeit. Er breitete sich wie ein Lauffeuer durch ganz Frankreich aus und sorgte überall für enormen Enthusiasmus. Am 28. Oktober 1792 wurde die Marseillaise unter dem Donner der Kanonen auf dem Paradeplatz gesungen. Schon bald war der bisher bekannte, eher volkstümliche Revolutionsgesang „Ça ira" vergessen.[50]

Auf dem Weg der Föderierten nach Paris wurde dem Kriegsgesang der Marseillaise noch eine siebte Strophe zugefügt. Sie ist von einem Professor eines kleinen Gymnasiums gedichtet worden, der P. Antoine Peysonneaux hieß. Immerhin rettete er mit diesem Gedicht seinen Kopf, weil er durch die dazugegeben Zeilen eine ungeheure Verfassungstreue bewies. Diese berühmte an die Jugend gerichtete Strophe, beginnt mit folgenden Worten: „Wir werden den Steinbruch betreten ... Wenn unsere Älteren nicht mehr dort sind! ..."[51]

Jedenfalls wurde Claude Joseph Rouget de Lisle mit diesem Werk weltberühmt. Dennoch: Die Geschichte der Menschheit kann in unzähligen Beispielen aufzählen, dass bei genauerer Betrachtung der Dinge der errungene Ruhm schnell verglühen kann. So erging es auch Rouge de Lisle, denn die Entstehungslegende hielt nicht Stand. Bald nachdem die Marseillaise ihren Siegeszug durch Frankreich angetreten hatte, wurde Rouget de Lisle nach Hüningen versetzt. Die Massaker des 10. August 1792 und die Gräueltaten der Aufständischen, die die königliche Familie in den Tempel zerrten, waren für ihn abstoßend. Schon lange galt er als verdächtig, weil er ein Freund der Familie Dietrich war. Am 21. Jänner 1793 war er in Paris. Am Ludwig XV.-Platz war das Schafott aufgestellt. Rouget sah König Ludwig XVI. zur Hinrichtung emporsteigen. Im selben Moment, als das Fallbeil niedersauste, erhob sich ein unglaublicher Gesang aus der Menge: Die „Marseillaise" erklang. Rouget de Lisle stand unter Schock! Damit hatte er nicht gerechnet. Sein Lied erklang bei der Hinrichtung des Königs? Schnell flüchtete er. Auf seiner Flucht irrte er orientierungslos und unter falschem Namen umher, wurde eines Tages gefangen und in Saint-Germain eingekerkert. Als er die von den Volksrepräsentanten des Nationalkonvents geforderte Eidesleistung verweigerte, wurde er der Offizierswürde enthoben, und man ließ diesen noch vor kurzer Zeit gefeierten Helden der Revolution im Kerker schmachten. Erst als am 27. Juli 1794 Robespierre hingerichtet wurde, bekam er seine Freiheit wieder. Rouget de Lisle erhielt die Möglichkeit, die Kriegsdienste unter General Hoche wieder aufzunehmen, wurde aber verwundet und kehrte deshalb ins Privatleben zurück. König Ludwig Philipp ließ ihm später eine Pension von 1.200 Fr. zukommen. Völlig vergessen verstarb Rouget de Lisle am 26. Juni 1836 in Choisy-le-Roi. Unzählige Menschen ließen es sich nicht nehmen, am offenen Grab die Marseillaise zu singen.[52]

War nun Rouget de Lisle wirklich der Komponist der französischen Nationalhymne?

Reichen die Argumente des Josef Klingenbeck, der noch 1929 bei der Abfassung seiner Dissertation Pleyel als möglichen Komponisten nicht ausschloss? Martin Vogeleis sieht die Sache ganz anders. Er schreibt in seinen „Quellen und Bausteine zu einer Geschichte der Musik und des Theaters im Elsass", dass nur der Text von Rouget de Lisle stammen könne. Vogeleis schrieb, dass die Melodie aus dem Couplet „Rois, chassez la calomnie" aus den „Stances sur la calomnie" der Einleitung zum Oratorium „Esther", stamme, das zwischen 1775 und 1787 komponiert worden war. Vogeleis weiß unter anderem auch zu berichten, dass Rouget de Lisle diese Opernmelodie zu Saint-Omer, wo er in Garnison gelegen hatte, bevor er nach Straßburg versetzt worden war, kennen gelernt haben musste. Danach musste der Pionierhauptmann nur noch den Text unterlegen. Klingenbeck konnte diese Theorie in seiner „Widerlegung einer neuen Legendenbildung"- die er 30 Jahre nach seiner Dissertation verfasste - nicht teilen. Klingenbeck ließ auch die Theorie von Tiersot nicht gelten, der meinte, dass das Thema der Marseillaise aus dem Credo von Ignaz Jacob Holzbauer (1711-1783) stamme.[53]

Klingenbeck erklärt seine ursprüngliche Pleyel-These damit, dass er den Ausführungen von Méreaux gefolgt war. Dieser genannte Amédéé Méreaux soll angeblich seine Informationen von Camille Pleyel, dem Sohn von Ignaz Pleyel, bezogen haben. Diese

Version soll auch zehn Jahre später von Wilhelm Langhans übernommen worden sein. Die wortgetreue Übersetzung von Langhans lautet: „Zur Zeit der Kriegserklärung im Jahre 1792 stand Rouget de Lisle als Artillerie-Offizier [!] in Strassburg. Von einem patriotischen Festmahl, bei welchem der Gedanke an den bevorstehenden Kampf gegen Deutschland die Gemüther bis zum Siedepunkt erhitzt hatte, in später Nacht nach Hause zurückgekehrt, improvisirte der junge Soldat, der nebenbei Dichtkunst und Musik von Kindheit an als Liebhaber getrieben hatte, die erste Strophe und die Melodie des Liedes. Dann eilte er, seinen in demselben Hause wohnenden Freund Ignaz Pleyel aufzuwecken und ihm sein Lied vorzutragen; dieser aber erkannte alsbald den Werth desselben, setzte die Melodie nach des Autors Dictat in Noten und fügte eine Clavierbegleitung hinzu. Den Rest der Nacht verwendete Rouget de Lisle, um die übrigen Strophen zu dichten, und am nächsten Morgen wurde die neue Freiheitshymne unter dem Titel ‚Chant de l'armée du Rhin' von den beim Maire der Stadt versammelten Genossen des erwähnten Festmahles gesungen." [54]

Diese Erzählung billigte Rouget de Lisle wohl noch die Erfindung der Melodie der Marseillaise zu, nicht aber das Arrangement. Die musikalische Niederschrift und die Hinzufügung der Klavierbegleitung sollen lt. Langhans durch Ignaz Pleyel erfolgt sein. Klingenbeck wiederum vermutete da eine Verwechslung der Marseillaise mit der Hymne à la liberté. Erwiesenermaßen war Pleyel zur Zeit der Entstehung der Komposition in London, aber irgendwelche Notizen zu einer Melodie – von welchem Komponisten auch immer – könnte Rouget ja besessen haben.

Interessant ist das Dokument, das Philippe Parès (1901-1979) in seinem Buch „Wer ist der Autor der Marseillaise?" erwähnt. Ein Dokument aus einer Privatsammlung, das bereits am 6. Juni 1911 im Journal d'Alsace-Lorraine" veröffentlicht worden ist. Es fiel auf, dass die Ähnlichkeit mit den Handschriften der Hymnen Pleyels bemerkenswert ist.[55]

Im Besitz der Internationalen Ignaz Joseph Pleyel-Gesellschaft im österreichischen Ruppersthal befinden sich Kopien zweier Märsche, die das Thema der Marseillaise aufweisen. Klingenbeck hat sicherlich Recht, wenn er behauptet, dass Rouget de Lisle nicht unmusikalisch war, wenngleich dieser angeblich nicht einmal Klavierspielen konnte. Das Violinspielen dürfte der Hauptmann einigermaßen beherrscht haben, die Duos seines Freundes Pleyel machten ihm beim Spielen sicherlich große Freude.
Aus dem Verlagsverzeichnis „Pleyel as Music Publisher" von Rita Benton ist ersichtlich, dass Rouget de Lisle auch komponiert hat. Sie schreibt die „Hymne des Marseillais" Rouget de Lisle zu. Das Werk scheint in diesem Verzeichnis als Opus Nr. 23 auf.

Pleyel und Rouget waren eng befreundet und komponierten auch gemeinsam. Bei diesem gemeinsamen Werken war Pleyel ausnahmslos der Tonsetzer, der Hauptmann steuerte den Text bei. Sie lernten sich im Mai 1791 kennen. Die Reise nach London trat Pleyel erst am 15. Dezember 1791 an, bis dahin hatten sie nachweislich u.a. mehrere Chansons und die Hymne à la liberté komponiert. Klingenbeck erwähnt, dass Rouget erst durch die Freundschaft mit Pleyel zum praktischen Musizieren angeregt worden sei.[56]

Die Legende, Pleyel habe die Marseillaise komponiert, wurde am 16. Juni 1957 bei der Ruppersthaler Pleyel-Feier erneut aufs Tapet gebracht. Ob im Rundfunk, in der Presse oder bei den Festansprachen der Politiker und Ehrengästen am Ignaz Pleyel-Platz in Ruppersthal, überall hieß es: „Ignaz Joseph Pleyel ist der Komponist der Marseillaise."

Im Pleyel-Geburtsort Ruppersthal fand zum 200. Geburtstag des ehemals weltberühmten Komponisten, Klavierbauers, Verlegers, Musikers, Dirigenten und Musiklehrers Pleyel ein festlicher Staatsakt mit Außenminister Dipl.-Ing. Leopold Figl, dem französischen Botschafter, S.E. Francois Seydoux de Clausonne und namhaften Mitgliedern der österreichischen Bundes- und Landesregierung statt. Am alten Lehrerwohnhaus gegenüber der Kirche wurde eine Gedenktafel enthüllt. Zwei Tage zuvor, am Freitag, dem 14. Juni, brachte Radio Wien in seinem ersten Programm eine Gedenksendung für Ignaz Pleyel, die Professor Karl Jindracek zu danken war. Die beiden sehr sympathischen, zwischenzeitlich pensionierten Kinder des viel zu früh verstorbenen Prof. Jindracek brachten dieses Tondokument im Juli 2006 ins Pleyel-Museum und machten eine Führung durch Werk und Leben Pleyels mit. Professor Jindracek war ein glühender Verfechter der These: „Pleyel hat die Marseillaise komponiert." (Augen- und Ohrenzeugen in Ruppersthal).

Die „Weltpresse" schrieb 1957 (Nr. 275): „Neue Forschung zerstört eine alte Legende" mit der groß gedruckten Schlagzeile „Ein Österreicher schrieb die Marseillaise", ein stichhaltigen Beweis wurde dabei nicht erbracht. Mit dieser Berichterstattung zog die „Weltpresse" wohl die Aufmerksamkeit eines größeren Leserkreises auf sich. Auch in den „Tullner Bezirks-Nachrichten" vom 8. Juni 1957 (Nr. 23) war die Sensationsmeldung zu lesen. Im Volksblatt vom 23. April 1976 steht: „Ein Österreicher komponierte die Hymne der Franzosen". Am 14. September 1958 steht im „Neues Österreich" auf Seite 15: „War der Komponist der ‚Marseillaise' ein Österreicher?" Ernst Bieber schreibt doppelseitig: „Marseillaise ist eine Wagramaise"...
Am 9. September 1956 schrieb die französischen Zeitung „LA DERNIERE HEURE 11" doppelseitig: „Les petits à-cotes de Histoire La Marseillaise, Rouget des Lisle, auteur du poéme du célèbre ‚Cant de guerre

de l'armée du Rhin' eut pour collaborateur musical le compositeur autrichien Ignace Pleyel." Die französische Presse bezeichnete also bereits vor den Pleyel-Feierlichkeiten im Juni 1957 in Ruppersthal Rouget de Lisle als Librettisten und Pleyel als Komponisten der französischen Nationalhymne „Marseillaise".

Resümee
Weder die Einen noch die Anderen können eindeutig beweisen, wer denn nun der wahre Komponist der feurigsten Nationalhymne dieser Erde ist. Sowohl Josef Klingenbeck als auch Francois Fétis mussten schon einmal ihre Meinung über die Autorenschaft der französischen Nationalhymne revidieren, da beide angeblich auf eine unwahre Legendenbildung gestoßen waren. Klingenbeck revidierte erst nach mehr als 30 Jahren...
Die geschichtlich belegbaren Beziehungen zwischen Rouget de Lisle und Ignaz Pleyel reichen nicht aus, um darauf wieder eine neue Legendenbildung aufzubauen, wie dies in Ruppersthal 1957 geschehen ist. Als Entschuldigung für die an einer Legendenbildung Beteiligten darf wohl gelten, dass sie die historischen Vorgänge nicht in allen Einzelheiten überblicken konnten.
Wenn auch die Geschichte in Stefan Zweigs Buch „Sternstunden der Menschheit" im Abschnitt „Das Genie einer Nacht" (Frankfurt 1952) sehr interessant beschrieben ist, so ist doch Stefan Zweig nicht mehr und nicht weniger als ein ausgezeichneter Romanschriftsteller mit dichterischen Freiheiten. Der Dichter und Historiker Alphonse Marie Louis von Prat de Lamartine (1790-1869), der sich ebenfalls für die Autorenschaft von Rouget de Lisle stark macht, ist natürlich kein Zeitzeuge, zumal er zum Zeitpunkt des Entstehens des Werks, am 26. April 1792, noch in den Windeln lag...

Das Brockhauslexikon aus 1903 schreibt im 11. Band: „Es ist nachgewiesen, dass Rouget de Lisle den Text der Marseillaise mehreren Sätzen der Tragödien ‚Esther' und ‚Athalie' von Jean Baptists Qacine (1639-1699) entnahm und die Melodie ziemlich notengetreu ein Plagiat des Marsches von Assureus ist aus dem Oratorium ‚Esther', das ein gewisser Lucien Grison (1748-1815), Kapellmeister in der Kathedrale von Saint Orner, vor 1784 geschrieben hat, als er die Funktion in dieser Pfarre niedergelegt hat."

Wie schon erwähnt, findet sich das vollständige Thema der Marseillaise im Credo einer Messe des Musikdirektors Ignaz Holzbauer (1711-1783). Das Thema klingt interessanterweise auch in Mozarts Klavierkonzert C-Dur KV 503 an.

Die erste Originalausgabe der Marseillaise, die von Mai bis August 1792 beim Verleger Dannbach in Straßburg gedruckt wurde, trägt keinen Verfassernamen. Rouget hatte aber die Gewohnheit, jedes seiner Werke zu unterzeichnen. Warum tat er es ausgerechnet bei der Marseillaise nicht? Und warum hat eigentlich Rouget de Lisle – als man Pleyel als Verfasser der Marseillaise genannt hat – nie die Autorenschaft dieser Melodie für sich beansprucht?

Ein Autograf der Marseillaise existiert nicht. Leider ist auch das Original des Briefes der Madame Dietrich an ihren Bruder, den Kanzler Ochs in Basel, worin sie über die Komposition schreibt, unauffindbar. Was erhalten ist, ist die Kopie eines Fragments, dessen Wortlaut nur noch fragmentarisch durch eine Kopie aus der Buchdruckerei Dannbach bekannt ist. Somit fehlt auch dem Musikwissenschafter Klingenbeck der eindeutige Beweis für die Autorenschaft von Rouget de Lisle.

In den vergangenen Jahrzehnten war überdies immer und immer wieder Medienberichten und Hörfunksendungen zu entnehmen, dass die Marseillaise mit den Pleyel-Kompositionen „Hymne à la liberté", Ben 705, und mit der Kantate „La Revolution du 10 Aout ou le Toscin allégorique", Ben 706, verwechselt wurde. Ob da Ignoranz der musikalisch Zuständigen oder ungenügende Recherche von Berichterstattern aller Klassen des Journalismus am Werke waren, mindert in keiner Weise die Bedeutung des österreichgebürtigen Klassik-Komponisten Ignaz Joseph Pleyel.

Pleyels kompositorisches Oeuvre bedarf keiner Aufwertung durch einen eventuellen Beweis, dass er in irgendeiner Form an der französischen Nationalhymne beteiligt gewesen ist. Die Qualitäten der Kompositionen Pleyels sprechen hörbar für sich.

Auch die österreichische Nationalhymne, die höchstwahrscheinlich das Musikgenie Wolfgang Amadé Mozart nicht zum Komponisten hat, hebt dessen Ruf in keiner Weise.

Abb. 5: „Die Toleranz", zeitgenössischer allegorischer Kupferstich von Daniel Chodowiecki, spätes 18. Jahrhundert; Quelle: Dr. Anderle

Die Marseillaise

8. Schüler gegen Meister
Ein musikalischer Wettstreit in London

Abb. 1: Haydn, Poträt von John Hoppner, London 1791; Quelle: Dr. Anderle

Abb. 2: Pleyel, Thomas Hardy; ÖNB

Pleyels „musikalischer Wettstreit" mit Haydn in London wurde zu einem der erinnerungswürdigsten musikalischen Ereignisse der Geschichte Londons.

Es ist deshalb sehr interessant zu fragen: Wie ging der Wettstreit zweier Freunde aus? Konnte ihre freundschaftliche Beziehung durch die Medien, die Gewinnsucht der Musikgesellschaften oder wegen eines skandalsüchtigen Publikums in die Brüche gehen?

Eines schon vorweg: Dieser musikalische Wettkampf wurde nicht nur eines der erinnerungswürdigsten musikalischen Ereignisse in der Geschichte Londons, sondern auch ein wichtiger Beitrag für die Musikgeschichte selbst. Ein zwischen Schüler und Lehrer fair ausgetragener Wettkampf, indem man zunächst den Schüler Pleyel auf die Höhe des um 25 Jahre älteren Lehrers gehoben hatte. Warum wählte man gerade Pleyel als Konkurrenten gegen Haydn aus? Etwa nur, weil er sein Schüler war? Haydn hatte ja bekanntlich viele Schüler. Vielleicht, weil Pleyel sein begabtester Schüler, sein Lieblingsschüler war? Jedenfalls gab es um diese Zeit in Europa unzählige berühmte Komponisten, selbst Wolfgang Amadé Mozart lebte noch. Warum also luden die „Professional-Concerts" Pleyel ein, um sich mit dem weltberühmten Haydn zu duellieren, der knapp zuvor, am 8. Juli 1791 in Oxford zum Doktor honoris causa ernannt wurde?

1792 befanden sich beide Komponisten, der knapp 35-jährige Ignaz Joseph Pleyel und der 60-jährige Joseph Haydn, auf dem Höhepunkt ihres Schaffens. Beide hatten keine Ahnung, dass sie von den Londoner Musikgesellschaften zu einem musikalischen Wettstreit benutzt werden sollten. Die Salomons im „Haymarket-Theater" und die Professionals im „Hannover Square" unter Wilhelm Cramer wollten das wettkampfsüchtige englische Publikum begeistern, und so nebenbei natürlich Gewinn erzielen. Wie kam es dazu? Beide, Ignaz Joseph Pleyel sowie sein Lehrer Franz Joseph Haydn, hatten einige Monate vor ihrem Londoner Engagement ihre Posten als Kapellmeister verloren. Haydn durch den Tod des Fürsten Nikolaus des Prachtliebenden und Pleyel durch die französische Revolution, die ihn ohne Einkommen auf die Straße setzte. Schon seit 1765 erfreuten sich die Kompositionen Haydns steigender Be-

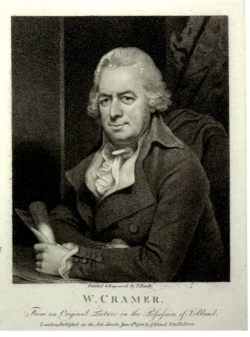

Abb. 3: Wilhelm (William) Cramer, Impressario der Professional Concerts; ÖNB Bildarchiv

liebtheit. Sein Ruhm in den 1780er Jahren hatte ein fortgesetztes Verlangen nach persönlichen Auftritten in den verschiedenen musikalischen Zentren Europas mit sich gebracht. Pleyel war bereits in den 1790er Jahren der meistgespielte Komponist in Mittel- und Westeuropa.

Im Jahre 1783 wurde von kunstsinnigen Männern und reichen Protektoren die Konzertgesellschaft Professional-Concerts im Hannover Square gegründet, an deren Spitze Graf Abingdon als Vorsitzender und Wilhelm

Cramer und der mit dem Doktordiplom der Universität Oxford geehrte Augsburger Kapellmeister F. Hartm. Graff standen. Bereits im Jahr 1787 versuchte die Gesellschaft der Professionals, Haydn in London für eine Konzertreise zu gewinnen, die aber durch das Zögern von Wilhelm Cramer scheiterte.

Der 1745 in Mannheim geborene Geiger und Dirigent Wilhelm Cramer, der am 5. Oktober 1799 in London starb, war ein Schüler von Johann Stamitz und einer der bedeutendsten ausübenden Künstler seiner Zeit. Cramer machte sich schon als Sologeiger in der Mannheimer Schule einen Namen. Im Jahr 1772 verließ er Mannheim in Richtung London und wurde in den 1780er Jahren zum Leiter der Händelfestspiele der Westminster Abbey bestellt. Ob Cramer wusste, dass er 1792 die rechte Hand des beliebtesten Haydn-Schülers und somit der musikalische Vertraute des zum Haydn-Konkurrenten hochgespielten Ignaz Joseph Pleyel werden sollte? Cramer kannte aus seiner Zeit in Mannheim den 1745 in Bonn geborenen und 1815 in London durch Sturz vom Pferd verstorbenen Konzertunternehmer, Geiger, Komponisten und Dirigenten Peter Salomon (1745-1815). Beide spielten in London gemeinsam bei der Konzertgesellschaft der „Academies", Salomon war auch in Covent Garden als Violinenvirtuose tätig. Salomon gründete eine eigene Konzertgesellschaft. Schon 1787 beauftragte er den englischen Herausgeber John Bland, nach Wien zu fahren, um Haydn zu überreden, eine Konzerttournee in London zu unternehmen. Dies sollte aber erst 1790 gelingen. Seine Erfolge als Konzertdirektor konnten sich sehen lassen, sie wurden von den Professionals mit Missgunst beobachtet.

Haydn war zunächst überhaupt nicht daran interessiert, in London zu erscheinen, er verwarf beide Anträge, sowohl den von Salomon als auch den von Cramer, er wollte weder seinen Vertrag mit dem Fürsten Esterhazy brechen noch gutes Einvernehmen trüben. Am 28. September 1790 starb Fürst Nikolaus I. der „Prachtliebende", und nun änderte sich auch für Haydn einiges. Während auf der einen Seite eine Epoche musikalischer Weltgeschichte zu Ende ging, die in ihrer Schönheit, Außergewöhnlichkeit und Bedeutung ihresgleichen suchte, wurden dem Altmeister des hergebrachten Stils andererseits Tür und Tor ins musikbegeisterte England geöffnet.

Schon 16 Monate danach sollte es an der Themse zu einem musikalischen Duell zwischen Pleyel (auf Seiten Cramers) und Haydn (auf Seiten Salomons) kommen. Dieser „blutig harmonische Krieg", wie er später von Haydn bezeichnet wurde, hatte auch seine positiven Seiten. Es entstanden bedeutende Werke, die in den renommierten Häusern Londons bejubelt wurden und bis heute auf den Dirigentenpulten der großen Konzertsäle ihren festen Platz behalten haben. Beide, Schüler und Meister, sollten viel Geld verdienen, vor allem aber sollte dieses musikalische Duell wegen einer vorbildlichen Freundschaft einen festen Platz in der Geschichte bekommen.

Nach dem Tod von Fürst Nikolaus I. des „Prachtliebenden", trat sein Sohn, Fürst Anton Esterhazy (1738-1794), die Nachfolge an. Dieser war an der Musik, so wie sie sein Vater geliebt hatte, wenig interessiert. Fürst Anton entließ binnen zweier Tage nach dem Tode seines Vaters die Musikkapelle samt den Sängern. In weiser Voraussicht jedoch vermachte Fürst Nikolaus Joseph Haydn eine lebenslängliche Jahrespension von 1.000 Gulden. Haydn und sein Konzertmeister Tomasini blieben als einzige formell in fürstlichen Diensten, wofür sie zusätzlich ein Jahresgehalt von 400 Gulden erhielten. Den beiden Musikern war es freigestellt, andere Engagements anzunehmen. Haydn dürfte Schloss Esterhaza fluchtartig verlassen haben, denn er hinterließ dort den Großteil seines Hab und Gutes, darunter viele seiner Manuskripte.

Bald war das einstige Prachtschloss, das einstige „Ungarische Versailles" wie es aufgrund von Bemerkungen des Gesandten der Kaiserin und späteren Kardinals Louis René Edouard, Prinz von Rohan, genannt wurde, nicht wiederzuerkennen. Dieses Schloss, indem unter Nikolaus dem Prachtliebenden die Tonkunst gepflegt wurde, wo der kunst-

Abb. 4: Johann Peter Salomon, Impressario der Hanover Square Concerts; Quelle: Dr. Anderle

sinnige Adel einem der kunstsinnigsten und reichsten Fürsten huldigte, verfiel. Dieses musikalische Zentrum, das einst die Kaiserin für ihre Opernbesuche bevorzugte, wo bedeutende Künstler Mitteleuropas beschäftigt wurden, wo sich Fest an Fest reihte, gab es nicht mehr. Die Monarchin brachte es auf den Punkt, indem sie dem Sinne nach sagte: „Wenn ich eine gute Opera hören möchte, dann gehe ich nach Esterhaza!"

Wenn auch heute dieses reizende Palais mit viel Liebe restauriert worden ist, so fehlen doch jene Kunstschätze, die dem Fürsten den Namen „Prachtliebender" eingebracht hatten. Ein Teil der Kunstschätze wurde nach Wien, der andere Teil nach Eisenstadt gebracht. Von den 400 Uhren war jedes einzelne Exemplar ein Kunstwerk. In einer der Uhren sang ein ausgestopfter Kanarienvogel zu jeder vollen Stunde eine Arie, andere Uhren waren in Armsesseln oder diversen Möbelstücken eingebaut. Die Kunstschätze verschwanden größtenteils ins Schloss Forchtenstein.

Das Marionetten-Theater, es war eines der prächtigsten in Mitteleuropa, wurde unter Fürst Anton zu einer Fabrik umgewandelt, die Marionetten-Figuren sowie die Garderobe der Oper wurden 1798 an die Gräfin von Klutschezky um 1.000 Gulden verkauft. Das Schauspielhaus wurde 1870 abgetragen. Das Musikgebäude diente einige Zeit zur Aufstellung von Webstühlen, später sogar für Beamten-Wohnungen. Der kunstvoll angelegte Garten wurde unter dem Fürsten Anton Esterhazy jeden Schmucks beraubt. Die Springbrunnen versiegten, die Treibhäuser verschwanden, die Mauern verfielen, und die Lustgebäude wurden abgetragen. Die Bäume fielen der Axt zum Opfer, der ausgedehnte Park diente dem Anbau von Feldfrüchten.

Kurzum: Das Leben um das Schloss, wo einst Bauern tanzten, Marktschreier und Zahnbrecher ihre Vorführungen gaben, erlosch. Selbst der See, der einst fast bis zu den Toren des Schlosses reichte, war in seinen Ufern weit zurückgetreten, als wolle er andeuten, dass er mit diesen neuen Bedingungen unter Fürst Anton nichts mehr zu tun haben möchte.

Zum Zeitpunkt von Haydns Pensionierung hielt sich Impresario Salomon gerade in Köln auf. Salomon zögert nicht lange, eilte nach Wien und bot Haydn so günstige Bedingungen, dass jener mit einer Konzertreise nach London einverstanden war. Es wurde ein für Haydn äußerst lukrativer Vertrag abgeschlossen. Das Honorar aus dieser Konzertserie sollte bei einer Wiener Bank deponiert werden. Im Vertrag wurde auch festgehalten, dass Haydn zur Komposition und zum Dirigat einer Oper sowie zur Komposition von sechs neuen Symphonien verpflichtet war. Als Gegenleistung wurden Haydn 300 Pfund für die Konzerte und 200 Pfund für die Abtretung der Rechte an den Symphonien zugesichert. Der Biograf Griesinger spricht von einer Summe von insgesamt 5.000 Gulden, die Haydn im Rahmen dieses Engagements in London verdient hatte. Darüber hinaus wurde Haydn auch ein „Benefizkonzert" mit garantierten Einnahmen von 200 Pfund zugesichert. Wenn man nun noch die Einnahmen des Meisters aus den nicht unbeträchtlichen Nebenverdiensten (z.B. Privatlektionen) dazu rechnet, dann weiß man, dass Haydn mit Leichtigkeit nach seinem Aufenthalt in London ein Wohnhaus in Gumpendorf (heute das Haydn-Museum in Wien) erwerben konnte.

In London blühte damals das Konzertleben. Der Musikologe J. Schlesinger listet insgesamt zehn Konzertgesellschaften auf, die es im London des Jahres 1785 gab.

Trotzdem versuchte man, Haydn von der Reise nach London abzuhalten. Man meinte, dass er einerseits schon zu alt sei und andererseits weder die Sitten des Landes kenne noch die Sprache Englands beherrsche. Aber Haydn war fest entschlossen zu reisen. Schließlich war das finanzielle Angebot sehr lukrativ. Jenen, die versuchten, ihn von der Reise abzuhalten, antwortete er: „Ich bin aber noch munter und bei guten Kräften." Auf Mozarts Bedenken, dass Haydn die englische Sprache nicht beherrsche, antwortete er: „Meine Sprache versteht man durch die ganze Welt." Ob es Mozart anders meinte, als es das Schicksal dann tatsächlich wollte? Beim Abschied Haydns sagte der 34-jährige Wolfgang Amadé: „Wir werden uns wohl das letzte Lebewohl in diesem Leben sagen!" Auch Haydn verstand es, väterliche Ratschläge zu geben. Er sagte zu Mozart, dass er nicht so viel arbeiten solle, denn er sei wie eine Kerze, die an beiden Seiten brenne. Ahnte Haydn gar, dass Mozart schon in so jungen Jahren von dieser Welt abberufen werden sollte?

Abb. 5: Schloss Esterhaza heute; Dr. Anderle

Die Abreise wurde für Mittwoch, den 15. Dezember 1790 vereinbart. Haydn reiste über München und Bonn in die Stadt an der Themse, wo er am 2. Jänner 1791 wohlbehalten ankam und sehr freundlich empfangen wurde. Es stellten sich große musikalische Erfolge ein. Am 8. Juli 1791 erhielt Haydn im Rahmen der Oxforder Festspiele im Sheldonian-Theatre in Oxford das Ehrendoktorat. Während der Festspiele wurden auch Werke seines Schülers Ignaz Joseph Pleyel gespielt. Pleyel war mit zwei Concertanti und einem Quartett in dem Programm vertreten (Pohl). Das dürfte auch Wilhelm Cramer zu seinem Plan, Pleyel nach London einzuladen, angeregt haben. Nun hatte

Abb. 6: London; ÖNB Bildarchiv

Haydn Zutritt in die bedeutendsten Häuser Londons. Nicht zuletzt war das auch das Verdienst des in Hannover geborenen Dr. Albert Christoph Burney, der Haydn förderte.

Als Salomon ankündigte, Haydn würde eine neue Serie von Konzerten im Jahre 1792 dirigieren, entschlossen sich die Professionals, einen vitalen und jungen Komponisten zu suchen, der ebenso populär wie Haydn war und als Gegenspieler auftreten konnte. Pleyel war die logische Auswahl. Pleyels Kammermusik war von vielen Londoner Herausgebern immer wieder gedruckt worden; seine Musik war sehr gefragt. Er wurde tatsächlich gleich hinter Haydn gereiht und ausersehen, eine Serie von zwölf Konzerten mit eigenen Werken zu dirigieren. Wenn man bedenkt, dass Pleyel durch die Revolution buchstäblich ohne Gehalt auf die Straße gesetzt wurde, war es ein weiser Entschluss, diese Reise anzutreten, denn in London war das Leben weitaus ungefährlicher als im revolutionären Frankreich. Durch den Verlust des Domkapellmeisteramtes am 15. Jänner 1791 verlor Pleyel sogar seine Tantiemen aus dem Ausland. Am 15. Dezember 1791 begab sich also Pleyel auf die Reise nach London. Er nahm seinen Schüler Philipp Jacob Pfeffinger (1766-1821) auf die Reise mit. Der gebürtige Straßburger Pfeffinger ließ sich damals bei Pleyel speziell in der Kompositionslehre ausbilden. Nach dem Tode des Komponisten, Dirigenten und Theologen Johann Philipp Schönfeld (1742-1790) am 5. Jänner 1790 bekleidete der Pleyel-Schüler vom 25. Jänner 1790 an bis November 1791 die Stelle eines Kapellmeisters an der Neuen Kirche zu Straßburg.

Bereits am 22. November 1791 wurde die Ankunft Ignaz Joseph Pleyels in Mornins Herald angekündigt: „Pleyel, der gefeierte Komponist ... ein Schüler des großen Haydn, wird mit der Zeit sogar noch berühmter als sein Lehrer; seine Werke sind weniger gekennzeichnet durch komplizierte Kunstfertigkeit, als vom Charme der Einfachheit und des Gefühls ..." Am Vorabend des Hl. Abends kamen Pleyel und Pfeffinger in der englischen Hauptstadt an. Sie wurden sehr freundlich empfangen. Eine Deputation Musiker erwartete Pleyel, wobei sie ihm „im Namen Aller ihre Achtung bezeigten". Pleyel mag wohl sehr überrascht gewesen sein, als er zunächst durch die Presse und Freunde erfahren musste, dass sein Aufenthalt in London auch zu einem musikalischen Wettstreit gegen seinen geliebten Papa Haydn dienen sollte.

In Londoner Zeitungen war zu lesen: „Der Altmeister ist schon zu schwach und unfähig, Neues hervorzubringen. Er ist längst ausgeschrieben und aus Geistesmangel gezwungen, sich zu wiederholen. Wir sehen uns daher genötigt, seinen Schuler Ignaz J. Pleyel nach London zu holen. Haydn lässt nach. In Wahrheit ist dieser wunderbare Komponist doch nur ein geringer Spieler. Wenn er auch geeignet sein mag, am Klavier zu präsidieren, wir haben ihn noch nie als ‚Leader' eines Konzertes rühmen hören. Sein Schuler Pleyel hat vielleicht weniger Wissen, aber seine Werke sind von einer Eleganz und Lieblichkeit und bieten häufiger Melodien. Er ist darum ein weit populärerer Komponist."

Musikalische Konkurrenzkämpfe bildeten einen wichtiger Bestandteil des sprudelnden musikalischen Lebens im Europa des 18. Jahrhunderts. Die Haydn-Pleyel-Konzerte in London waren nur dahingehend eine Ausnahme, dass bei dieser Konkurrenz zwischen zwei Organisationen Lehrer und Schüler involviert waren. Als Sponsoren fungierten die Subscription Concerts, angeführt von Salomon, und die Professional Concerts mit Wilhelm Cramer als Dirigenten. Eine charakteristische Stimmungsbeschreibung dazu kommt vom Biografen Pohl: „Dem englischen Geschmack sagte so ein richtiger

Wettkampf – diesmal nicht auf sportlichem, sondern auf musikalischem Gebiete – ungeheuer zu."

Die Konzertgesellschaften nahmen sich kein Blatt vor den Mund, um den jeweiligen Gegner zu diskreditieren. Die Professionals führten eine Publizitätskampagne mit Anspielungen auf Haydns fortgeschrittenes Alter, womit sie ein für Haydn äußerst heikles Thema ansprachen. Aber: Das war eine Rechnung, die ohne Pleyel und Haydn gemacht wurde, denn Meister und Schüler spielten da nicht mit. Viel zu sehr liebte und schätzte Pleyel seinen Lehrer Haydn. Wie werden Pleyel und Haydn, Schüler und Meister einander begegnet sein? Ist Pleyel der Erfolg in den Kopf gestiegen, oder ist er derselbe geblieben, der er schon bei seinen Lehrern und seinen Studienreisen in Italien war: der humorvolle, umgängliche und sehr bescheidene, allseits beliebte Musiker und Komponist?

Der Autor hat diese vermutliche Begegnung in dem fünfaktigen Dokumentarspiel „Ignaz Joseph Pleyel – Der vergessenen Sohn seiner Heimat" folgendermaßen dargestellt:

(Haydn und Salomon sitzen in einem Stuhl, beide lesen englische Zeitungen, Salomon raucht eine Tonpfeife oder eine Zigarre. Das Hausmädchen Margret bringt Tee.)

Margret: Entschuldigen Sie, meine Herren, the Five-o'clock-Tea.
Salomon: Ja, danke.
(Hausmädchen Margret ab.)
Salomon: *(springt auf)* Also stimmt es doch, Pleyel ist in London, das hat dieser Cramer inszeniert. Unglaublich.
(zeigt Haydn die Zeitung) Da, da, lesen Sie, Meister. Pleyel ist in London. Er hat eine Einladung von den Professional Concerts bekommen. Der Lehrling soll gegen den Meister antreten, gegen Sie, den großen Haydn, unglaublich.
Haydn: Macht doch nichts, Pleyel bereichert bloß das Geschehen, umso schöner für die wettkampfsüchtigen Engländer.
Salomon: Umso schöner? Einen Komponistenkrieg wird es geben, den es in Europa noch nicht gegeben hat und den Sie verlieren werden ... Verflucht! *(Salomon schmeißt die eine Zeitung weg und nimmt eine andere zur Hand)* Was? „Pleyel ist ein aufsteigender Komet, Haydn hingegen wiederholt sich, ist schwach und unfähig." Diese Presse muss man klagen!
Haydn: Ach, ich kenne diese Presse. Aber warum verfluchen Sie eigentlich so den Cramer mit seinen Professionals, wo ihr doch beide als Violinvirtuosen bei den Academies eine schöne gemeinsame Zeit verbracht habt?
Salomon: Ja, das war einmal, jetzt sind Cramer und ich zwei eigene Gesellschafter, zwei Konkurrenten *(er blättert um)*, unglaublich ... *(er liest weiter)* „Die Ankunft des großen

Kompositeurs wurde von den Londoner Musikfreunden als" ... als was ...? „als segenbringendes Ereignis gefeiert."
Unglaublich! „Sofort sah sich Pleyel von den vorzüglichsten Künstlern umringt, die ihm alle wetteifernd ihre Hochachtung entgegenbrachten." Unglaublich.

Haydn: So lassen Sie sie schreiben, die Zeitungen, und übrigens, der Pleyel ist nicht nur hoch begabt, er ist auch ein äußerst angenehmer Mensch.

Salomon: Na, hoffentlich wird er für das Publikum nicht zu angenehm *(liest weiter)*. Unglaublich! „Die höchsten Gesellschaftskreise zeigten sich sofort bemüht, ihn als Gast in ihren Häusern empfangen zu können."

Haydn: So lassen Sie ihn doch! Ehre, wem Ehre gebührt.

Salomon: Vielleicht bedauern Sie ihn auch noch! Unglaublich! *(liest, springt auf)* Was? *(liest jetzt etwas langsamer)* „Er hat einen mit Noten vollgefüllten Koffer mitgebracht." Bummvoll? *(liest)* „Er wird auch seine wunderbaren konzertanten Sinfonien zu Gehör bringen." Hören Sie das Meister? Sein Koffer ist voll mit Kompositionen!

Haydn: Habe ich doch auch.

Salomon: Ja, aber Ihr Koffer ist mit Wäsche gefüllt, statt mit neuen Sinfonien. Wo sind Ihre Konzertanten, Maestro? Sie brauchen konzertante Sinfonien, um gegen Pleyel einen Erfolg zu buchen. Sie haben sie nicht! Das ist eindeutig zu wenig.

Haydn: Ja, die 300 Pfund Sterling, die Sie mir zahlen wollen dafür, sind auch eindeutig zu wenig. Ich konnte zuletzt nicht einmal mehr das nötige Futter kaufen für meine Pferde.

Salomon: Dann schreiben Sie, schreiben Sie! *(Er geht nun Richtung Ausgang und dreht sich noch einmal um.)* Damit Sie wenigstens Ihre Pferde füttern können *(geht auf ihn zu, sarkastisch)*, denn wenn Sie so weiter machen, werden Sie eines Tages noch Ihren Zauberlehrling um Futter bitten müssen, alter Meister, Ehrendoktor ...

Haydn: *(schüttelt den Kopf)* Was ist das für eine Welt?

(Das Hausmädchen Margret erscheint.)

Margret: Ich bitte um Verzeihung, Sir.

Haydn: Ja, bitte?

Margret: Ein gewisser Mister Pleyel wünscht seine Aufwartung machen zu dürfen.

Salomon: *(ihm fällt alles aus der Hand, auch der Stuhl fällt um)* Jetzt ist das Maß voll, ich gehe, und zwar über die Nebentreppe, und wenn ich durch den Keller muss! *(bevor er abgeht, hebt er noch die Utensilien vom Boden auf und stellt den Sessel mit Gewalt nieder)* Das ist doch unglaublich!

(Salomon mit Margret ab, Pleyel erscheint!)

Pleyel: Teurer Papa! *(kniet vor Haydn)*

Haydn: *(umarmt ihn)* Mein Sohn, komm, lass dich anschauen. Aus dir ist ja ein richtiger Mann geworden. Ja, bist du extra nach London gekommen, um dich mit deinem Papa zu duellieren?

Pleyel: Papa, ich wusste nicht, dass ich gegen Sie ...

Haydn: Schon gut mein Sohn, *(lacht)* ich

kenne die wettkampfsüchtigen Engländer.
Pleyel: Der Cramer bot mir ein Vermögen. Ich konnte in meiner aussichtslosen Lage kaum ablehnen.
Haydn: Mich hat Salomon bereits 1790 in Wien überredet, mit ihm nach England zu gehen. Auch er machte mir so günstige Bedingungen, dass ich annahm. Nun bin ich schon fast ein Jahr in London. Ich habe zeitlebens in einem Jahr nie so viel geschrieben wie im verflossenen. Anscheinend ist das aber immer noch zu wenig. Mir wird es wohltun, nach meiner Nachhausekunft etwas ausrasten zu können.
Pleyel: Papa, was sagen Sie zu Mozarts Tod?
Haydn: *(steht auf und geht mit verschränkten Armen auf dem Rücken auf und ab)* Ich konnte es nicht glauben, dass die Vorsicht so schnell einen unersetzbaren Mann in die andere Welt fordern sollte.
Pleyel: Wir alle waren sehr betroffen. Doch seine Musik wird ewig weiterleben.
Haydn: Auch deine, mein Sohn. Ja, ja, Kramer wusste genau, was er tat. Er suchte einen Tonsetzer ersten Ranges und er fand ihn … in dir, mein Sohn.
Pleyel: Papa, diese Ehre.
Haydn: Übrigens, deine Werke werden zwischenzeitlich überall in Europa gedruckt und mit Leidenschaft gespielt. Naja, du hast ja auch schon in der Haydnischen Schule immer den ersten Rang eingenommen. Wie mir scheint, hat dir auch der italienische Einfluss gut getan.

Pleyel: Ja, Papa. Es war wunderbar in Italien, besonders in Neapel. Ich traf die bedeutendsten Künstler und gewann die Freundschaft aller leuchtender Sterne des italienischen Opernhimmels. Ich traf Nardini, Paisello, Cimarosa, die Sänger …
Haydn: *(unterbricht)* Ja, ja! Ich habe viele gute Nachrichten über dich gelesen. Verrate mir eines, ich kann zwar verstehen, dass es dir gelungen ist, die Königin Caroline, eine Habsburgerin, zu becircen, aber wie hast du es geschafft, den König Ferdinand für deine Musik zu begeistern? Einen sonst nur rohen, für die Jagd und für Ringkämpfe eingenommenen Herrn?
Pleyel: *(lacht)* Ach, Papa, das war nicht schwer. Ich fand heraus, dass er eine besondere Leidenschaft für die Lyra hatte. Flugs schrieb ich ihm einige Stücke für dieses Instrument, und schon hatte ich überallhin Zugang.
(Das Hausmädchen kommt und schenkt Tee nach.)
Haydn: Wie ich gehört habe, hast du dem König Ferdinand auch eine Oper geschrieben. Wie war der König selbst mit deiner Oper „Ifigenia in Aulide" zufrieden?
Pleyel: Danke, Papa, sehr. Ich machte sie ihm zum Geschenk zu seinem Namenstag. Man hat sie im Teatro San Carlo 19 Mal nacheinander mit den besten Künstlern zu großem Erfolg geführt.
Haydn: Ich habe nur das Beste darüber gehört und … ich habe die Partitur gesehen. Gratuliere, mein lieber Freund! Dieses schöne

Terzett im 2. Akt und dieses *(bewundernd)* schöne Rondo am Schluss haben mir sehr gut gefallen. Ja, du hast sehr viele Kostbarkeiten in dieses Werk verpackt. *(steht auf)* Nun aber zu unserem Duell, mein Sohn.

Pleyel: Nichts liegt mir ferner, als einen unschönen Wettkampf mit Ihnen führen zu müssen, dafür schätze und liebe ich Sie zu sehr, Papa. Sie sind der Größte und Vater von uns allen. Ich werde mein erstes Konzert mit einem Werk meines Meisters beginnen, der mich zu dem machte, was ich heute bin.

Haydn: Ein guter Vorschlag, mein Sohn. Wir beide lassen uns ganz einfach von den Engländern nicht unterkriegen. Sie sind doch nur darauf aus, Meister und Schüler zu verfeinden, um aus diesem Nebenbuhlerkampf schnöden Gewinn zu ziehen *(beide stehen auf, Haydn zuerst, er gibt Pleyel die Hand)*. Wir werden uns den Ruhm gleich teilen, und jeder wird vergnügt nach Hause gehen.

Pleyel: Ja, Papa, und jetzt darf ich mir noch die Ehr' ausbitten, mit Ihnen gemeinsam vierhändig meine neuesten musikalischen Gedanken spielend zu variieren *(Pleyel beginnt zu spielen)*.

Haydn: *(setzt mit den Worten ein)* Gut, mein Sohn (das Gespielte gefällt ihm).

Pleyel: Und morgen werden wir gemeinsam Weihnachten feiern, und zwar so, wie wir es gewohnt sind, in unserer Heimat, in Österreich.

Ende der Szene

Während der intensiven Vorbereitungen zu den Faschingskonzerten besuchten beide Musiker ein Benefizkonzert für Ignazio Raimondi. Dieses war für den Rezensenten des Morning Herald von außerordentlichem Interesse. Die Zeitung schrieb: „Wir stellten besonders fest, und das mit grosser Freude, dass die zwei grossen Helden der baldigen Kampagne, wir meinen die Herren Haydn und Pleyel, den ganzen Abend zusammensassen, nicht als streitende Rivalen, sondern als Anführer, die dasselbe Interesse verfolgen."

Noch bevor die neue Saison in London begann, versuchten die „Professional Concerts" erneut, Haydn für sich zu gewinnen, indem man ihm ein beträchtlich höheres Honorar als das von Salomon versprochene anbot. Haydn lehnte ab, weshalb die „Professionals" das Gerücht verbreiteten, dass Haydn ausgeschrieben sei und man einen Jüngeren, zugkräftigeren Mann einladen müsse. Pleyel bezog sein nobles Quartier schräg vis-à-vis von Haydns fürstlichem Logement, und zwar Nr. 25 Great Pultney street Golden square. Die eingefädelte Unannehmlichkeit einer Konkurrenz-Situation wurde im kollegialen Gespräch ausgeräumt, und am Heiligen Abend speisten sie gemeinsam in Pleyels Quartier. Haydn trug dieses Ereignis in sein Tagebuch mit den Worten ein: „d. 23.ten kam Pleyel nach London." „d. 24ten speiste ich bei ihm."

Zu Silvester 1791 gingen beide zusammen Arm in Arm zu einer Vorstellung ins Pantheon Theater. Das Londoner Publikum, vor allem aber die Rezensenten, staunten über das gute Einvernehmen der angeblichen Rivalen. Fein säuberlich vermerkte Haydn in seinem Tagebuch: „Den 31ten 10ber war ich mit Pleyel im Pantheon Theater."

Joseph Haydns Tagebuch vom 24. Dezember 1791 kann entnommen werden: „... allein, mir scheint, es wird bald Allianz werden, weil mein credit zu fest gebaut ist. Pleyel zeugte sich bey seiner ankunft gegen mich so bescheiden, dass Er neuerdings meine liebe gewann, wür zind sehr oft zu sam, und das macht Ihm Ehre, und Er weis seinen vatter zu schätzen. Wür werden unsern Ruhm gleich theillen und jeder vergnügt nach Hause gehen."

Den Text der Eintragung in seinem Tagebuch schreibt Haydn fast wortwörtlich am 17. Jänner 1792 in einem Brief an seine Freundin Marianne von Gentzinger in Wien mit folgenden zusätzlichen Bemerkungen: „Es wird also einen blutig Harmonischen Krieg absetzen zwischen dem Meister und schüller, man finge gleich an in allen zeitungen davon zu sprechen, allein, mir scheint,..." (Pohl)

Ein Rezensent des Public Advertiser fürchtete, dass sich Schüler und Meister von den konkurrierenden Parteien negativ beeinflussen lassen, und drückte seine Hoffnung nach gegenseitigem Respekt am 5. Jänner 1792 folgendermaßen aus: „Haydn und Pleyel sollen gegeneinander in dieser Saison

Abb. 7: Partitur der Sinfonie in a-moll/A-Dur, Ben 155; Dr. Anderle

aufgestellt werden; und die Anhänger beider sind brutale Parteigänger. Da beide Komponisten Männer mit erstklassigen Talenten sind, bleibt zu hoffen, dass sie an diesen kleinen Gefühlsausbrüchen ihrer respektiven Bewunderer nicht teilnehmen werden."

Ab 5. Jänner 1792 wurde für die neue Reihe von Subskriptionskonzerten inseriert: Das erste Konzert wurde für Freitag, den 17. Februar 1792, angekündigt, und die weiteren Konzerte sollten, wie schon in der vorangegangenen Saison, an den darauf folgenden Freitagen stattfinden. Die Professional Concerts versuchten abermals, Haydn von Salomon abzuwerben, doch scheiterte das an Haydns Rechtschaffenheit, der sich wie folgt äußerte: „Ich will dem Salomon nicht wortbrüchig werden und ihm nicht durch blosse Gewinnsucht schaden. Er hat für mich so viel unternommen, dass ich es für recht und billig halte, ihm auch den Gewinn zu gönnen."

Wie sich Meister und Schüler trotz negativer Einflüsse von außen schätzten, wird von Jacob zu Beginn des neuen Jahres 1792 beschrieben: „... die beiden sahen sich täglich. Sie erschienen gemeinsam in der Öffentlichkeit; sie spazierten Arm in Arm ins Theater, und gaben den Londoner Maultratschen eine gehörige Lektion. Als Haydn von Rheumatismus geplagt war, sass Pleyel bei ihm und rückte seine Polster zurecht."

Auch der folgende Bericht stammt von Jacob: „Pleyel und Haydn sassen gemeinsam beim Punsch. Sie hatten viele Einladungen zu lärmenden Festen abgelehnt, da sie das neue Jahr in Stille begrüssen wollten. Sie besprachen weder Politik noch was sie von ihren Karrieren und Konzerten noch erhofften. Sie sassen still, trauernd, mit feuchten Augen, und dachten über die soeben erhaltene Nachricht nach. Denn am 5. Dezember 1791 war Mozart gestorben."

Wie sehr Haydn durch die Konkurrenz Pleyels unter Druck stand, können wir daraus ermessen, dass er am 17. Jänner 1792 brieflich klagte: „Ich schriebe zeit lebens nie in Einen Jahr so viel als im gegenwärtig verflossenen, bin aber auch fast ganz Erschöpft, und mir wird es wohl thun nach meiner nach haußkunft ein wenig ausrasten zu können."

Aus Haydns gesammelten Briefen an Luigia Polizelli vom 14. Januar 1792 und an Marianne von Genzinger am 17. Januar kann man entnehmen, dass Haydn den „harmonischen Krieg" sehr ernst nahm und mit einiger Sorge betrachtete, zumal er Pleyels Begabung und Können kannte. Auch in den folgenden Tagen wurden Haydn und Pleyel zusammen gesehen. Ihrem Verhalten konnte man also keine Rivalität, sondern eher eine Freundschaft entnehmen. Zwischenzeitlich rüsteten die Konzertgesellschaften weiter zum Kampf, was von den Medien gut beobachtet wurde.

Am 5. Februar 1791 kündigte die Gazetteer an: „Das neuntägige Wunder bezüglich

Haydn beginnt abzuflauen ... dieser wunderbare Komponist ist aber doch nur ein schlechter Spieler ..." Um ihn weiter klein zu machen, fügten sie hinzu: „Sein Schüler Pleyel, mit vielleicht weniger Wissenschaft, ist ein populärerer Komponist – wegen seiner oftmaligen Einführungen von Weisen in seinen Harmonien, und die allgemeine Glätte und Eleganz seiner Melodien."

Am nächsten Tag, dem 6. Februar 1792 konnte man in der „Times" lesen: „Das Kommitee ... gibt respektvoll dem Adel, dem gebildeten Stand sowie dem allgemeinen Publikum bekannt, dass der berühmte Mr. Pleyel ... für die gesamte folgende Saison engagiert wurde: er soll zwölf neue instrumentelle Musikstücke komponieren, eine für jeden Abend, und vom Fortepiano aus deren Aufführung dirigieren. Die Vokalvorführenden sind: Signora Negri, Signor Lazzarini, und Frau Billington. Es wird alle mögliche Vielfalt geboten, durch das Engagieren von Extramusikanten, und durch das Sammeln neuer Musik (vokal sowie instrumental) von den eminentesten Autoren, und überhaupt keine Mühe gescheut werden, um die Konzerte jener liberalen Gönnerschaft, die sie so lange genossen haben, würdig zu machen."
Die Professionals kündigten ihr erstes Konzert für den 13. Februar 1792 an.
„Der berühmte Pleyel", hieß es, „würde zwölf neue Kompositionen liefern, eine für jeden Abend, und würde dieselben auch selbst am Clavier dirigiren."

Pleyel hatte drei Sinfonien und mehrere Concertante mit nach London gebracht. Leider gingen die drei Sinfonien, die von den Kritikern als Sinfonien ersten Ranges bezeichnet wurden, verloren. Bei diesen drei in London komponierten Sinfonien dürfte es sich lt. den Forschungen der Internationalen Ignaz Joseph Pleyel Gesellschaft (IPG) höchstwahrscheinlich um die Werke Ben 150A, Ben 152 und Ben 155 handeln. Der IPG (Dr. Heinz Anderle) ist es im Jahr 2000 gelungen, diese ursprünglich verloren gegangenen Sinfonien wiederzuentdecken und zu transkribieren. Die IPG konnte daher erstmals seit 1792 die Sinfonie in Es, Ben 152, am 10. Juni 2007 anlässlich Pleyels 250. Geburtstag und die Sinfonie in a-Moll/A-Dur am 11. November 2007 anlässlich ihres 100. Konzerts menschlichen Ohren wieder zugänglich machen.

Die ersten Konzerte der Professionals waren sehr gut besucht, der junge Meister wurde wiederholt gefeiert, vor allem verzeichnete Pleyel mit seinen Concertanten und mit seiner Kammermusik große Erfolge (Brenet). Die Professional Concerts unter Wilhelm Cramer eröffneten nach einer Verschiebung des ersten Termins am 13. Februar 1792 den Reigen der Pleyel-Konzerte. An der Spitze des Programms stand eine Sinfonie von Haydn. Haydn erhielt von Pleyel eine Eintrittskarte aus Elfenbein, in der auf der einen Seite „Professional Concert 1791" und auf der anderen Seite „Mr Haydn" in blauer

Abb. 8: Partitur der Sinfonie in Es-Dur, Ben 152; Dr. Anderle

Schrift geschrieben stand. Übrigens: Haydn bekam für alle Konzerte der „Professionals" eine gültige Freikarte. Zur Eröffnung hörte er sein eigenes Werk, spendete als erster Beifall und erklärte in der Pause, dass er noch bei keiner Gelegenheit diese Komposition so ausgezeichnet „vorführen" gehört habe, und fügte hinzu: „Ich bin jederzeit in seinen (Pleyels) Concert und bin der erste, so Ihm applaudirt."

Laut Pohl und Botstiber erwiderte Salomon diese edle Geste des Respekts von Pleyel, indem er Haydn veranlasste, seine eigene Konzertserie mit einer Sinfonie Pleyels zu beginnen. Während jedoch die Programme der Professional Concerts weiterhin die Werke Haydns inkludierten, schien der Name von Pleyel in den Programmheften der Salomon-Konzerten nicht mehr auf.

Die Musik Pleyels wurde in London gut aufgenommen. Der Morning Herald des 14. Februar enthielt die folgende Kritik der Pleyelsinfonie, die im ersten Programm der Professional Concerts inkludiert war: „Der erste Akt endete mit einer sehr feinen Ouvertüre, für die Zwecke des Konzertes von Pleyel komponiert; es war voll wunderschöner Passagen, und war sehr elegant, interessant und wissenschaftlich."

Londons berühmte Times wusste einen Tag später zu berichten („The Times", London, 15. Februar 1792): „Pleyels Sinfonie zum Abschluss seines ersten Aktes bestätigte

die Meinung der Allgemeinheit betreffend seiner grossen Talente als Komponist."
Pleyels Konzerte fanden in den Hannover Square Rooms in London statt. Dieses Konzertgebäude wurde 1774 auf Initiative von Sir John Gallini erbaut. Die Eröffnung fand am 1. Februar 1775 statt. Auch Haydn leitete in diesem Saal viele seiner Konzerte. Wenngleich der Saal offiziell nur rund 800 Personen Platz bot, drängten sich manchmal bis zu 1.500 Zuhörer in den Saal, auch bei Haydns Paukenschlagsymphonie soll der Konzertsaal überfüllt gewesen sein. Nach dem Tode Johann Christian Bachs im Jahre 1782 war das Konzertleben in diesen historischen Räumen zu Ende, das letzte Konzert in der Geschichte der Hannover Square Rooms fand 1874 statt. Laut Vertrag musste Pleyel wenigstens eine seiner eigenen Kompositionen in jedem Konzert aufführen. Die Programme enthielten Sinfonien, Concertanti, Streichquartette und sogar Lieder. Die Sinfonien, wie damals üblich, wurden meist „Grosse Sinfonie", „Ouverture" oder „Grosse Ouverture" genannt. Beim ersten Salomon-Konzert am 17. Februar 1792, spielte Haydn eine Pleyel-Sinfonie. Pleyel war eingeladen, und er hörte zur Eröffnung sein eigenes Werk, das unter dem Dirigat seines Lehrers im Sturm die Gunst des Publikums eroberte. Das Orchester war beachtlich besetzt. Es bestand aus 40 Instrumentalisten, später wurde sogar auf 60 Mann erhöht. Aus Berichten kann ersehen werden, dass mindestens 12 bis 16 Violinen, 4 Bratschen, 5 Violoncelli und 4 Kontrabässe sowie die notwendigen Bläser spielten. Das Pianoforte stand in der Mitte, in der Einbuchtung des Klaviers stand ein Pult für Salomon.[57]

Es war also unübersehbar, dass sich Meister und Schüler versöhnlicher zeigten, als man zunächst erwartet hatte. Der geplante Kampf wurde von den beiden Österreichern verhindert. Statt böser Worte gab es gegenseitigen Respekt, Lob und Anerkennung. Der Plan, Meister und Schüler zu entzweien, fiel somit gründlich ins Wasser.

Pleyels zweites Konzert wird am 22. Februar 1792 im Morning Herald beschrieben: Das zweite Konzert, am 20. Februar, enthielt Pleyels „Neues Quartett, MS" und eine „Neue Grosse Ouverture [Sinfonie], MS". Das Konzert war „... tatsächlich kritischem Lob durchaus würdig. Die neuen Kompositionen waren eine sehr feine Ouverture, und ein Quartett Pleyels, die sehr stark applaudiert wurden. Es gibt gewiss viel allgemeine Ähnlichkeit in der Musik Pleyels zum Stile Haydns; aber das war ja zu erwarten, da jener seine musikalische Ausbildung unter diesem erhielt, und seinen Meister in lobenswerter Reverenz hält".

Der Oracle berichtet über das dritte Konzert der Professionals am 28. Februar 1792:
„Es möge Lob genug sein, zu behaupten, dass Haydn mit Stolz diese Werke seines Schülers besitzen konnte."

Das „Monthly Magazine schließt sich den Lobpreisungen des Oracle über das dritte Konzert Pleyels an und schreibt: „Die gestrige Nacht war voll von phantasievollen, fesselnden Momenten. Die aussergewöhnlichkeit des Abends bildete eine Concertante von Pleyel für sechs Instrumente. Das Thema äusserst leicht und melodisch, gut abgestimmt auf die aufeinanderfolgenden Obligati der verschiedenen mit grosser Kunstfertigkeit variierten Instrumente, welche alle zusammen einen wunderbaren Eindruck schafften. Cramer leitete die erste Aufführung mit vollkommenen Können, welches ihn unseres Erachtens nach zum grössten Dirigenten macht.

Die neue Sinfonie wurde wiederholt, und über diese und die Concertante kann man mit angemessenem Lob sagen, dass auch Haydn diese beiden Werke seines Schülers mit Hochachtung anerkennen kann. Es war der Triumph beider. Der Meister war anwesend, scheinbar stolz auf seine Arbeit. Der Schüler, wie er selbst sagt, nur zweitklassig, war merklich gerührt vom Applaus ..."

Der Oracle rezensierte dieses Ereignis ähnlich wie das „Monthly Magazine" und machte einen für Pleyel schmeichelnden Vergleich mit Haydn. „The Times" berichtet am 24. Februar 1792, dass die neue Grosse Sinfonie von Pleyel, die im ersten Konzert vorkam, auf besonderen Wunsche wiederholt werden musste.

W.T. Parke, ein Londoner Oboe-Spieler dieser Zeit, erwähnte in seinen Musical Memoirs, dass Pleyels Musik „Originalität erwies und grosse Effekte hervorrief".

Aufgrund seiner anfänglichen großen Erfolge wurde Pleyel von einem Londoner Rezensenten befragt, was er den nun zu seinen Erfolgen zu sagen hat? Pleyel antwortete: „Haydn ist der Größere, er ist der Vater von uns allen!" Haydn ergänzte: „Er ist ja auch mein Schüler", und fügte noch hinzu: „ich hoffe, das vergisst man nicht."

Der Public Advertiser beurteilte bereits von Anfang her die Situation mit gelassener Ruhe, er schrieb: „Haydn und Pleyel sind diese Saison aufeinander gehetzt und Beider Parteien sind heftige Gegner. Doch da beide Komponisten ersten Ranges sind, so ist zu hoffen, dass sie die kleinlichen Ansichten ihrer respektiven Bewunderer nicht teilen werden."

Die Salomon-Haydn-Concerts wollten sich nicht in die Defensive drängen lassen und gaben bekannt, dass sie ebenfalls an jedem Konzertabend ein neues Werk liefern würden. „Um also worth zu halten", klagt Haydn in einem Brief vom 2. März an Marianne von Genzinger „und um den armen Salomon zu unterstützen, muss ich das Sacrifice seyn und stets arbeithen. ich fühle es aber auch in der That, meine Augen leyden am meisten und habe viele schlaflose nächte, mit der hilfe Gottes werde ich aber alles überwinden."

Abb. 9: Six Sonatas for the Queen of Great Britain; IPG

Am 2. März 1792 drückt sich Haydn in einem Brief an Marianne von Genzinger folgendermaßen aus: „Kein Tag, ja gar keinen Tag bin ich ohne arbeith, und ich werde meinem lieben gott dancken, wenn ich wie eher desto lieber werde london verlassen könen. meine arbeithen erschweren sich durch die ankunft meines schüllers Pleyl ... Er kam mit einer menge neuer Composition, welche Er schon lang vorhero verfertiget anhero an, Er verspräche demnach alle abende ein neues Stück zu geben, da ich dan diss sähe, und leicht einsehen konte, daß der ganze häufen wider mich ist ..."

Haydn und Pleyel erweisen sich weiterhin durch den Besuch bei den Konzerten des anderen Respekt und Ehrfurcht. Sie ließen sich von den Intrigen ihrer Manager nicht aus der Ruhe bringen. Ihr Zusammensein wurde zu einem gewohnten Anblick für das Londoner Publikum. Trotz der großen Freundschaft waren sie aber stets bemüht, das bestmögliche Resultat aus ihren Kompositionen herauszuholen. Es ist bewiesen, dass Haydn besonders besorgt war, nicht von Pleyel übertroffen zu werden. Haydns Briefe und sein Tagebuch geben Auskunft darüber, wie hoch er Pleyel schätzte. Das fünfte Konzert der Professionals fand am 12. März 1792 statt. Das Programm enthielt eine neue Konzertante für zwei Violinen für die Herrn Cramer und Pleyel. Das Programm wurde im „Oracle and Morning Herald" am Tag des fünften Konzerts abgedruckt. Auch Wilhelm Cramers Sohn Johann Baptist Cramer (1771-1858) wirkte erfolgreich bei den Konzerten in London mit. Am nächsten Tag berichtete dieselbe Zeitung Folgendes: „Pleyel hat eine Concertante für zwei Violinen geschrieben um in der Öffentlichkeit den jungen Cramer zu fördern, der mit grosser Kunstfertigkeit ... seine Nachfolgequalität unter Beweis stellte. Der zweite Satz wurde mit besonderem Beifall aufgenommen, fand grossen Anklang und hatte sehr viel Wert."

Haydns viertes Konzert sah erstmals als Novität eine Concertante vor, von dieser Gattung hatte Pleyel zu diesem Zeitpunkt schon vier Stück geschrieben. Haydn schrieb sie für vier konzertierende Instrumente, und zwar für Violine, Violoncello, Oboe und Fagott. Concertante Sinfonien sind eine Musikgattung, die Pleyel sehr liebte und daher auch vorteilhaft zu komponieren verstand. Haydn dürft also durch Pleyels Erfolge mit diesen Werken angeregt worden sein, seine erste Concertante zu schreiben. Im Haydn-Salomon-Konzert am 23. März 1792 wurde in den Hannover Square Rooms die Paukenschlagsymphonie uraufgeführt. Sie war das erfolgreichste symphonische Werk Haydns seit seiner Symphonie Nr. 53, L'Imperiale. Sie wurde unglaublich beliebt und angeblich nur noch von der Militärsymphonie übertroffen. Der urplötzliche Donner des ganzen Orchesters hatte nicht die Aufgabe, die schlafenden Konzertbesucher zu wecken, sondern mit etwas Neuem zu überraschen. Während des Andante war nämlich ein sehr empfindliches Fräulein von der überraschenden Wirkung des „donnernden Orchesters" erschrocken in Ohnmacht gefallen und musste an die frische Luft geführt werden. Dieser Vorfall wurde natürlich von den Professionals sofort benützt, um das Werk in schlechtes Licht zu rücken.[58]

Laut Griesinger bemerkte Haydn zu dieser Aufführung: „Ich war daran interessiert, das Publikum mit etwas Neuem zu überraschen, und einen brillianten Beginn zu machen, damit mein Student Pleyel...mich nicht übertreffen könne ... der Enthusiasmus erreichte seinen Höhepunkt beim Andante mit dem Trommelschlag. Encore! Encore! kam es aus allen Kehlen, und Pleyel selbst beglückwünschte mich zu meiner Idee."

Am 10. Mai 1792 kündigt die Times das letzte Konzert der Professionals an. Ignaz Joseph Pleyel gibt sein Benefizkonzert. „Hannover Square (Hannoverplatz, in London), zum Benefiz von Herrn Pleyel. Am kommenden Montag, den 14. d.M., wird ein großes Konzert von vokaler und instrumenteller Musik aufgeführt. 1. Akt. Ouvertüre, Fr. Pleyel. Lied, Fr. Bartleman. Concertante, für zwei Violinen, Cello, Bratsche, Oboe, Fagott und Flöte, von den Herrn Cramer [?Jr, vl], Borghi [vl], Blake [vla], Parke [ob], Parkins [?fag], und Florio [fl]. Pleyel … Karten, zu je 10 s. 6 d. erhältlich bei Herrn Pleyel, No. 25 Great Poultney Street, Golden-square, bei Herrn Longman & Broderip's, Cheapside & Haymarket, bei musikalischen Warenhaus des Herrn Dale an der Ecke von Holles-Street, Cavendish Square, und im Konzertsaal selbst."

Nach seinem achten Konzert spürte der nun fast 60-jährige Haydn starke Ermüdungserscheinungen, er schreibt: „ ... erhielte ich (gott lob) die oberhand: ich mus aber beckenen, dass ich wegen so vieler arbeith ganz ermüdet und erschöpft bin, und sehe mit heissen wunsch meiner Ruhe entgegen, welche sich dan gar bald meiner erbarmen wird."

Also auch Pleyel hatte sich wie Haydn neben dem vereinbarten Honorar ein Benefizkonzert ausbedungen. Dieses fand am 14. Mai 1792 statt. Pleyel ließ dabei seine besten Kompositionen hören: zwei Sinfonien, ein Finale und eine Concertante für 2 Violinen, Cello, Viola, Oboe, Fagott und Flöte. Besorgt um seine Familie trat Pleyel bereits zwei Tage später seine Heimreise nach Straßburg an.

Pleyel leistete für London sowie später Haydn, Beethoven, Kozeluch und nachher auch Carl Maria von Weber einen ganz eigenen Beitrag, nämlich Bearbeitungen zur Schottischen Liedersammlung des Edinburgher Verlegers George Thomson (1757-1851), wobei er schottische und irische Texte arrangierte. Im ersten Band, der 50 Kompositionen enthielt, war Haydn 13 Mal, Pleyel 18 Mal, und Kozeluch 19 Mal vertreten. Thomson wandte sich zunächst einmal an den schottischen Nationaldichter Robert Burns (1759-1796) mit der Bitte, zu Originalmelodien passende Texte zu schreiben. Burns war begeistert, er lieferte insgesamt 114 Liedertexte. Die Behandlung der Melodie sollte im Vordergrund stehen. Thomson lag sehr viel daran, dass man die Melodie auch nur mit dem Klavier alleine, und nicht nur mit Klavier, Violine und Violoncello, spielen konnte. Der ehrgeizige Edinburgher Verleger wandte sich an die bekanntesten Tonsetzer seiner Zeit. Als erstes an den ihm am besten dafür begabt erscheinenden Ignaz Joseph Pleyel. Thomson schätzte offenbar Pleyels kompositorische Qualitäten derart hoch ein, dass er die kurzen Vor- und Nachspiele zu den Liedern stolz „sinfonies" nannte.

Thomson schreibt in seinem Vorwort am 1. Mai 1792 (R. Benton):

„… Der Herausgeber, fest davon überzeugt, daß der berühmte M. Pleyel von allen Komponisten derjenige sei, der am erfolgreichsten in das einfache und schöne Stil der Weisen eindringen könne, fuhr nach London, um sie ihm vorzulegen [wahrscheinlich während Pleyel's Aufenthalt in London zwischen Dezember 1791 und Mai 1792]; glücklicherweise für dieses Werk konnte er ihn dazu überreden, die Sinfonien und die Harmonie zu komponieren. – Diese hat er an die betreffenden Weisen mit einer solchen einzigartigen Trefflichkeit adaptiert, daß kein Lob ihr Wert übertreffen kann … Abgesehen von den Sinfonien und der Harmonie hat M. Pleyel einen zweiten Stimmenteil für einige der Weisen komponiert, und sie solcherart zu Duette gemacht, ohne ihre ursprüngliche Form in irgendwelcher Weise geändert zu haben. Es soll auch bemerkt werden, daß er beim Abschluß jener Weisen, die es am besten erlaubten, ein paar einfache Cadenza-Noten beigefügt hat …"

Erst nachdem Pleyel aufgrund revolutionärer Umstände in Frankreich das vorgese-

Abb. 10: Partitur Sinfonie Cocertante, Ben 113, London 28. Februar 1792; Dr. Benton

hene Notenmaterial nicht zur Gänze liefern konnte, gab es Konfliktpunkte. Thomson wandte sich nun an Joseph Haydn (1732-1809), Leopold Kozeluch (1747-1818), Ludwig van Beethoven (1770-1827), Carl Maria von Weber (1786-1826) und Johann Nepomuk Hummel (1778-1837).

Pleyel wünschte, die Lieder auch in Frankreich zu veröffentlichen. Thomson aber wollte das nicht. In einem Brief an Pleyel schrieb er unter anderem: „... Mein Herr, wenn Sie der Meinung sind, dass Sie mir ein klares und wirksames Recht zu diesem Besitz geben sollen, dann bin ich sicher, dass Sie einsehen werden, dass es vernünftig und notwendig ist, dass Sie das Werk erst zu einer gewissen Zeit nach mir veröffentlichen, und mit einem Titel versehen, aus dem hervorgeht, dass es eine Kopie meiner Publikation ist, und nicht Ihr Besitz ..."[59]

Die Internationale Ignaz Joseph Pleyel Gesellschaft (IPG) hat in ihren Konzerten bereits mehrere Lieder aus Pleyels Schaffen zur Aufführung gebracht und auf CD eingespielt.

Pleyel trat am 16. Mai 1792 die Heimreise nach Straßburg an, wo er bereits von seiner Familie sehnsüchtig erwartet wurde. Mit den Einnahmen von London konnte sich Pleyel das alte Schloss Ittenweiler an den Ostausläufern der Vogesen in St. Pierre, bei St. Peter-Stotzheim in der Nähe von Straßburg, erwerben. Pleyel wurde circa ein Honorar in der Höhe von insgesamt 1.200 Pfund bezahlt. Dazu kamen noch beträchtliche Nebenverdienste. Heute bewohnt Gut Ittenweiler die Familie des Grafen Onslow, die der IPG von diesem ehrwürdigen Gebäude ein vorteilhaftes Bild für das Pleyel-Museum schenkte. Das Bild dieses Wohnhauses kann nun im Pleyel-Gedenkraum besichtigt werden. Haydn erwarb aus dem Londoner Einkommen ein Haus in Mariahilf-Gumpendorf (1796 im Grundbuch eingetragen), das heute ein schönes Haydn-Museum enthält und vor dem Napoleon bei seiner Besetzung

Wiens im Jahre 1809, aus Hochachtung vor dem Meister, eine Ehrenwache aufstellen ließ. Resümee: Pleyel bestand den musikalischen Wettkampf in London in Ehren. Er bewahrte Haydn gegenüber stets weiterhin Verehrung und begeisterte Anhänglichkeit. Nie bezweifelte er, dass Haydn der Größere ist. Nachdem sich aber in Straßburg zwischenzeitlich sehr viel geändert hatte, wartete auf Pleyel viel, leider zu viel Unangenehmes.

9. Zwischen zwei politischen Fronten
Mai 1792 bis April 1795

Während Pleyel in London weilte, änderte sich in Straßburg vieles, vor allem litt die Qualität des musikalischen Lebens. Die Salle de la Moresse und der Spiegelsaal, wo viele berühmte Konzerte mit Pleyels Musik stattgefunden hatten, waren zu Arenen politischer Zusammenkünfte und Massen-Kulturattraktionen geworden. Musik im Münster begrenzte sich auf patriotische Feiern, in denen Amateure sich zu Musikern gesellten. Nur am französischem Theater gingen die Vorstellungen ohne Unterbrechung weiter. Es herrschte eine völlig veränderte sozialpolitische Situation. Die Revolution von 1789 hatte zwar hohe und ideale Ziele, aber unter Verkennung der Gesetze der normalen Entwicklung aller menschlichen Dinge wurde an Stelle alter Einrichtungen nicht immer Besseres geschaffen. Musik spielte nun jedoch eine wichtige Rolle bei der Mobilisierung von Massen. Conrad Berg beschreibt die Ära wie folgt: „... man kann diese Zeit wie jene des Beginns des Dilettantismus in Straßburg bezeichnen".[60]

Abb. 1: Ignace Pleyel; ÖNB Bildarchiv

Die Nationalversammlung in Paris hatte am 20. April 1792 den Österreichern und den Preußen den Krieg erklärt. Der erste Koalitionskrieg zwischen den monarchistischen Staaten und dem revolutionären Frankreich brach aus. Das Zittern der Mütter um ihre Söhne hatte begonnen. Mit lauter Stimme las der Bürgermeister Baron Frederic Dietrich auf den Plätzen der Stadt in beiden Sprachen die Kriegserklärung vor. Am Abend wurden die Generäle und Offiziere der Rheinarmee und sonstige Amtspersonen in das geräumige Bürgermeister-Haus am Place de Broglie zu einem Siegesfest geladen. Darunter befand sich, wie schon erwähnt, auch jener Offizier, der in der Geschichte der Revolutionsmusik eine wichtige Rolle spielen sollte: Rouget de Lisle.

Pleyel kehrte um den 24. Mai 1792 aus London zu seiner Familie nach Straßburg zurück. Wenn auch die Wiedersehensfreude groß war, so irritierten ihn die radikal veränderten Straßburger Lebensumstände doch sehr. Viele Freunde gab es nicht mehr, seine Konzerte wurden nicht mehr unterstützt. Es kam noch schlimmer: Pleyel wurde verdächtigt, ein gefährlicher Aristokrat und Kirchendiener zu sein. Nicht zuletzt wegen seiner ausländischen Herkunft und wegen seiner früheren Nahebeziehung zum Klerus. Schließlich hatte er ja Kontakt mit dem bereits vor einem Jahr nach Ettenheim emigrierten Kardinal Louis René Édouard de Rohan-Guémené. Pleyel versuchte, in den Wirren Ruhe und Sicherheit zu finden. Von den Londoner Konzerteinnahmen konnte er, wie schon erwähnt, das alte Schloss „Gut Ittenweiler" kaufen. Dieses Gut wurde auch später noch, als Pleyel schon lange in Paris lebte, das „Pleyel-Gut" genannt.[61] Pleyels Gut Ittenweiler in den Vogesen bot auch politischen Flüchtlingen Unterschlupf, wie zum Beispiel dem Miniaturmaler Jean-Urbain Guérin (1761-1835), der bis zum Ende der Schreckenszeit dort versteckt blieb.

Die Situation spitzte sich zu. Die Sansculotten und deren Anhänger erstürmten am 10. August 1792 die Tuilerien und veranlassten die gesetzgebende Versammlung, König Ludwig XVI. seines Amtes zu entheben. Am 13. August wurden der König und seine Familie interniert. Am 20. September 1792 setzte das Nationalkonvent König Ludwig

Abb. 2: Gut Ittenweiler; IPG

XVI. ab. Die französische Revolutionsarmee hatte gegen die alliierte Interventionsarmee einen ersten Sieg errungen. Dieser Tag bedeutete einen entscheidenden Sieg der Revolution. Nicht zu Unrecht hatte Goethe nach der Kanonade von Valmy den Ausspruch getan: „von hier und heute geht eine neue Epoche der Weltgeschichte aus, und ihr könnte sagen, ihr seid dabei gewesen."[62] Nun sang man kein „Te Deum", sondern die zündende „Marseillaise", die bereits seit Ende Juli 1792 in Frankreich schnell von Mund zu Mund ging.

In dieser Zeit wurde Pleyel in die gefährlichste Episode seines Lebens verwickelt.[63] Er, der vor seiner Abreise als Domkapellmeister am Münster Leiter viel umjubelter Konzerte in der Spiegelhalle war, fiel jetzt sehr tief. Ja, mehr noch, er musste geradezu um sein Leben bangen. Nicht weniger als siebenmal wurde er beim Comité du Salut Public (Komitees für öffentliche Sicherheit) in Straßburg denunziert. Er entfloh, um sich vor dem Tode zu retten.[64]

Im Juli, besorgt um die Sicherheit seiner Familie, kehrte er nachts insgeheim nach Ittenweiler zurück, wurde aber sofort verraten, verhaftet und im zweckentfremdeten „Grossen Seminar" in Straßburg eingekerkert. Nun drohte Pleyel die Guillotine, schließlich war er ein feindlicher Österreicher und hatte offenbar Kontakt mit dem schon 1785 in die peinliche Halsbandaffäre (Affaire du Collier) verwickelten Kardinal Louis René Édouard

Abb. 3: Maria Antoinette; ÖNB Bildarchiv

de Rohan-Guémené. Pleyel konnte sich aus dieser gefährlichen Situation nur retten, indem er in sieben Tagen und sieben Nächten eine Kantate zum Jahrestag der Revolution am 10. August komponierte. Pleyel soll verschiedenen Quellen zufolge sogar zehn Tage und zehn Nächte an diesem voluminösen Werk gearbeitet haben. Die Partitur umfasste beachtliche 146 Seiten.[65] Eine Partitur exis-

Abb. 4: Sturm auf die Tuilerien 1792, Gouache von oder nach Jean Duplessis-Bertaux; Quelle: Dr. Anderle

tierte zu Lobsteins Zeiten (1840) noch in Straßburg, eine andere wird in der Familie des Komponisten aufbewahrt.

Seiner Bitte, zu Hause arbeiten zu dürfen, um eine der Revolution würdige Kantate zu komponieren, wurde überraschend nachgekommen. Pleyel gelang die Komposition der Hymne „La Révolution du 10 août, ou le tocsin allegorique" (Ben 706) unter der ständigen Bewachung zweier Gendarmen. Ein fanatischer Revoluzzer verfasste den blutrünstigen Text. Dr. Rita Benton führt in ihrem Pleyel-Werkverzeichnis dieses Stück als revolutionäre Hymne für Gesang und Orchester nach dem Text eines unbekannten „Septembristen" an.

Alle arbeitsfähigen Musiker des Départements wurden nach Straßburg zitiert, um die Hymne aufzuführen.[66] Nach nur drei Proben wurde das Monsterwerk uraufgeführt. Pleyel war jedes zur Verfügung stehende Instrument, das Lärm und Donnereffekte erzeugen konnte, Recht, um die glorreichen Tage der Augustrevolution musikalisch darzustellen. Da an den Straßenrändern in Straßburg etwa 900 konfiszierte Kirchenglocken lagerten, die für dass Gießhaus bestimmt waren – sie sollten zu 211 Kanonen und zu Münzen umgearbeitet werden –, wählte Pleyel sieben davon mit genau passenden Grundtönen für sein „Revolutionswerk" aus.⁶⁷

Pleyel wählte Glocken mit folgenden „Stimmungen": „C", „ES", „B", tief „G", „A", „F" und „D". Das Werk steht laut Lobstein in d-Moll. Die angehäuften Glocken stammten aus den Städten und Ortschaften der Provinz Bas-Rhin (Nieder-Rhein), wo sie nicht mehr für religiösen Zwecke bestimmt waren.⁶⁸ Der ehemalige Domkapellmeister ließ die Glocken in die Kuppel des Münsters hängen. In diesem Dom, wo er jahrelang für die Kirche gearbeitet hatte, musste er nun ein Werk für die Revolution aufführen. Jene Leute, die diese Glocken zum Erklingen brachten, hatten genau so Noten zur Hand, wie jene Musiker, die die erste Violine oder sonst ein Instrument spielten. Das Werk wurde auch als Programmsinfonie bezeichnet. Es endet mit einer Apotheose. Einem vierstimmigen Chor mit zwei Solisten, Sopran und Tenor, stand ein sehr großes Orchester gegenüber: 4 Flöten, 2 Oboen, 2 Klarinetten, 2 Fagotte, 2 Klarini (hochstimmige Trompeten), 2 Hörner, 3 Flugelhörner (Trombone), Pauken, große Trommel und sämtliche Streichinstrumente, zu denen sich Kavalerietrompeten, Pfeiffen, Trommeln und die bereits erwähnten sieben Glocken gesellten. Des Weiteren wurden Kanonenschüsse verschiedenen Kalibers und Gewehrsalven abgefeuert, die sicherlich die melodramatischen Effekte wirkungsvollst verstärkten.

Die Komposition wurde unter der Leitung des Komponisten selbst vom Publikum begeistert aufgenommen. Dieser überwältigende Erfolg rettete den erschöpften Komponisten vor einem längeren Kerkeraufenthalt und vor allem vor der drohenden Guillotine. Das Volk trug den Komponisten im Triumph davon, und die Stadtverwaltung war davon überzeugt, dass der Schöpfer einer derart enthusiastischen Musik nur ein guter Patriot sein konnte. So erlangte Pleyel seine Freiheit wieder.⁶⁹ Pleyel galt von nun an als Held der Revolution! Auch der Historiograf Lobstein meinte, dass nur ein Patriot eine derartige Meisterleistung für die Revolution schaffen konnte.⁷⁰ Lobstein, der bei einer späteren Aufführung selbst mitsang, berichtete weiter: „Der Enthusiasmus, welche die erste Aufführung dieser kolossalen Komposition auslöste, war unbeschreiblich."⁷¹ Pleyel brach während des Dirigats infolge

Abb. 5: Französische Revolution; ÖNB Bildarchiv

Abb. 6: Französische Revolution 1792, zeitgenössischer Kupferstich in Form einer Collage mit Assignaten, Kupferstichen, einer Kokarde und Zeitungsausschnitten; Quelle: Dr. Anderle

großer Angst und Erschöpfung mehrmals zusammen. (Vgl. Fétis, Seite 77) Er dirigierte dessen ungeachtet weiter, wollte er doch wieder ein freier Mann werden. Die politischen Belästigungen gegen Pleyel wurden eingestellt. Der „Weltbote"[72] des 23. Thermidor Jahr II berichtete: „Da hört man stürmen, Alarm schlagen, die Reuterey und das Fussvolk anrücken, kanoniren, aus grossem und kleinen Gewehre feuer, Volkslieder singen."

Das Werk wurde an drei aufeinander folgenden Abenden aufgeführt (um 10 Uhr abends, um der Hitze zu entgehen), beginnend am 10. August 1793 im Straßburger Dom. Am 21. Jänner 1795 sowie im Jahre 1798 gab es in der „Halle des Concert du miroir" Wiederholungen. Die letzte Aufführung dieser revolutionären Hymne für Gesang und Orchester fand am 28. November 1799, bei der Einweihung der Konzerthalle der Straßburger Gesellschaft „Réunion des arts", statt.[73] Nachstehend ein Brief von J.F. Lobstein an Pleyels Sohn Camille, der ebenfalls diese Aufführung vom 28. November 1799 bestätigt. Lobstein zitiert hier seinen Fortsetzungsartikel „Musikalische Topografie von Straßburg". Der zitierte Abschnitt erschien in Wahrheit in AMZ 41 (1839), S. 872-878. Lobstein ist Autor der Beiträge zur Geschichte der Musik in Elsaß und besonders in Straßburg (1840).

„An Herrn Pleyel, Klavierfabrikant, rue Rochechouart 20, Paris; Straßburg, am 20. November 1844.

Mein Herr,
Ich habe die Ehre, Ihnen unter dem Schutz von Herrn Chauffour, meinem Kollegen in Colmar, zu schreiben, mit der Bitte, die Huldigung eines meiner Werke über die Geschichte der Musik in Elsaß und hauptsächlich in Straßburg, anzunehmen; ich schrieb

das Werk 1840 in deutscher Sprache, da es für Deutschland, das reich an musikalischen Topografien ist, von mir erbeten wurde.
Bei der Diskussion über die Straßburger Kapellmeister habe ich selbstverständlich auch das Leben Ihres verstorbenen Herrn Vaters, an dem ich mich bestens erinnere, behandelt und über sein letztes Werk, das in Straßburg das Tageslicht erblickte und auch nur dort aufgeführt werden konnte, geschrieben; ich spreche von der Revultion vom 10. August 1792, oder das allegorische Sturmgeläute.

Keine Biographie erwähnt diese Komposition; ich habe allerdings in der Leipziger Musikzeitschrift (Jahrgang 1838, S. 702), deren Korrespondent ich bin, davon gesprochen; es war am 28. November 1799, daß das Werk zum letzten Mal aufgeführt wurde, angesichts der Tatsache, daß die meisten der für die Aufführung unentbehrlichen Glocken von deren besitzenden Ortschaften wiederverlangt und übernommen wurden, bis auf eine (e-moll) die im Stadtarchiv aufbewahrt wird. Anderseits hätte der Text des Liedes seine Aufführung nicht wiedererlaubt.

Falls Sie, wie mir Herr Chauffour versichert, eine Kopie davon haben möchten, könnte ich Ihnen die Partitur, die ich besitze und die aus 146 in-folio Seiten besteht, kopieren lassen. Sie werden auf S. 118 feststellen können, daß Ihr Vater in den 1780er Jahren zum Konzertdirektor der Stadt ernannt worden war. Diesen Konzerten folgten später Amateurkonzerte, die ich 23 Jahre lang dirigiert habe. Ich war unter den Sängern bei den letzten Aufführungen des 10. August. Ich verbleibe hochachtungsvoll, Monsieur, Lobstein (Rechtsanwalt)."[74]

Wie konnte nun der ehemalige „Maître de chapelle de la Cathédrale de Strasbourg" in so kurzer Zeit ein derartiges Quantum, noch dazu in dieser Qualität bewältigen? Innerhalb von sieben oder zehn Tagen ein Werk mit einer 146-seitigen Partitur für Soli, Chor und Orchester komponieren und danach noch das Material für so viele Mitwirkende zusammenstellen lassen? Das ist ja etwas schier Unglaubliches. Sicherlich, darüber hegen wir keine Zweifel: Pleyel war ein Tonsetzer ersten Ranges. Er behalf sich aber infolge der drängenden Zeit mit der Verwendung verschiedener bekannter Musikzitate: Zwei Themen des beliebten Komponisten Endre

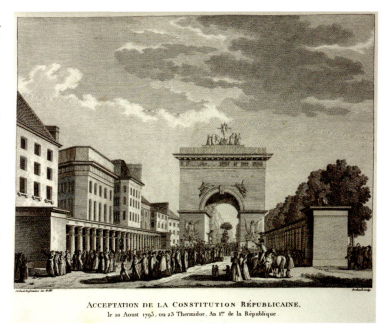

Abb. 7: Französische Revolution; ÖNB Bildarchiv

Abb. 8: Französische Revolution; ÖNB Bildarchiv

Ernestey Modeste Grétrys (1742-1813) waren es: Die berühmte Weise „O Richard, o mein König" (aus Richard Löwenherz), die das Gebrüll des Publikums im Theater 1791 ausgelöst hatte, und die zivile und beliebte Weise „Wo ist man besser geborgen als innerhalb seiner Familie". Sicherlich hatten die Veranstalter Pleyel technische Unterstützungen angedeihen lassen, um ihren Triumph ausgiebig feiern zu können.

Bezüglich der Aufführung dieses Werkes gibt es höchst widersprüchliche Aussagen. Während auf der einen Seite der 10. August 1793 geschrieben wurde, meinen neuere Forschungen, dass der 10. August 1794 der tatsächliche Aufführungstag gewesen sei. Dr Rita Benton[75], Josef Klingenbeck[76], Lobstein[77] und andere Forscher sind allerdings der Meinung, die Hymne wäre schon am 10. August 1793 erklungen. Genevieve Honegger fand jedoch heraus, dass das erste Jubiläum aufgrund der damaligen Einnahme Straßburgs sehr schlicht gefeiert wurde und diese Hymne für den zweiten Jahrestag im Jahr 1794 geplant war. Lange Zeit hindurch waren also offensichtlich unkorrekte Informationen im Umlauf, was zum Großteil auf die Ausführungen von Lobstein zurückgeht, worauf sich in der Folge viele andere Autoren bezogen haben. Lobstein behauptete auch, Pleyel wäre 1793 noch einmal nach London gegangen, was ebenfalls nicht stimmen kann.

Mehr Licht in diese Angelegenheit bringt die offizielle Niederschrift der Sitzung des Gemeinderates von Primidi 21. Vendemiaire Jahr II (12. September 1794). Man diskutierte in der Versammlung über: „eine Spesenrechnung der Ausgaben des Bürgers Pleyel während der verschiedenen Reisen nach Straßburg, zu denen er gezwungen war, um die Musik im Tempel aufführen zu können: Der Gemeinderat, angesichts der Tatsache, dass der Bürger Pleyel keinen Lohn angenommen hatte für die Komposition der Musik, die den Triumph der Freiheit feiert und zum Applaus aller Bürger aufgeführt wurde, findet es nur recht und billig, dass ihm die Ausgaben, die er zur Ausführung besagter Musik hatte, nämlich 300 livres, zurückerstattet werden."[78]

Der Internationalen Ignaz Joseph Pleyel-Gesellschaft (IPG) liegen Noten dieses Werkes vor, auf deren Titelseite das Datum „10. August 1794" zu lesen ist.
In den Jahren 1795 und 1798 wurde das Werk wiederholt und 1799 zum letzten Mal gespielt.[79] Die größte Anerkennung für Kompositionen im Rahmen der Französischen Revolution erging an: Gossec, Méhul und Catel. Pleyels Name wurde in der zweiten Gruppe inkludiert. Man kann folgende Proklamation finden: „Dichter und Komponisten, die Nation proklamiert Euch würdig ihres Dankes, und lädt Euch ein, durch Eure Talente in diesem neuen Jahr, an der Ausschmückung der nationalen Feiern und am Ruhm des Vaterlandes teilzunehmen."[80]

Bald danach, im Oktober 1793 wurde der christliche Kalender durch den republikanischen ersetzt. In diese Zeit fällt auch die erschütternde Geschichte des Eulogius Johann Schneider (20.10.1756-1.4.1794), der auch der „Marat von Straßburg" genannt wurde. Er trat mit zwei Pistolen in der Hand und einer Jakobinermütze auf dem Haupt in die Öffentlichkeit. Als Sohn eines armen Winzers in Wipfelfeld, in der Nähe von Schweinfurt geboren, wurde er von den Jesuiten erzogen. Später war er auf seine Erzieher nicht gut zu sprechen, zumal sie ihn wegen Ausschweifungen entlassen hatten. Danach gelang es ihm, im Franziskanerorden ausgebildet zu werden, wo er mit Dispens austrat und Hofprediger in Stuttgart wurde. 1789 wurde er Professor an der Hochschule in Bonn, auch Ludwig van Beethoven zählte zu seinen Schülern. Anfang Juni 1791 folgte Schneider einer Einladung des Bürgermeisters Dietrich nach Straßburg, um in die Reihen des beeidigten Klerus einzutreten. Am 28. des Jahres wurde er bischöflicher Vikar und Professor des Kirchenrechts und konstitutioneller Münsterprediger in Straßburg. Bereits einige Wochen später fiel er durch seine Rede im Münster auf, als er sagte: „Die Religion hat keine größeren Feinde

Abb. 9: Rundtanz um einen Freiheitsbaum in der Mainzer Republik, anonymes Gemälde 1792/93; Quelle: Dr. Anderle

als die Schriftgelehrten und die Pfarrer." Dann hörte man ihn auch sagen: „Ich bin untolerant gegen Doppelzüngler und Wucherer." Bereits im September 1792 wurde Schneider Bürgermeister von Hagenau und am 19. Februar 1793 öffentlicher Ankläger beim Kriminalgericht. Ab 7. März wirkte er im Prozess über Bürgermeister Dietrich mit. Sein Förderer wurde schließlich zum Tode verurteilt. Im Oktober 1793 avancierte er zum öffentlichen Ankläger beim Revolutionsgericht. Er guillotinierte persönlich auf der Straße Menschen. Das Blutgerüst zog er mit einem Schimmel durch die Stadt. Rund 1.000 Fanatiker folgten ihm und jubelten bei jedem Kopf, der in den Korb fiel.

Am 1. April 1794 führte ihn kein Geringerer als Maximilien Marie Isidore de Robespierre (1758-1794) auf das Blutgerüst. Man legte Schneider mit dem Gesicht nach oben auf die Guillotine und ließ das Fallbeil drei Mal bis zum Hals fallen, ehe der Kopf in den Korb fiel. Auf dem Weg zum Blutgerüst soll er mit zerknirschtem Herzen gebetet haben: „Miserere mei, Deus." Drei Monate später guillotinierte man jenen Mann, der Schneider auf das Blutgerüst legen ließ: Maximilien

Marie Isidore de Robespierre. Und so fraß die Revolution ihre Kinder.

In welcher Gemütsverfassung mag wohl Pleyel damals gewesen sein? Immerhin war er für die Sicherheit und für die Ernährung seiner Familie verantwortlich. Er musste immerwährende Angst haben, ein grausames Schicksal wie viele Verdächtige zu erleiden. Wenn man bedenkt, dass sogar Maximilien de Robespierre und Jean Paul Marat (1743-1793) umkamen, war die Sorge nicht unbegründet. Andererseits sah er aber auch keine Möglichkeiten mehr, sich im Elsass als Komponist und Kapellmeister erfolgreich zu betätigen. Es gab für ihn keine Entfaltungsmöglichkeiten mehr. Die Nachfrage an Kammer- und sinfonischer Musik des revolutionären Straßburgs war eher bescheiden. Den Posten des Theaterdirektors wollte man ihm ebenfalls nicht zukommen lassen.

Pleyel schrieb für die Revolutionsfeste in Straßburg die „Musik zur Vereidigung der neuen Stadträte" (März 1790, außer Evidenz), „Hymne a la liberté", Ben 705, 1791, (Originalfassung außer Evidenz), eine Chant de Roland, Mai 1792 (Roland a Roncevaux, auch Rouget de Lisle zugeschrieben, = Hymne an die Vernunft), Ben 739, November 1793, La Prise de Toulon, 1794, (Text von Marie-Joseph Chenier) und die Hymne an das Höchste Wesen, Juni 1794 (außer Evidenz). Der Katalog der Straßburger Stadtbibliothek verzeichnet eine Sammlung „Hymnes patriotiques" (1793-1794) Pleyels.

Pleyels Name wird 1796 in der offiziellen Liste der Künstler, „welche durch ihre Talente seit der Eroberung der Freyheit zur Verschönerung der Nationalfeste beygetragen hatten", angegeben.[81]

Da Pleyel schon in den 1780er Jahren den Wunsch hatte, seine Werke selbst zu editieren, sah er jetzt die große Chance, Schritte in dieser Richtung zu unternehmen. Er zog im April 1795 mit seiner Familie nach Paris und begann ein neues Leben.

Pleyel hatte alle Entwicklungen und Vorgänge in Straßburg aus nächster Nähe mitbekommen. Genau deshalb stellte er sich auch bei seiner Verhaftung mit Kompositionen in den Dienst der Revolution. Er tat gut daran, weil er dadurch am Leben blieb. Pleyel stand nun zwischen zwei politischen Fronten. Für die Österreicher galt er nun als Revolutionär, für die Franzosen aber war er ja schon immer der fürstenfreundliche Österreicher. Das war Pleyels Schicksal, das ihn in seiner alten Heimat zum Vergessenen machte.

Wie verarbeitete der Autor diese für Pleyel lebensbedrohende Situation in seinem fünfaktigen Dokumentarspiel „Ignaz Joseph Pleyel – Der vergessene Sohn unserer Heimat"?

Abb. 10: Kriegsfreiwillige 1792, zeitgenössische Gouache der Brüder Lesueur; Quelle: Dr. Anderle

Nachfolgend ein Ausschnitt einer Szene aus dem 5. Akt dieses Dokumentarspieles:

Menschenmenge: Es lebe die Revolution. „Freiheit, Gleichheit, Brüderlichkeit!" *(Nun wird eine Menschenpuppe geköpft! Die Menschenmenge jubelt!)*
Jean: *(unterbricht den Lärm, hebt die Hand)* Der 10. August ist ein Tag der unteilbaren Republik. Wir brauchen eine neue zündende Revolutionsmusik. – Wenn du es schaffst, Bürger Pleyel, uns zu dieser Revolutionsfeier eine große Kantate zu komponieren, sollst du deinen Kopf behalten *(Pleyel wird losgelassen, er fällt Franziska um den Hals)*
Pleyel: Danke, Jean. Ich werde eine Kantate schreiben und euch erneut beweisen, dass ich für Freiheit, Gleichheit und Brüderlichkeit bin. Doch reichen sieben Tage nicht aus.
Jean: Dann musst du eben auch die Nächte nützen, Bürger Pleyel. Das ist mein letztes Wort!
Claude: Auf dem Friedhof hast du Zeit genug zum Ausrasten *(lacht)*.
Louis: Du Hund! *(stößt Pleyel mit dem Gewehrkolben)*
Claude: *(zynisch)* Und was ist mit der Hündin?
Louis: Die besteig ich *(geht hin zu ihr)*!
Jean: *(hebt die Hand, es ist schlagartig Ruhe. Franziska nun wieder mit Ignaz vereint)* Hört, Bürger: Den Text werde ich beisteuern, er wird gewaltig sein.

(Folgend müssen Höhepunkte entstehen. Das Gesprochene muss mit Chor, Pauken und Trompeten akustisch unterstützt werden. Der Chor ist mit Fackeln auszustatten. Nebel und Rotlicht sind erforderlich.)

Mein Text wird in die Ewigkeit eingehen. Schreib' mit, Bürger Pleyel, wenn dir dein Leben etwas wert ist! Zunächst muss aus der Musik das Erwachen des Volkes aus seiner Umnachtung zu hören sein. *(Steigert sich)*

Abb. 11: Francois-J. Gossec als Revolutionskomponist; Porträt von Antoine Vestier 1791, Quelle: Dr. Anderle

Danach: Sturm auf die Tuilerien, die Verwirrung des Kampfgewühls. Jetzt, die Seufzer der Verwundeten und Sterbenden. Nun die Erhebung der Royalisten, darauf neues Schlachtgetümmel, Kanonendonner, Sturmgeläute, Trommelwirbel und schlussendlich der Triumph des Volkes mit Siegesverkündung durch eine Fanfare von Trompeten und Pauken.

Menschenmenge: *(Jubelgeschrei)* Bravo!
Jean: *(hebt die Hand)* Und? Was sagst du dazu, Bürger Pleyel?
Pleyel: Großartig, Jean! Und zuletzt werden wir einen Jubelchor mit vollem Orchester einsetzen lassen.
Jean: *(geht um ihn)* Bravo, Bürger Pleyel. Ich sehe schon, du bist vernünftig.
Pleyel: Jean, habt ihr Glocken? *(Alle schauen ihn an.)*
Alle Revolutionäre: *(fragen durcheinander)* Glocken?
Pleyel: Ja, Glocken!

Jean: *(lacht)* Glocken? Habt ihr gehört? Glocken will er!
Alle Revolutionäre: *(lachen)*
Jean: Alleine aus dem Unterelsass haben wir 900 Stück aus den Kirchen geholt und ins Straßburger Gießhaus zum Einschmelzen gebracht.
Claude: Wir brauchen Kanonen.
Louis: *(sehr fanatisch)* Wir müssen gegen die Monarchen Europas ziehen.
Claude: Auch gegen den österreichischen Kaiser.
Pleyel: *(künstlerisch-visionär, nun erfolgt der künstlerische Höhepunkt.)* Hört Bürger; ich brauche bloß sieben Glocken, ich muss sie mir selber aussuchen (geht zum Cembalo und denkt kurz nach). Ich brauche die Stimmung „C", „ES", „B", tief „G", „A", „F"

Abb. 12: La Revolution du dix aout 1792; IPG

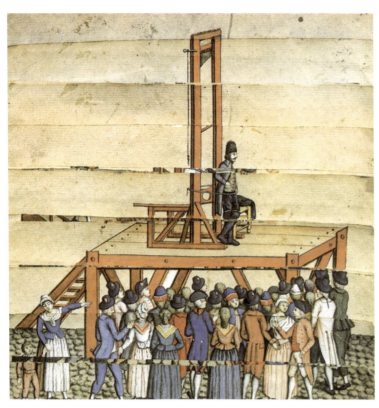

Abb. 12: Eulogius Schneider zum Spott an die Guillotine angebunden, anonymes zeitgenössisches Aquarell als Vexierbild 1793; Quelle: Dr. Anderle

und „D". Nach dem Jubelchor werde ich die erste Sturmglocke einsetzen lassen. Ja, die „C". In der Quinte antwortet dann eine andere, später vervollständigt die „ES"-Glocke den Moll-Akkord. Nach einigen Takten lasse ich die „C" schweigen, gleich danach zur „ES", die „G" und „B"; diesem „ES"-Akkord folgt dann der Quintsext-Akkord auf „F". „F" „A" „C" „D". (Holt kurz Atem.) Wahrhaftig, es wird eine gewaltige Kantate entstehen. Sie wird einen unbeschreiblichen Enthusiasmus hervorrufen. Hört, Bürger! *(spielt einige Takte vor)* Bürger, singt nun alle diese Töne der Freiheit, der Gleichheit und der Brüderlichkeit mit.

(danach singt das Volk – Chor – begeistert diese Melodie mit. Der Chor ist mit Fackeln auf der Hauptbühne postiert. Es wird aus der Hymne „LA REVOLUTION DU DIX AOUT 1792" (Ben 706) der Satz „La caravane du Caire" unter Pleyels Leitung – er dirigiert nun – mit Chor und Orchester eindrucksvoll dargestellt) ... (Pleyel mit erhobenen Händen, pathetisch) Mit diesem Werk wird die Revolution einen noch nie da gewesenen Höhepunkt erleben.

Menschenmenge: *(alle jubeln in voller Stärke)* Bravo!

Jean: *(fassungslos)* Grandios! Habt ihr gehört, Bürger?

Menschenmenge: (alle jubeln abermals in voller Stärke)

Jean: *(beeindruckt, hebt die Hand, es ist sofort still)* Also lassen wir ihm vorerst noch sieben Tage und sieben Nächte seinen musikalischen Schädel.

Pleyel: Danke Jean, ich werde euch beweisen, ...

Jean: *(unterbricht)* Spar dir die Worte, Bürger Pleyel, schreibe. Schreibe um dein Leben! Denn ich warne dich, einen Misserfolg können wir uns nicht leisten, wenn das Volk nicht vor lauter Enthusiasmus jubelt, ... ist er weg *(zeigt auf den Hals)*, der Kopf. Und jetzt beginn' mit der Arbeit. Und ihr zwei da *(zu den Soldaten)*, weicht nicht von der Stelle, sonst ... *(zeigt abermals auf den Hals, dreht sich vor dem Ausgang noch einmal um. Die Soldaten stoßen treiben Pleyel mit den Gewehrkolben zum Klavier)* Sieben Tage und sieben Nächte, Bürger Pleyel, keine Stunde länger! Verstanden? *(rasch ab)*

Der Abgang muss eindrucksvoll gestaltet werden. Pleyels Taufkirche wird nun rot beleuchtet. Über den Giebel des Aufganges steigt Nebel auf. Jean geht mit der singenden Menschenmenge – alle mit brennenden Fackeln – die Stufen hinauf – der Chor singt beim Abgehen eindrucksvoll noch einmal die vorhin gehörten Takte der von ihm komponierten Kantate „La Revolution du dix Aout 1792" (Ben. 706). Der Chor geht links und rechts, Jean hingegen mit einem Fackelträger in der Mitte. Die beiden Soldaten bleiben mit Pleyel auf der Bühne zurück. Sie stoßen ihn zum Klavier und bewachen ihn mit angeschlagenem Gewehr, während Pleyel am Klavier sitzt und komponiert. Nun ist es im Stiegenaufgang finster. Pleyel und die Soldaten werden mit einem Spot *(weißes Licht)* beleuchtet.

Abb. 13: Jakobiner Klubsitzung; ÖNB Bildarchiv

10. Erfolgreicher Unternehmer in Paris
10.1. Allgemein

Pleyel bemerkte die bestehende musikalische Geschmacksarmut der neuen Gesellschaft im Elsass und befürchtete zu Recht, dass seine Kompositionen nun nicht mehr gefragt seien. Auch der angestrebte Posten eines Theaterdirektors in Straßburg sollte ihm nicht vergönnt sein. Hätte er diese Position erhalten, so wäre er sicherlich zu Musiktheater-Kompositionen angeregt worden. Später hätte er dann sicherlich auch als Opernkomponist von sich hören lassen. Immerhin hat er mit seinen beiden bisherigen Bühnenkompositionen bewiesen, dass er dieses Fach beherrscht. Doch zu viel hatte sich im Elsass verändert. Die Kontakte, die er mit Kennern und Liebhabern der Musik vor seiner Abreise nach London hatte, wobei er über ein Jahrzehnt lang unvergleichliche Popularität genossen hatte, waren längst verloren. Im April 1795 verkaufte Pleyel sein Landgut Ittenweiler an den Drucker François Levrault und übersiedelte mit seiner Familie nach Paris, um für sich und seine Familie besser an der Existenzsicherung arbeiten zu können. Englische Musikkritiker mutmaßen dies zumindest. Als Pleyel in Paris eintraf, wurde gerade ein Volksaufstand der Sansculotten niedergeschlagen, die wegen Hungersnot auf

Abb. 1: Paris 1827; Quelle: Dr. Anderle

Abb. 2: Trois Quatuors Rudolfo Luigi Boccherini; ÖNB Bildarchiv

die Straße gingen. In der Folge drängte das Bürgertum die radikalen Jakobiner mehr und mehr zurück.

Eines schon vorweg: Pleyel hatte schlussendlich in Paris Erfolg. Zunächst als Konzertanbieter, dann als Verleger und in besonderer Weise als Klavierfabrikant. Es sollte sich bald herausstellen, dass Pleyels Begabung weit über seine kompositorischen Fähigkeiten hinaus reichte. Bereits am 12. April 1795 erschien im Pariser Anzeigenblatt Annonces die Ankündigung, dass die „Herren Bürger" Pleyel, Hermann, Seibelt, Kreutzer, Punto und Mengozzi ab sofort alle 14 Tage auf den „Fonds de Vauxhall d' ete" in der Nähe der alten Oper Konzerte geben würden. Alle neuen Werke von Pleyel, Haydn und der genannten Herren sollten im Herzen von Paris aufgeführt werden. Wieder einmal hatte Pleyel dabei den Grundstein zu einer beliebten musikalischen Einrichtung gelegt, nämlich zu den später sehr populären „Concerts olympiques". Aufgrund seiner elsässischen Komposition „La Revolution du 10 Aout ou le Toscin allégorique" (siehe Kapitel 9), die ihm Kerker und die drohende Guillotine ersparte, erschien sein Name im Jahre 1796 völlig unerwartet und sicherlich auch für den Komponisten überraschend in der Ehrenliste jener Komponisten, die durch ihr Wirken den Ruhm der Revolution verbreitet hatten. Damit war Pleyel endgültig zum anerkannten Mitglied der Pariser Gesellschaft geworden. Das war kein Nachteil. Im Gegenteil, Pleyel konnte durch diesen Umstand leichter in Paris reüssieren. Bald aber musste Pleyel erkennen, dass auch Paris nicht der ideale Ort für Kompositionen seiner Art war. Gott sei Dank verfügte er über ein gutes Selbsteinschätzungsvermögen, das ihn die musiksoziologische Lage total richtig erkennen ließ. Obwohl noch hinreichend Nachfrage nach seiner Kammermusik bestand, wusste Pleyel instinktiv, dass auch in der Musik eine neue Epoche Einzug gehalten hatte. Die drängende Romantik stand schon vor der Tür. Pleyel war flexibel genug, sich ein neues Standbein zu suchen. Außerdem kannte er seine kaufmännischen Talente. Schon 1786 hatte er das Verlangen geäußert, sein eigener Verleger zu werden. Nun war er an einem Punkt angelangt, der günstig schien, diesen erwünschten Schritt in die Tat umzusetzen. Er konnte dadurch auch besser die Nutzung seiner Kompositionen, mit denen gewinnsüchtiger Missbrauch getrieben wurde, kontrollieren und sie gegen Verunstaltungen und Verstümmelungen schützen. Die Lösung bestand einfach darin, dass er seine eigenen Werke selbst editierte.

Unter Pleyels letzten Kompositionen befanden sich drei Quartette (C-Dur, B-Dur und f-Moll), die er erst in den späten 1790er Jahren komponiert hatte (Ben 365-367). Diese Kammermusik hatte Pleyel seinem in Lucca geborenen Freund Rudolfo Luigi Boccherini (1743-1805) gewidmet. Die Quartette wurden erst 1803 veröffentlicht und sind seine letzten gedruckten Streichquartette. Die „Allgemeine musikalische Zeitung" berichtete im August 1805, dass Pleyels neueste Quartette in Wien während seines Aufenthaltes dort aufgeführt wurden, und lobte die Werke wie folgt: „Pleyel liess uns einige seiner neuesten Violinquartetten hören. Sie gefielen allgemein. Dieser Tonsetzer hat die ihm eigene Lieblichkeit und Klarheit in diesen Werken mit grösserer Tiefe und einer reichern Harmonieverarbeitung vereint, und so etwas Vorzügliches und Ausgezeichnetes geliefert. Ich glaube die musikalische

Abb. 3: Napoleon als erster Konsul, Porträt von Jean Auguste Dominique Ingres, 1803

Quelle: Dr. Anderle

Welt mit Recht auf diese neue Erscheinung aufmerksam machen zu dürfen."
Wenngleich Pleyels dritte Schaffensperiode als seine kompositorisch schwächste gilt, wird jeder unbefangene Kammermusikkenner leicht bestätigen können, dass selbst in den letzten Streichquartetten vorzügliche musikalische Qualitäten vorhanden sind. Die Quartette können in mancher Weise als Wegbereiter in die Romantik gelten.

Als die Internationale Ignaz Joseph Pleyel Gesellschaft bei ihrem 99. Konzert (14. Oktober 2007) im Schloss Wilfersdorf das in F-Dur stehende Klaviertrio (Ben 465, 1796) und die Sonatina II in F-Dur (Ben 580) aus den „VI Sonatines progressives pour le Piano Forte accompagne de Violon" aus dem Jahre 1798 erklingen ließen, kamen selbst erfahrene Konzertbesucher aus dem Staunen nicht heraus.

Nachdem in Frankreich die „Schreckensherrschaft" langsam abklang, tauchte der militärisch geniale Offizier Napoleon Bonaparte (1769-1821), der bereits 1796 aus Italien siegreich heimgekehrt war, als Hoffnungsträger der geschundenen Nation auf. Diese außergewöhnliche Persönlichkeit hatte stechende Augen, eine eigenartige Adlernase, ein etwas zu stark geratenes Kinn und eine gesetzte, wenn auch freie Stimme. In mancher Hinsicht glich er fast dem Apoll des Belvederes. Er wurde durch seine militärtaktischen sowie politischen Schachzüge und nicht zuletzt infolge seiner faszinierenden persönlichen Ausstrahlung Frankreichs neuer Machthaber. Er hörte allen, die mit ihm sprachen, aufmerksam zu. Der Zeitjournalist Mercier meinte: „Wenn er auch nicht die Strenge eines Kopfes von Brutus charakterisierte, so sollten ihn doch alle Republikaner zum Muster nehmen."[82]

Pleyel war etwa bis 1805 kompositorisch tätig, hauptsächlich arrangierte er zu dieser Zeit seine früheren Kompositionen und schuf meist nur noch kürzere Stücke für Klavier und Violine. Um die Jahrhundertwende fielen der Musikpresse Ermüdungserscheinungen des bisher als schaffensreich bekannten Komponisten auf. So stellt im Dezember 1800 die „Allgemeine musikalische Zeitung" in Paris lapidar fest: „Pleyel ... der aber wenig schreibt, seit er seine Musikhandlung errichtet hat (...)"[83]

Eine ähnliche Meldung erscheint ein Jahr später: „Pleyel hat sich seit einiger Zeit ausschliesslich der Profession des Musikhandels zu unterziehen geschienen; und dieses Gewerbe hat ihm, wie es uns vorkommt, Anlass gegeben, sich schlechterdings von seiner Muse, die lange unseren Konzerten so viel Reiz gegeben, zu scheiden."[84]

In den ersten zehn Jahren seines Aufenthaltes in Paris unternahm Pleyel zwei Reisen über die Grenzen Frankreichs hinaus: zunächst einmal im Jahre 1800. Als die Pariser Tonkünstler beabsichtigten, am 24. Dezember 1800 Haydns Schöpfung aufzuführen, setzte sich Pleyel persönlich dafür ein, dem Komponisten selbst die musikalische Leitung zu übertragen. Pleyel wurde gebeten, den 78-jährigen Haydn von Wien nach Paris zu begleiten. Haydns Oratorium „Die Schöpfung" war in Pleyels alter Heimat und weltweit von größtem Erfolg gekrönt. Nicht von Erfolg gekrönt hingegen aber war der Versuch, den Altmeister nach Paris zu holen. Die österreichischen Behörden erlaubten Pleyel nämlich nicht, in seine Heimat einzureisen. In Dresden war Endstation! Pleyel wurde als Landesverräter und Spion denunziert. Selbst prominente Interventionen (z.B. durch den Musikverleger Artaria) aus Österreich halfen da nichts.[85]

Seit 1801 war Fürst Nepomuk Lothar Metternich-Winneburg zu Beilstein (1773-1859) Gesandter in Dresden. Später – nach der Niederlegung der Reichskrone durch Kaiser

Franz II. und damit Auflösung des Heiligen Römischen Reiches Deutscher Nation (12. Juli 1806) – bemühte sich Metternich sogar um verbesserte Beziehungen zwischen Österreich und Frankreich. Dieses Einreiseverbot Pleyels ist schon eine recht absurde Geschichte. Pleyel, dessen Leben in den Wirren der französischen Revolution eben wegen seiner österreichischen Herkunft und seiner gegenrevolutionären Gesinnung in Gefahr war, wird ausgerechnet von seinem eigenen Heimatland an der Grenze zurückgewiesen: „Sympathien für die französische Republik!"[86]

Pleyel musste also unverrichteter Dinge nach Paris zurückkehren. Pleyels Aufenthalt in Leipzig und sein erfolgloser Versuch, Haydn von Wien nach Paris zu begleiten, wurden in der Allgemeinen musikalische Zeitung dokumentiert.[87]

Sogar Haydn selbst versuchte, auf die zuständigen Beamten in Wien Druck auszuüben, jedoch auch er, der weltberühmte Compositeur, scheiterte am schon damals kräftig wiehernden österreichischen Amtsschimmel. Es ist das ganz gut in Haydns Brief aus Eisenstadt an Artaria und Co., Wien, vom 3. September 1800 nachzulesen.[88]

Haydns Schöpfung wurde in Paris zwar planmäßig aufgeführt, allerdings unter der Leitung des in Berlin geborenen Daniel Gottlieb Steibelts (1765-1823). Dieser Tag ging doppelt in die Geschichte ein, zumal Napoleon auf dem Weg zu eben dieser

Abb. 4: Paris 1795, Stutzer und Moschusstinker; Quelle: Dr. Anderle

Aufführung in der Pariser Oper nur knapp einem Attentat durch eine „Höllenmaschine" entging.

Nun unternahm Pleyel zielstrebig und entschlossen den nächsten Schritt. Der Komponist und Klaviervirtuose wurde Unternehmer. Auch durch diese seine Unternehmungen sollte Pleyel bald Weltruhm erlangen. Seiner Musik widmete er sich unter diesen Umständen jedoch immer weniger. Er selbst stellte bei einem Aufenthalt in Leipzig im Jahre 1800 fest, dass ihm durch seine großen und vielfältigen Geschäfte nur noch wenig Zeit zum Komponieren bliebe. Dennoch war Pleyels Musik im angehenden 19. Jahrhundert in Leipzig nicht vergessen.

Zwei zeitgenössischen Berichten in der „Allgemeinen musikalische Zeitung"[89] kann ersehen werden, wie das musikverständige Publikum die letzten Quartette Pleyels im Sommer des Jahres 1800 aufgenommen hat: „Herr Pleyel hielt sich geraume Zeit bey uns in Leipzig auf. Alle, die seine nähere Bekanntschaft machten, freuten sich, in ihm einen so wackeren, angenehmen, und nicht für seine Kunst allein gebildeten Mann schätzen zu lernen. Er erfreute uns durch noch nicht öffentlich erschienene Quartetten und andere Instrumentalkompositionen, die die schönsten von ihm bekannt gewordenen weit übertreffen und von ausgezeichnetem Werthe sind."

Nachdem Pleyel in den Jahren 1800 und 1803 die Einreise nach Österreich verweigert wurde, gelang es ihm erstmals im Sommer des Jahres 1805, heimatlichen Boden zu betreten. Ermöglicht wurde das durch Napoleons Siege gegen Österreich. Pleyel hatte schon lange das Verlangen, seinem Sohn Camille seine Heimat zu zeigen und ihm seine großen Lehrer und Vorbilder, Wanhal und Haydn, persönlich vorzustellen. Sein Versuch, in Wien einen Verlag zu gründen, scheiterte leider. Er wollte sich auch wegen seiner gesundheitlichen Probleme mit einem bekannten Wiener Arzt treffen. Der nunmehr bereits 51-jährige Ignaz Joseph Pleyel litt an Rheuma[90] und hatte Atembeschwerden.[91]

Dass Pleyels Kammermusik noch immer sehr beliebt war, obwohl sein Stern bereits stark im Sinken war, beweist eine Notiz der AMZ aus dem Jahre 1805, als Pleyel in seine alte Heimat Österreich einreiste: „Pleyel ließ uns einige seiner neuen Violinquartette hören. Sie gefielen allgemein. Der Tonsetzer hat die ihm eigene Lieblichkeit und Klarheit in diesen Werken mit größerer Tiefe und einer reicheren Harmonieverarbeitung vereint, und so etwas Vorzügliches und Ausgezeichnetes geliefert."

Während Pleyel sein Rheuma mit den Wassern in Kratz (Graz) erfolgreich behandeln ließ, leitete seine wunderbare Frau und großartige Mutter Franziska-Gabrielle in der Rue des Petits-Champs die Geschäfte.

Außerdem kümmerte sie sich um ihre drei Kinder Gabriel, Eugénie und Virginie. Der sechzehneinhalbjährige Camille – der schon ein beachtlicher Pianist war – durfte ja seinen Vater auf der Reise begleiten.[92] Pleyel hatte große Freude mit den Fortschritten seines erstgeborenen Sohnes, der alle seine Talente von ihm geerbt hatte (siehe Kapitel 6). Als der oft in diesem Buch zitierte Francois-Joseph Fétis (1784-1871) drei Tage vor seinem 20. Geburtstag mit seinem Vater Pleyel in Paris aufsuchte, war er von Pleyel derart begeistert, dass er folgende Zeilen veröffentlichte: „Welcher Komponist ist je mehr als Pleyel so eine modische Erscheinung geworden? Wer genoß einen so universellen Ruf oder eine solch absolute Beherrschung im Gebiet der Instrumentalmusik? Während eines Zeitraumes von über zwanzig Jahren gab es keinen Amateur- oder Karrieremusiker, der sich nicht an den Inspirationen seines Geniuses begeisterte; gab es keinen noch so isolierten Ort, daß seine Kompositionen nicht bekannt wären; gab es keinen Musikhändler, dem er nicht ein Einkommen garantierte. Durch die Spekulationen der Geschäftswelt in allen Formen wiedergegeben, übernahm seine Musik die Muße des unerfahrensten Studenten sowie des begabtesten Künstlers."[93]

Abb. 5: Kalkbrenner, Lehrer von Camille, spielten vierhändig vor der englischen Königin; Quelle: Dr. Anderle

10.2. Pleyel als Verleger

Schon 1786 hatte Pleyel mit dem Gedanken gespielt, einen eigenen Verlag zu gründen, nicht zuletzt, um die Authentizität seiner Kompositionen zu sichern. Pleyel hatte es zudem satt, von unredlichen Verlegern wehrlos übers Ohr gehauen und ausgebeutet zu werden. Mit der Hilfe seines Schwagers J.G. Schäffer, der bereits in Paris war[94], eröffnete Pleyel gleich neben der Musikalienhandlung seines Schwagers eine Gravurwerkstätte. Er edierte nun nicht nur seine eigenen Kompositionen, sondern auch jene von Zeitgenossen, wie zum Beispiel Haydn, Gluck und Boccherini. Den Verlag gründete er schon im Jahre 1795, als er nach Paris zog. Die offizielle Anschrift des „Chez Pleyel" schien aber erst offiziell im September 1797 auf. Die Adresse des Verlages lautete 24 rue Neuve des Petits-Champs, zwischen der Rue St. Anne und die Rue de Chabannais.[95]

Die Idee zum eigenen Verlag beschäftigte Pleyel schon lange. Bereits im Jahr 1786 schrieb er nach Pressburg: „Ankündigung:

Abb. 6: Paris 1827; Quelle: Dr. Anderle

Zwölf neuer Quartetten, die Ignaze Pleyel auf Pränumeration herauszugeben gesonnen ist: Die Freunde meines Saitenspiels werden es mir zu gut halten, dass ich bey meinem neuen Unternehmen mich gerade an sie wende, und sie hiedurch auf das Freundschaftlichste einlade mich mit ihrer gütigen Beyhülfe wirksam zu unterstützen. Der leidige Nachdruck, vielfach verstümmelte Ausgaben meiner Werke, die auch mich bisher die Früchte meiner Arbeiten Gänzlich beraubten."[96]

Pleyel war natürlich in Paris nicht der einzige Verleger. Es gab über dreißig Verlagshäuser, aber Pleyel als Musiker der Sonderklasse war auch besonders bemüht, akribisch genaue und schöne Noten herauszubringen. 250 Verleger edierten in mehr als 50 Städten Europas und Nordamerikas nur Pleyel-Werke, da diese sich besonderer Beliebtheit erfreuten und gut verkauften. Schon seit Jahren machten die Verleger mit Pleyels Kompositionen hervorragende Geschäfte. Sich auf solch einem Markt, noch dazu als Neuankömmling, zu etablieren, war nicht einfach, aber Pleyels enorme Energie, seine Entschlossenheit und sein hohes musikalisches Wissen halfen, Hürden zu überwinden und sich mit Qualität zu bewähren. Innerhalb weniger Jahre war sein Verlag einer der besten und ab 1813 der größte Europas. Im Bestreben nach bester Qualität schloss Pleyel seinem Verlag auch eine eigene, technisch hoch stehende Notenstecherei an, die sich unter der Leitung seines Schwagers und Teilhabers Schäffer bald zu einem Musterbetrieb entwickelte. Pleyel interessierte sich sehr für neue Drucktechniken wie beispielsweise für die 1798 von Alois Senefelder erfundene Lithografie, die er auch in Paris verwenden wollte. Er engagierte die besten und teuersten Kupferstecher Frankreichs und die besten Graveure in Paris (Richault, Lobry, Petit und Marquerie). Das Druckbild Pleyelscher Verlagsprodukte war jahrzehntlang Maßstab gebend für das Notenstecher-Gewerbe auf der ganzen damals technisierten Welt. „Chez Pleyel" war bekannt für außerordentliche Qualität in Bezug auf Stich, Druck und Genauigkeit. Die umfangreiche Notenauswahl, die Eleganz des Aussehens und die Präzision der Stiche suchten ihresgleichen.[97]

Selbst Gerber, der sich mit kritischen Bemerkungen über Pleyel nicht hinter dem Berg hielt, konnte nicht umhin, von Pleyels Aufstieg überrascht, im Jahre 1804 zu berichten: „Diese sein Officin zu Paris hat sich in Zeit von etwa 7 Jahren, trotz des Revolutionskriegs, zu einer der ansehnlichsten und groessten in Europa erhoben; nicht nur wegen der Menge und Mannigfaltigkeit seiner Verlags Artikel, nicht nur wegen der Schoenheit und Eleganz seines Notenstichs, sondern auch noch insbesondere wegen seines fuer das Studium der Kunst und ihrer Geschichte wichtigen Ausgaben klassischer Werke, thers [theils] zum Auffuehren in Stimmen, und theis [theils] zum Studium in Partitur."[98]

Pleyels Kompositionen in seiner stärksten, zweiten Schaffensperiode erfreuten sich uneingeschränkter Beliebtheit und warfen eine Menge Gewinn ab. 1796 klagte er darüber, dass sich skrupellose Verleger seinen Namen zu Nutzen machten und daraus Gewinn schlugen, indem sie seinen Namen Werken vorsetzten, die er gar nicht kenne, weswegen er ein genaues Verzeichnis aller seiner Werke herausgeben wolle. Pleyel erklärte, dass jene Werke, die er in Hinkunft herausgeben werde, von ihm „aufrichtig und eigenhändig unterschrieben in seinem Magazin in Paris zu finden sein werden".[99]

Dr. Rita Benton erwähnt in ihrem mit viel Umsicht erstellten „Thematischer Katalog seiner Kompositionen (New York 1977)", dass die Werke Pleyels bereits zu seinen Lebzeiten in etwa zweitausend Auflagen, von etwa 250 Verlegern, in mehr als 50 Städten Europas und Nordamerikas herausgegeben wurden. Die genaue Zahl der Manuskripte und Drucke kann derzeit niemand genau abschätzen, da weltweit Kopien existieren – in privaten und öffentlichen Bibliotheken, Archiven, in Schlössern, Kirchen, Seminaren, Theatern, Konservatorien und in Privatbesitz. Über tausend Manuskripte wurden von Dr. Rita Benton in wahrer Ameisenarbeit ausfindig gemacht und in ihrem Katalog mit Nummern angegeben. Diese Katalogisierung, die heutzutage ähnlich dem Köchelverzeichnis ein wenig Ordnung in die Vielfalt zu bringen versucht, gilt den praktizierenden Musikern als hilfreiche Richtschnur. In einer Musik-Anzeige bringt Pleyel unter anderem sein Befremden über das weit verbreitete unkorrekte Vervielfältigen seiner Werke zum Ausdruck: „Ignaz Pleyel zeigt dem Publikum hierdurch an, dass er unter der Direktion seines Schwagers J.G. Schäffers eine Musikhandlung in Paris errichtet hat. Man findet darin alle, sowohl ältere als neuere musikalische Werke Pleyels und viele berühmte Meistern, also Haydn, Mozart, Viotti, Dussek, Clementi, Cramer, Jarnovik, Boccherini, Gyrowetz. Es wird kein Exemplar ohne die Unterschrift Pleyel ausgegeben; diese Massregel ist nothwendig, nicht sowohl wegen des Interesse des Herausgebers, also wegen der Musikhandlungen und Liebhaber, welche seit mehreren Jahren, und vorzüglich seit einigen Monaten auf das schändlichste durch die Nachdrucker betrogen worden sind, welche unter dem Nahmen Pleyels eine Menge Musikalien verkaufen, die von diesem Autor seyn sollen, und wovon ihm mehreres in Paris ist vorgelegt worden, welches er nicht anerkannt, und für falsch und nicht seiner Composition erklärt hat. Man benachrichtigt das Publikum, dass sich ein vollständiges Lager von Herrn Pleyels Verlag bey Herrn Günther und Böhme in Hamburg befindet."[100]

Im Jahre 1797 verfasste Pleyel zusammen mit dem seinerzeit berühmten Pianisten Jan Ladislaus Dussek (1760-1799) eine Klavierschule „Nouvelle Mèthode de Pianoforte, contenant les principes du doigté", aus der noch heutzutage in modernen Unterrichtsbehelfen Beispiele zitiert werden. Mitautor Dussek kritisierte die Arbeit der damaligen Verleger der Klavierschule, Hoffmeister und Kühnel: „Bey meiner jetzigen Reise in Deutschland finde ich diese eine Klavierschule in einer deutschen Übersetzung aus dem Verlag der Herren Hoffmeister und Kühnel in Leipzig, denen es jedoch, ich weiss nicht warum, gefallen hat, meinen Namen auf dem Titel derselben ganz zu unterdrücken und Hrn. Pleyel allein als Verfasser derselben zu nennen."[101]

Pleyel schrieb unzählige Werke für Hausmusik, das taten ja andere auch. Das wertet jedoch seinen kompositorischen Rang in keiner Weise ab. Pleyel als feinfühlender, instinktsicherer Schreiber von damaliger Unterhaltungsmusik wusste sein Publikum bestens zu bedienen. Manchmal nicht allzu schwer für die oft technisch hervorragend ausgebildeten Dilletanten, aber trotzdem musikalisch anspruchsvoll und vor allem gefällig. Schließlich musste er ja auch die Noten verkaufen, um mit seiner Familie leben zu können. Dennoch bewies Pleyel in seinem langjährigen Schaffen immer wieder, auch ein Komponist des ersten Ranges zu sein. Klingenbeck erwähnt in seiner Dissertation 1928 die Namen Haydn, Mozart und Pleyel in einem Atemzug „.... als Componisten vom ersten Range ..."

Eine wichtige Erfindung des Musikverlags Pleyel war die Erfindung der Taschenpartitur durch die Reihe „Bibliothèque musicale", die im Jahr 1802 mit der Edition von vier Sinfonien Haydns begann, denen zehn Ausgaben mit dessen Streichquartetten folgten. Diese Sammlung enthielt Werke deutscher, französischer und italienischer Meister. Haydn war von dieser Ausgabe entzückt, er schrieb an Pleyel: „Vor kurzem habe ich ein weiteres Zeugnis ihrer Tüchtigkeit von Herrn Himmel in Berlin erhalten: 3 Quartete und eine Sinfonie in Es in Taschenformat. Man kann sich etwas Schöneres und Eleganteres nicht vorstellen; der Himmel belohne Sie für ihre Mühe! Sie erhöhen so mein musikalisches Talent, sowie Ihr eigenes! Ich wünschte nur, ich könnte zehn Jahre meines Alters hinwegfegen, damit ich Ihnen einige meiner neuen Kompositionen schicken könnte – vielleicht ereignet sich es noch! Inzwischen Adieu, und liebt Euren alten Haydn, der immer Ihr Freund war, und es immer sein wird. Amen."[102]

Im Jahre 1801 gab Pleyel die „Collection complète des quatuors d' Haydn, dédiée au Premier Consul Bonaparte" heraus, wahrscheinlich korrigierend mit durchgesehen vom Bratschisten Baillot. Das Vorwort zeigte ein schönes Porträt Haydns und enthielt

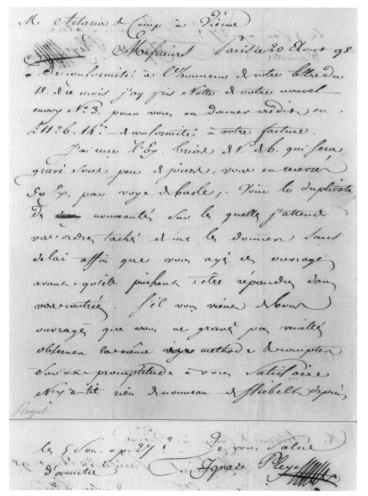

Abb. 7: Brief von Ignaz Joseph Pleyel an Artaria; IPG

Portrait Haydns. Die Widmung galt dem „Ersten Konsul Bonaparte". Die zweite Ausgabe (ca. 1805) enthielt zwei weitere Quartette. 1820 erschien eine „Nouvelle Edition" mit allen 83 Quartetten. [103]

Haydn war mit der sorgfältigen Arbeit seines Schülers sehr zufrieden und drückte das auch in einem Brief an Pleyel vom 6. Dezember 1802 entsprechend aus: „Ich bin Ihnen für die ungewöhnlich schöne Ausgabe der Quartette, die Sie mir über Herrn Pichl geschickt haben, sehr dankbar: wegen ihrer schönen Gravur, dem Papier – und die Tatsache, dass sie so korrekt sind – sowie ihr allgemeines Aussehen, wird man sich ewig deswegen an Sie erinnern."[104]

Pleyels Verlagshaus hatte in vielen Städten Frankreichs Niederlassungen. Nach Dr. Rita Bentons thematischem Katalog seiner Kompositionen nahm Pleyel bald geschäftlichen Kontakt mit anderen renommierten europäischen Verlegern auf, wie Artaria (Wien), Böhme (Hamburg), Breitkopf & Härtel (Leipzig), Hoffmeister & Kühnel (Wien), Hummel (Amsterdam) und Simrock (Bonn). Durch Pleyels Geschäftstalent wurden somit für das Musikleben wichtige internationale Verbindungen geknüpft.

einen Katalog von „allen Quartetten von Haydn, bestätigt durch den Verfasser und in der Ordnungsreihe ihrer Erscheinung arrangiert". Das Titelbild zeigte das von Darcis nach dem Gemälde von Guerin gravierte

Dennoch war Pleyel mit dem Absatz seiner Produkte auf Dauer nicht mehr ganz zufrieden, zumal trotz hoher Qualität nur 70 % seiner Werke in den Verkauf gelangten. Da er zwischenzeitlich auch seine Klaviermanufaktur gegründet hatte, was zur Doppelbelastung führte, unternahm Pleyel im Jahr 1813 Bemühungen, das Verlagshaus zu verkaufen. Er bot einem Kaufinteressenten in einem Brief einen Bestand von 48.000 Zinn- oder Kupferplatten (fin etain) an, des Weiteren Musikstücke, die er verlegt hatte oder für die er die Rechte besaß, Instrumente (Geigen, Bratschen, Trompeten, etc.), Manuskripte, die noch nicht verlegt worden waren und ungebrauchtes Papier. Er kam auf einen Wert all dieser Dinge von etwa 214.000 Francs in Summe. Allerdings: Zum Verkauf dieses europaweit berühmten Geschäfts kam es damals nicht.

Im Laufe der Zeit änderte sich natürlich der Geschmack der Musikliebhaber. Die Hauptproduktion des Verlagshauses wurde auf populärere Stücke verlegt, so ersetzte man Symphonien, Sonaten und Quartette durch Romanzen, Chansonetten, Lieder und ähnliche Gattungen. Die Firma Pleyel spezialisierte sich nun auch auf Fantasien, Variationen, Rondos und Potpourris von Opernmelodien von Adolphe Adam (1803-1856), Ferdinando Maria Meinrado Rosario Carulli (1770-1841) und anderen. 1830 erschien der letzte Band der „Bibliotheque Musicale". Mittlerweile waren Persönlichkeiten wie Cherubini, Grétry, Kreutzer, Cramer, Salomon und Viotti, aber auch Adelige aus Wien wie Erdödy, Esterhazy, Harrach, Lobkowitz, Swieten, und Thurn und Taxis unter den Subskribenten zu finden. Der Pleyelsche Verlag editierte in den Jahren seiner Existenz die stolze Zahl von rund 4.000 Musikwerken. Manche Künstler waren auch wichtige Investoren des Verlags, wie Friedrich Wilhelm Kalkbrenner (1785-1849), der Harfenist Dizi, Étienne-Nicolas Méhul (1763-1817) und Gioachino Antonio Rossini (1792-1868) Um seine Ware in ganz Frankreich verkaufen zu können, wurden bald Vertreter angestellt, wobei Pleyel selbst die wichtige Aufgabe der Aufrechterhaltung der Geschäfte mit anderen Musikverlegern behielt. Im Jahre 1803 gab Pleyel den ersten Katalog seiner Verlagspublikationen heraus. Die vier großen Blätter, im Format von 26 x 37 cm und beidseitig zu je drei Spalten gesetzt, nannten rund 850 von seiner Firma veröffentlichte Werke und in einem Anhang die volle Produktpalette der Musikalienhandlung.

Ignaz Joseph Pleyels Tod am 14. November 1831 und die durch die Napoleonischen Kriege in weiten Teilen Europas ausgelösten wirtschaftlichen Turbulenzen blieben für das Verlagswesen nicht ohne Folgen. Camille, der die Geschäfte zuletzt geführt hatte, dokumentierte 1834 mit dem größten je erschienenen Pleyel-Katalog die Leistung des Verlages noch einmal. In 104 Spalten waren Pleyels Editionen aufgelistet! 1834 beendete „Maison Pleyel" die Verlagstätigkeit, verkaufte seinen Bestand an Platten und Drucken an verschiedene Pariser Verleger, einschließlich Lemoine, Prilipp, Delloy, Richault und Schlesinger.

10.3. Klaviermanufaktur Pleyel

Eine große Firma ist wie eine kleine Welt, „in der die große" – frei nach Goethe – „ihre Probe hält".

Jede zeitgeschichtliche Periode bringt ihre eigene Entwicklung mit sich; jede Direktion setzt ihre ganz speziellen Ideen um. Das Haus Pleyel, das 200 Jahre an Aktivitäten aufzuweisen hat, war ein Organismus, der mit drei Ideen erfolgreich gewesen ist: 1. allen interessierten Menschen Kunst möglichst bequem nahe zu bringen, 2. industriellen Fortschritt zu nutzen und 3. zur Verbesserung des sozialen Standes der Arbeiter beizutragen. Seine Geschichte ist damit zu einem der wichtigen Kapitel in der musikalischen Kunstgeschichte Frankreichs geworden.

Ignaz Joseph Pleyel gründete 1807 unter seinem Namen in der Rue Cadet Nr. 9 in Paris die Klaviermanufaktur „Pleyel & Co." Wahrscheinlich wurde er dazu in England angeregt. Unter Mithilfe von E. H. Mehul und J. H. Pape nahm das Unternehmen schnellen Aufschwung. Pleyels Klaviere mit ihrer englischen Mechanik wurden besonders von den Komponisten der frühen Romantik, wie z.B. Fréderic Chopin, sehr geschätzt. Pleyel erzeugte bereits im Jahr 1808 fünfzig Instrumente, dies teilt er in einem Brief seinem Sohn Camille mit.

Im Jahre 1813, sechs Jahre nach Gründung seiner Fabrik, schrieb Pleyel seinem Sohne Camille: „Ich komme in diesem Jahr leicht auf 50 Klaviere, und vielleicht mehr."[105]

Im Todesjahr Camilles 1855 wurden bereits 1.400 Instrumente gebaut. In einer Notiz an die Jury der Abteilung für soziale Ökonomie

Abb. 8: Kinderheim und Schule in der Manufaktur Pleyel; IPG

der Internationalen Ausstellung von 1889 stellten die Leiter des Hauses fest, dass die jährliche Produktion und der Verkauf zwischen 2.600 und 3.000 Klaviere schwankten. Später wurden sogar an die 5.000 Klaviere pro Jahr erzeugt.

Drei Jahre nach dem Tode Ignaz Joseph Pleyels verließen im Jahre 1834 bereits 1.000 Klaviere per Jahr die Manufaktur. Bis 1893 wurden insgesamt 108.000 Klaviere, bis 1927 186.000 Klaviere gebaut und auch verkauft. Bis heute sind es an die 250.000 Instrumente, die von der Klaviermanufaktur Pleyel erzeugt worden sind. Von anfänglich zehn Angestellten wuchs der Personalstand unter Camille Pleyel im Jahr 1855 auf 350, unter Wolff 1893 auf 600 und später auf 1.500 Angestellte. Heute werden rund 70 Angestellte in der Klaviermanufaktur Pleyel beschäftigt. 1889 fasste die damalige Direktion die Unternehmens-Philosophie in wenigen Worten zusammen: „Wir betrachten unser Geschäft als die intelligente und freiwillige Kollaboration aller unserer Arbeiter."[106]

Die Manufaktur Pleyel errichtete Schulen und Kinderheime. Eine in der Fabrik selbst gelegene Schule bot jedem Kind vom fünften bis zum achten Lebensjahr eine schulische Ausbildung; danach konnte es seine volksschülerische Ausbildung in den öffentlichen Schulen von Saint-Ouen oder Saint-Denis vervollkommnend abschließen. Mit seinem Abschlusszeugnis gerüstet kehrte dann meistens nur der junge Mann in die Fabrik zu-

Abb. 9: Blasmusik in der Manufaktur Pleyel; IPG

rück und absolvierte seine drei Lehrjahre in der Manufaktur Pleyel. Arzt- und Apothekenrechnungen für die Angestellten zahlte die Firma Pleyel.

Junggesellen oder jene, die einen sehr weiten Arbeitsweg hatten, bekamen eine ausgezeichnete Mahlzeit zu günstigem Preis. Wenn ein Arbeiter das sechzigste Lebensjahr erreicht hatte und dreißig Dienstjahre aufweisen konnte, stand ihm eine Firmen-Pension offen, wobei er aber auf eigenem Wunsch weiterhin in der Werkstatt arbeiten durfte. Das bedeutete, dass der betreffende Arbeiter über seinen Lohn hinaus eine Mindestpension von 365 Francs erhielt, und das, obwohl er niemals einen Beitrag in eine Firmen-Pensionskasse entrichtete.

Abb. 10: Holzlagerplatz; IPG

Une avenue des chantiers de bois de l'usine Pleyel (en haut, billes d'acajou de huit tonnes)

Für Arbeiter, die sich Geld ersparten, eröffnete das Haus Pleyel ein Zinsen bringendes Konto, welches nur wenige staatliche oder andere Stellen zu bieten hatten. Für Kredite wurden keinerlei Zinsen verrechnet.
Selbst für musikalische Freizeitgestaltung war gesorgt: Die Firma unterhielt eine 44-köpfige Blasmusikkapelle, deren Instrumente kostenlos die Fa. Pleyel beistellte.

Bereits unter Camille Pleyel wuchs das Fabriksgelände zu einer echten kleinen Ortschaft, die sich in der Ebene von Saint-Denis über eine Fläche von 55.000 Quadratmetern erstreckte. Gruppen von ein- oder mehrstöckigen Gebäuden, Werkstätten, Lagerhallen, miteinander durch die Schienen einer Eisenbahn verbunden, auf denen den ganzen Tag lang kleine Wägelchen fuhren, die mit Holz und gefertigten Stücken beladen waren. Im Zentrum dieser Baugemeinde verteilten drei Dampfmaschinen, in einem Spezialgebäude isoliert, durch Treibriemen eine Kraft von 200 Pferdestärken.

Auf einer Seite des breiten Geländes, wo die Fabrik an zwei Straßen angrenzte, stand die eigentliche Werkstätte; auf dem anderen Areal befanden sich die Lagerhallen, wo das Holz, das man etwas weiter entfernt in großen quadratischen Massen, Blockhäusern oder Hütten lagerte, fertig getrocknet wurde. Im ersten Weltkrieg fielen 80 Mitarbeiter der Fa. Pleyel auf dem Schlachtfeld. Um sich auf dem Weltmarkt behaupten zu können, wurde 1924 eine neue Fabrik errichtet. Im Jahr 1927 bedeckten die Pleyel-Fabriken eine Fläche von insgesamt 70.000 Quadratmetern. Es liefen 500 Maschinen, 7.000 Kubikmeter Holz wurden getrocknet. Damals war dies wohl weltweit eines der größten Klaviere erzeugenden Unternehmungen.
Ein einziges Klavier vereinigte Hölzer aus drei Weltteilen. Für den Rahmen, auf den die Saiten gespannt werden, verwendete man neben Metallteilen Eichen-, Buchen-, Linden- und Fichtenholz, das aus den Wäldern Frankreichs und den skandinavischen Länder kam, sowie Magnolien- und Nuss-

holz aus Amerika. Für den Mechanismus, das heißt, für die delikate Anschlagapparatur, wurde Birnen-, Speierling-, Weißbuchen-, Ahorn- und Eberschenholz benützt, das von den Mittelmeerländern wie der Provence Frankreichs, Italien und Nordafrika geliefert wurde, sowie eine weitere Holzart aus Amerika, das Hickoryholz. Die Kunsttischlerei der Manufaktur war für das äußere, gefällige Gehäuse des Instrumentes verantwortlich. Bevorzugtes Material waren dabei exotische Hölzer, wie z.B. brasilianisches Rosen-, oder Mahagoniholz. Aber auch Birnen- und orientalisches Walnussholz wurde verwendet.

Die Tastatur wurde aus Lindenholz gefertigt, das zehn Jahre lang trocknen musste. Das Lindenholz wurde vorne und oben von mattweißem, in der Fabrik gebleichtem, Elfenbein bedeckt. Eine eigene Abteilung besorgte die Erzeugung und Lieferung der Saiten. Wie die nachstehenden Briefe von Ignaz Joseph Pleyel zeigen, gab es bei solch einer umfangreichen Unternehmung auch genug Sorgen. Grundsätzlich war Ignaz Joseph Pleyel mit dem Lauf der Geschäfte zunächst sehr zufrieden. Napoleon errang fast ununterbrochen für Frankreich auch ökonomisch verwertbare Siege.

Mit den Siegen kam reichlich Kriegsbeute ins Land. Den Menschen in Frankreich ging es daher relativ gut. Später gab es jedoch viele Niederlagen. Feldherr Napoleon ließ seine Männer überall auf den Schlachtfeldern

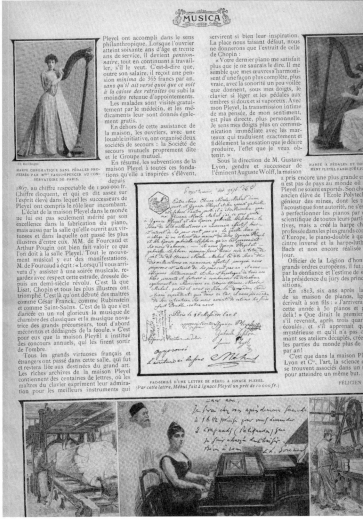

Abb. 11: Jubiläumsschrift „100 Jahre Klaviermanufaktur Pleyel"; IPG

Abb. 12: Klaviermanufaktur Pleyel; IPG

Europas und in Russland verbluten. Ehefrauen warteten vergeblich auf ihre Männer, Mütter vergeblich auf ihre Söhne ... Geld fehlte an allen Ecken und Enden, Brot war kaum noch erschwinglich. Woher sollte also das Geld für ein teures Klavier genommen werden?

1813 schrieb Pleyel seinem Sohne Camille, der gerade auf Konzerttournee war: „Geschäfte gehen besonders schlecht. Keiner ist geneigt zu kaufen. Ich habe weder Klaviere, noch Harfen verkauft, nicht einmal eine einzige Gitarre ... Das hält mich nicht davon ab, daran zu arbeiten, unsere Klaviere zu verbessern, und ich hoffe, erfolgreich im innerfranzösischen Markt konkurrieren zu können. Du siehst also, dass meine Klaviere erst nach meinem Tode bekannt und beliebt werden.[107]

Ein weiterer Brief Pleyels unterstreicht den eben beschriebenen Zustand in Frankreich:: „Unser ehrgeiziges Geschäftsunternehmen ruiniert uns; ich schulde drei Zahlungen für die Miete, und die Kapitalzinsen sind unbe-

zahlt. Ich bin 57 Jahre alt; diese Sorgen bringen mich um; keiner hilft mir."[108]
Dennoch findet Pleyel auch wieder Worte der Ermunterung: „Nur Mut, mein Sohn. Du musst hoffen, dass Du nicht auf so viele Dornen gehen wirst müssen, wie Dein Vater; das wünsche ich Dir von allem Herzen; arbeite mit Mut; vernachlässige Dein Spielen nicht."[109]
Während Pleyel sich als Unternehmer mit neuen Sorgen abplagte, überquerte sein Ruf als Komponist den atlantischen Ozean. Im kleinen amerikanischen Ort Walfangort Nantucket (im Bundesstaat Massachusetts) erfolgte im Jahre 1822 erstaunlicherweise die Gründung einer Pleyel-Gesellschaft, „um den Geschmack der Zuhörer zu läutern", wie es in der Annonce im Nantucket Inquirer des 5. Mai 1822 stand; der positive Einfluss dieser Pleyel-Gesellschaft im Musikleben wurde damals durchaus mit jenem der besser bekannten Händel- und Haydngesellschaften in Boston gleichgestellt.[110]

In den Jahren 1813 bis 1814 reiste Camille Pleyel für seinen Vater durch Südfrankreich, gab Klavierkonzerte, verkaufte Noten und Klaviere, manchmal als Tauschgeschäft für Holz und Wein.

Im Jahr 1814 brachte sich Camille offiziell in die Firma ein. Der Firmenname wurde auf „Pleyel, père et fils ainé" (Pleyel Vater und ältester Sohn) umgeändert. Camille wurde am 1.1.1815, kurze Zeit vor dem Ausscheiden des Chefkonstrukteurs Jean Henri PAPE, rechtmäßiger Teilhaber der Firma. Mit der Abdankung Napoleons erholte sich die französische Wirtschaft wieder langsam und mit ihr Pleyels Geschäft. Im Jahre 1815 wurden größere Räumlichkeiten in der 11 Rue Grange-Batelière bezogen. Ab 1822 konnte man mit den Betriebsergebnissen wieder zufrieden sein. Ignaz Pleyel übertrug nun nach und nach, ab 1824 zur Gänze die Geschäfte auf seinen Sohn Camille, der nicht nur ein begabter Pianist war, sondern auch alle unternehmerischen Talente seines Vaters geerbt hatte. Camille Pleyel erlernte ab 1815 den Klavierbau zuerst in London, dann im väterlichen Betrieb. Schließlich widmete er sich offenbar mit viel Freude ganz dem neuen Beruf. Im Jahre 1824 waren die Exporte der Pleyel-Klaviere bereits wieder stark gestiegen, und die Firma wurde eine der wichtigsten weltweit. Im selben Jahr wurde F. Kalkbrenner, ein sehr geschätzter Pianist, Partner der Firma. Dieser berühmte Pianist und Lehrer Camille Pleyels trug viel zur Verbreitung der Pleyelschen Instrumente bei. Pleyel schätzte es, bekannte Komponisten und Musiker in seinem Umfeld zu haben, denn das erhöhte den guten Ruf des Unternehmens zusätzlich.

Ab 1830 wurden in Zusammenarbeit mit dem Harfenisten Dizi auch Harfen gebaut. Neuerungen dieser Zeit im Klavierbau sind die erstmalige Verwendung des Gusseisenrahmens (1826) in Pleyel-Klavieren und eine neue Mechanik, bei der die Tasten ohne Abschrauben des Spieltisches herausgenommen werden konnten. Ferner wurden eine metallische Anhängeplatte 1828 und ein Sperrholzresonanzboden 1830 ins Erzeugerprogramm eingeführt. „The St. James Chronicle" aus dem Jahr 1826 bestätigt, dass die Erfindung des Gusseisenrahmens der Fa. Pleyel zugerechnet werden muss. Der Bau von Flügeln und aufrechten Klavieren, zunächst nach englischem Vorbild, trug zur Weiterentwicklung und zum guten Ruf des französischen „Pianinos" nicht unwesentlich bei. Auf die Berücksichtigung von Künstlerwünschen wurde stets Bedacht genommen. Seit 1824 war der bekannte Pianist Friedrich Kalkbrenner Teilhaber der Firma. Dadurch und durch den günstigen Umstand, dass Camille Pleyels Frau, geb. Moke, ebenfalls eine namhafte Pianistin war, flossen sicherlich wertvolle Anregungen bei neuen Konstruktionen der Firma zu. Bekannte Musikerpersönlichkeiten wie z.B. Cramer, Steibelt und Ignaz Moscheles (1794-1870) gehörten u. a. zu den Freunden der Firma, vor allem aber Fréderic Chopin (1810-1849), der am 20. März 1832 in dem 1830 eröffneten Salons Pleyel sein Konzertdebüt in Paris gab und die leichte Spielart sowie den gleichsam singenden Klang („mon propre son") der Pleyel-Flügel zu schätzen lernte. Viel zu früh starb Chopin. Es wurden in der Folge Werkstätten an den Portes Blanches (Saint Ouen) bezogen, denen später die Fabrik in Saint Denis, Carrefour Pleyel, folgte.

Abb. 13: Camille Medaille; Jauzenque, France

Gustave Lyon

Nach dem Tod von Camille Pleyel am 4. Mai 1855 übernahm Auguste Wolff (1821-1887), ein Klavier-Virtuose und Professor am Pariser Konservatorium, endgültig die Leitung des Unternehmens, dem er bereits seit 1852 als Teilhaber angehörte. Die Firma hieß nunmehr „Pleyel, Wolff & Co.". Der Personalstand wurde unter Camille Pleyel bereits auf 350 Arbeiter aufgestockt. Wolffs technische Bestrebungen galten vor allem dem Wunsch der Zeit nach Tonstärkevergrößerung, die er durch Experimente zusammen mit dem Physiker Lissajous erarbeitete. Unter ihm wurden als Novitäten besondere Salonflügel, Pedalklaviere, Transponierinstrumente und Tonhaltungspedale herausgebracht.
Wolff erfand das Eintonpedal, die Fußklaviatur und den Stutzflügel, den Charles Gounod „Crapaud". Die Medien berichteten: „Immer mehr steigt der Stutzflügel in der Gunst des Publikums. Alle Klavierbauer erstellen ihn heute, und da, wo der Raum beschränkt ist, ersetzt er immer häufiger das unsern Grosseltern so teure ‚Pianino'."[111]
Methodische Versuche, die sich über Jahre erstreckten, brachten Pleyel dazu, die Länge der kleinsten Flügel mit 1 Meter 64 cm festzusetzen. Noch kleinere Dimensionen erwiesen sich als unvereinbar mit der Kraft und Ausgeglichenheit des erstrebten Klanges, der die Qualität des Klavieres ausmacht. Nachfolger von Auguste Wolff wurde sein Schwiegersohn Lyon.

Gustave Lyon (19. November 1857 in Paris bis 12. Jänner 1936 Paris): Im Jahr 1887 übernahm Gustave Lyon, Wolffs Schwiegersohn, die Leitung der Firma. Von 1807 bis 1927 wurden 186.000 Klaviere produziert, von denen der größte Teil regelmäßig zur Revision und Reparatur in die Werkstätten ging.

Lyon war ausgebildeter Ingenieur, der den technischen Arbeitsbereich des Unternehmens „Pleyel Lyon & Co." noch verfeinerte und erweiterte. Er schuf das Doppelklavier – zwei Pianos mit einander entgegen gerichteter Klaviatur – zu einem einzigen Instrument vereint. Es wurden 50 Stück davon verkauft. Chromatische Harfen ohne Pedale, chromatische Kesselpauken, Glockenspiele mit Bronzeröhren, Klaviaturen mit veränderlicher Spielschwere, doppelmanualige Flügel mit Kopplungsvorrichtung (Patent Em. Moor 1924), Klaviere mit einklappbarer Klaviatur und eigenen Pianomechaniken. Durch Erwerb der altbekannten Orgelbaufirma Cavaille-Coll bezog er 1930 auch den Orgelbau in das Programm ein; durch den Ankauf der seit 1840 bestehenden Pariser Klavierfabrik Bord erweiterte er 1933 den Klavierbau.[112]

Von besonderer Bedeutung waren seine Cembalos, die er modern mit Eisenrahmen und 16' ausstattete und auf denen sich zuerst Louis Diemer und dann besonders Wanda

Auguste Wolff
1821 bis 1887
Gustave Lyon
1857 bis 1936

Landowska ihren Ruhm erspielten. Manual de Fallas Cembalo-Konzert erklang 1927 auf einem Pleyel-Cembalo in der neuen Grande Salle Pleyel. Die Firma wurde 1920 als Aktiengesellschaft „Pleyel, S. A., Paris" geführt. Die Produktionszahl 200.000 wurde schon im Jahr 1947 überschritten. Später erzeugte man auch Pianomechaniken aus plastischen Stoffen. Ferner wurden Radio- und Fernsehgeräte ins Programm aufgenommen.

Gustave Lyon verdankt man die Festlegung von Regeln, die endgültig dem Zögern der Architekten bei der Konstruktion von Konzertsälen ein Ende setzte. Bei der Verbesserung der Akustik des Trocadero in Paris, womit Gustave Lyon 1904 offiziell vom Ministerium der Beaux-Arts betraut worden war und dessen Ausbau leider unvollendet blieb, wurden diese Regeln entdeckt und aufgestellt. Das Gebiet der automatischen Klaviere verdankt dem Unternehmen PLEYEL eine Reihe von Neuerungen, die nach und nach allgemein übernommen wurden, besonders die Ganzmetallkonstruktion (das Aluminium Pleyels) und die Musikrollen mit unterteilter Lochung, ausgeführt auf den Maschinen des Gelehrten J. Carpentier, eines treuen Freundes des Hauses Pleyel.

1924 wurde eine moderne Fabrik gebaut, um sich auch auf dem Weltmarkt behaupten zu können. Die neue Fabrik spezialisierte sich auf die Fabrikation von Stutzflügeln. In einem Jahr wurden damals fast 2.000 „Crapauds" hergestellt.[113]

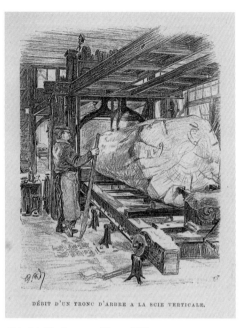

Abb. 14: Klaviermanufaktur; IPG

Pleyels Zweiggeschäfte

Das Unternehmen Pleyel besaß folgende Zweiggeschäfte:

Das Zweiggeschäft von Brüssel. Die Firma Pleyel besaß als Lieferant des belgischen Hofes an der Rue Royale No 101 in Brüssel ein bedeutendes Zweiggeschäft, an dessen Spitze während 43 Jahren Louis de Smet stand. Heute untersteht es Georges Vriamont, Direktor der „Editions Modernes", welcher der Instrumentenausstellung einen Konzertsaal und die alleinige Niederlassung Chesters, Breitkopf und Härtels etc. etc. angliederte. Das Zweiggeschäft in London umfasst ein fünfstöckiges Gebäude, Ecke Bakerstreet und

Georgestreet, in dem von der Entwicklung meistbegünstigten Quartier der Hauptstadt. Der Direktor A. F. Peaty hat dem Firmennamen Pleyel auf dem englischen Markt eine Vorzugsstellung zu verschaffen gewusst.

Ihre geschäftliche und reputationsmäßige Blütezeit erfuhr die Klaviermanufaktur etwa um 1927. Im Jahr 1929 setzte wieder einmal eine Krise ein. Das Unternehmen musste Konkurs anmelden. Nach verschiedenen Besitzerwechsel ist die Firma 1996 aus Deutschland (Fa. Schimmel) wieder nach Frankreich zurückgekehrt, zunächst nach Ales und seit September 2007 wieder nach Saint-Denis. Dank dem Industriellen Hubert Martigny – der auch die Firmen Erard, Gaveau und Rameau erwerben konnte – besteht das Unternehmen wieder wie anno dazumal in St. Denis.

Abb. 15: Chopin; Quelle: Dr. Anderle

Berühmte Persönlichkeiten, die Pleyel-Klaviere liebten:

Fréderic Chopin *(1810-1849):* Am 21. November 1838 schreibt F. Chopin an seinen Freund Camille Pleyel aus Veldoza, Mallorca: „Mein Klavier ist noch immer nicht eingetroffen ... ich träume von Musik, aber ich kann sie nicht spielen, weil es keine Klaviere hier gibt. So gesehen handelt es sich hier um eine Wildnis." „Wenn ich mich begeistert fühle und stark genug um meinen eigensten Klang zu finden, brauche ich ein Piano Pleyel." Chopins Piano Nummer 7267, 1839 gebaut, auf dem Friedrich Chopin folgende Werke komponierte: Preludes en differents Ions.; Nocturne en sol mineur; Marche funebre en si bemol mineur; Élucles pour la méthode de Moschelés; Mazurka en la mineur; Fantaisie en fa mineur; Scherzo en si bémol mineur.

Charles Camille Saint-Saens *(1835-1921)* debütierte erstmals in der Salle Pleyel 1846 als Zehneinhalbjähriger: „Könnte ich je vergessen, dass ich bei Pleyel zum ersten Mal öffentlich auftrat, im Mai 1816, unter den Auspizien des intelligenten und guten Menschen Camille Pleyel, dass ich unter dem Schutz Ihres Hauses, damals von Wolff geleitet, meine ersten Konzertreisen in Deutschland unternommen habe, dass ich in Ihrem Hause das fünfzigjährige Jubiläum meiner Karriere gefeiert habe, dem Sie soviel Glanz zu verleihen wussten! Wenn ich beifüge, dass Sie es verstanden, Ihren Instrumenten die von modernen Werken geforderte Klangfülle zu verleihen, ohne dass sie im geringsten von dem Charme, der sie so charakterisierte, verloren, werde ich wohl alles gesagt haben, und es bleibt mir nur noch übrig Ihrem berühmten Haus, das Sie mit soviel Erfolg leiten, meine Dankbarkeit zu bezeugen."

Wanda Alexandra Landowska *(1879-1959):* „Ich liebe mein Cembalo Pleyel, mit seinem mannigfaltigen Reichtum der Register, mit seinem Summen, seinem Zwitschern, seinen geflöteten Tönen der oberen Klaviatur, seinen feinen, schneidenden Akzenten, seinem heissen Grillenzirpen (dessen Schönheit das Altertum zu würdigen wusste), mit seinem

Abb. 17: Alfred Denis Cortot; ÖNB Bildarchiv

Abb. 16: Charles Camille Saint-Saens; IPG

prachtvollen, metallischen Rauschen der gekoppelten Klaviaturen. Es ist mein bester Freund, mein intimster Vertrauter. Dank endloser Forschungen, dank hervorragender Entdeckungen ... von Pleyel bewundernswürdig angewandt, lebt das ‚Cembalo als wiedererstandener König der Instrumente' ein neues Leben. In der Renaissancebewegung der alten Musik, die in unseren Tagen mehr und mehr an Ausdehnung gewinnt, wird der Name von Gustave Lyon einen der ersten Plätze einnehmen."

Alfred Denis Cortot *(1877-1962):*
„Man kann von einem Instrument wie dem Pleyel sagen, dass es nicht nur die Grenzen in der Vervollkommnung der Herstellung zurückgeschoben, sondern durch seine Klangqualitäten die Hilfsmittel der Musik vermehrt hat. Es fiel ihm dieses glänzende Privileg zu, die sublimen Confidenzen eines Chopin zu sammeln. Vielleicht ist es durchaus berechtigt sich zu fragen, ob auch ein anderes Instrument ihn zu ebenso empfindsamen, so seltenen und wertvollen Äusserungen bewogen hätte. Und immer ist es im Geheimnis seines aristokratischen und ergreifenden Klanges, da die Seele des musikalischsten der Pianisten am besten ruht."

Abb. 18: Jules Massenet; Quelle: Dr. Anderle

Arthur Honegger *(1892-1955):*
„Ich habe ein Piano – einen Pleyel natürlich – seit zehn Jahren schon ist er nicht mehr gestimmt worden. Meine Musik hat es nicht bemerkt. Vielleicht, dass von den Zuhörern nicht das gleiche gilt – aber der Wohlklang des Instruments lässt alles vergessen."

Ernst Levy *(1881-1968):* Der Pianist hört mit seinen Fingern ... „Nun, das Pleyel-Klavier antwortet auf alle Arten von Anschlag, es ist in dieser Hinsicht wirklich universell. Das ist, scheint mir, seine charakteristischste Qualität. Durch sie hauptsächlich stellt sich Pleyel in den allerersten Rang der großen Klaviermarken. Was man ‚variete de sonorité' heißt, ist nur das Resultat dieser Qualität, die dem Pianisten die Anwendung der ganzen Skala von Anschlägen erlaubt. Der schöne spezifische Klang des Pleyels ist bekannt; aber, ich wiederhole es, vom pianistischen Standpunkt aus ist die Anpassung an die verschiedenen Arten von Anschlag meiner Ansicht nach sehr viel wichtiger. Beim Klavier ist es nicht der Klang selbst, der bezaubert und der fähig ist vom Künstler mit Ausdruck erfüllt zu werden. Der Eindruck klanglichen Lebens wird durch eine Suggestion erreicht, hervorgerufen durch den Pianisten, als Resultat subtiler Nuancen in der Intensität und in der Bewegung, Nuancen, denen der vollendet ausgeglichene Mechanismus des Pleyel sich bewundernswürdig anpasst."

Jules Massenet *(1842-1912):*
„Pleyel! ... Welch ein Name! ... Welche Er-

innerungen! Wer von uns, damals am Kaiserlichen Konservatorium gegen 1860, war nicht glücklich, Bachs Orgelfugen auf der unschätzbaren Pedalklaviatur des Hauses Pleyel, Rue Rochechouart, studieren zu gehen? Wieviel andere Umstände verbinden überdies mein Leben mit dem Hause Pleyel!"

Edvard Grieg *(1843-1907):*
„Die einzige Schwierigkeit, die ich mit dem prachtvollen Pleyellclavier hatte, das ich für meine Konzerte gebrauchte, war, mich davon zu trennen."

Youra Guller *(1895-1980):*
„Sind es nicht die Pleyel, die Chopin unter allen Klavieren liebte? Urteil letzter Instanz, dem ich nichts beifügen möchte."

Robert Marcel Casadesus *(1899-1972):*
„Welche Freude für mich auf diesen wundervollen Instrumenten zu spielen. Manchmal bin ich auf meinen Tourneen im Ausland gezwungen, meine Konzerte auf andern Klavieren zu geben. Ich habe gewiss zuweilen angenehme Überraschungen, aber wenn ich wieder einen Pleyel finde, welche Wollust für meine Finger!"

Alfredo Casella *(1883-1947):*
„Ich bin glücklich, eine Gelegenheit zu haben, Ihnen meine alte und stets wachsende Bewunderung für die Vollkommenheit zu bezeugen, die Ihre unermüdliche Tätigkeit den Klavieren des ruhmreichen Hauses Pleyel

Abb. 19: Edvard Grieg; IPG

zu verleihen wusste. Wie manches Mal, die einzigartige Gehorsamkeit der Klaviatur auf subtilste Intentionen konstatierend, empfand ich ein tiefes Gefühl liebevollster Dankbarkeit für den genialen Sucher, dem so frei mich ausdrucken zu können ich Schuldete."

Igor Strawinsky *(1882-1971):*
„Immer habe ich die Pleyelklaviere geliebt, nicht nur wegen der Töne ihrer tiefen Klaviatur, der ausserordentliche Wert dieser letzteren ist allgemein so sehr bekannt und anerkannt, dass es nicht die Mühe lohnt, mich länger damit aufzuhalten. Es hat noch eine ganz andere Qualität, die nach meiner An-

sicht nicht weniger wichtig ist, hauptsächlich für unsere eindeutig antiromantische Zeit: Es ist der helle Ton und das leichte Spiel, das ich an diesen Klavieren bewundere. Das ist stark und leicht wie Aluminium. Wirkliche Klarheit und wirkliche Leichtigkeit befinden sich nur dort, wo wirkliche Stärke ist. Daher ist der volle und ursprüngliche Name des Instrumentes ‚Pianoforte' für die Instrumente Pleyel viel besser anwendbar, als seine erste Hälfte ‚Piano'."

Manuel de Falla *(1876-1946):*
„Ich bewundere das Pleyelklavier, weil es meiner Ansicht nach die besten Qualitäten der besten Klaviere besitzt. Es ist übrigens, seit ich in die Musik eingeführt wurde, das von mir fast allein benützte."

Claude Debussy *(1862-1918)* an Gustave Lyon: „Ein alter italienischer Lehrer, ein nicht weniger altes Ignace Pleyel gezeichnetes Klavier, dessen weiche Töne die Vergangenheit aufleben zu lassen schienen, ein Affe, der Grimassen schnitt zu den zahllos falschen Noten des kleinen Jungen, der ich damals war – dies, lieber Herr Lyon, war mein Eintritt in die Welt der Musik. Seither habe ich wieder Pleyelklaviere gefunden, prächtige und überwältigende, denen Sie noch Cembalos beifügten, welche uns erlauben die wohlklingenden Feinheiten unsrer alten französischen Meister in ihrer ursprünglichen Weise zu hören, und Harfen und Lauten von unbestrittener Klangpracht."

(Anmerkung: Alle Zitate der Künstler stammen aus: „Archiv Pleyel", Paris).

Gäste in Ruppersthal

Professor Dr. Horvath, Budapest im Ignaz Joseph Pleyel Museum (Geburtshaus)
Frau Professor Dr. Horvath, Budapest, spielte am 2. April 2006 zwei Konzerte auf dem Original Ignaz Pleyel Hammerflügel Opus 1614, Jänner 1831, im Pleyel Museum: „Lieber Herr Ehrentraud! Die Konzerte in Ruppersthal mit Prof. Halmai bleiben uns beiden als sehr schöne Erinnerungen! Das Haus hat eine ganz einmalige Stimmung, und das Klavier hat mich verzaubert! Moderne Klaviere klingen nie so ‚persönlich', nie so farbig. Ich habe sehr genossen, darauf zu spielen. Ich finde fantastisch, wie Sie die Gesellschaft und die Veranstaltungen organisieren. Viele, viele Gratulationen! Nächstes Jahr Anfang März plane ich ein Konzert im Erdödy Palast in der Budaer Burg mit dem Titel: I.Pleyel und sein Kreis."

Marton Terts spielte im Juni 2004 auf dem Original Ignaz Pleyel Hammerflügel Opus 1614, Jänner 1831: „Zum Klavier: es ist in ‚Pianistenkreisen' weithin bekannt, dass sich gewisse Musik auf bestimmten Instrumenten besonders lebendig realisieren lässt. Und die Verhältnisse der Register lassen Chopins oder Pleyels eigene Musik ganz unmittelbar ‚atmen'. Was meine ich damit: Balanceprobleme, die sehr bekannt sind (mehr Melodie, Bass zu viel etc.) sind ja auf dem Originalinstrument nicht vorhanden, da sich die Basslinie von selbst unterordnet und das Diskant blühen lässt. Auf ‚schwarzen'

Klavieren oder auch früheren, auf denen aber die Stücke nicht komponiert wurden von Komponisten wie Chopin, der ja großteils alles gleich ausprobierte, muss man eben nachhelfen, korrigieren: Kompromisse treffen. Es lässt sich nicht machen, NUR auf Pleyel Chopin zu spielen, nur auf Broadwood Beethoven usw., hat man aber die Möglichkeit, es einmal auszuprobieren, wird sehr vieles plötzlich auf Anhieb klar und die Spielweise auch auf anderen Instrumenten geändert und beeinflusst."

Helen Reid, London:
Aus London schreibt im Oktober 2004 ins Gästebuch der IPG: „... und vor allem durch das Spielen auf einem echten Pleyel-Flügel, wo der schöne Klang mich insbesondere beeindruckt hat. Den Eindruck nehme ich mit mir nach England mit, vielen Dank."

Associate Prof. Andrew Willis, USA:
Andrew Willis von der University of North Carolina at Greensboro spielte am 14. April 2003 auf dem Original Ignaz Pleyel Hammerflügel im Pleyel Museum (siehe Gästebuch): Er spielte am Instrument und sprach von einem großen Erlebnis und einem unglaublich schönen Besuch, er schrieb: „One of the best, Pleyel grands I´ve seen ... bravo!" Seine anschließenden wissenschaftlichen Untersuchungen des Instruments bezogen sich auf Tastengang und Spielgewicht und waren lt. seinen Angaben ausgezeichnet.

Opernsängerin Charlotte Leitner, Wien:
Sie schreibt nach einem Liederabend den sie am 15. September 2001 im Pleyel-Museum gegeben hat, ins Gästebuch der IPG: „... Dieser kleine Raum hat so unglaublich viel Atmosphäre und bietet einen idealen, intimen Rahmen für das ‚Lied', besonders natürlich durch dieses einzigartige Instrument ..."

Am 6. Februar 2003 schreibt der Präsident der Internationalen Chopin-Gesellschaft (IFCS) Prof. Dr. Theodor Kanitzer, der mit Präsidenten und mehreren Künstlern aus 15 verschiedenen Ländern im Pleyel-Museum auf Besuch war, über die beiden Original Pleyel–Klaviere im Pleyel-Museum ins Gästebuch der IPG: „... Ein stimmungsvoller Besuch mit einem Konzert auf dem historischen Konzertflügel voller Begeisterung von Interpreten und Zuhörern ..."

Der Stolz der Ausstellung im Ignaz Pleyel-Museum:

Der Original Ignaz-Pleyel-Hammerflügel, Opus 1614, Jänner 1831
Opus Nr. 1614, erbaut im Jänner 1831, ins Geschäft gekommen im April 1831, gekauft von Monsieur Biralle im Mai 1831 um 2.800 Französische Francs, wurde von der Internationalen Ignaz J. Pleyel Gesellschaft (IPG) im Oktober 1996 für das Ignaz J. Pleyel-Muse-

um durch Adolf Ehrentraud in Paris erworben. Der Kauf des Instruments wurde erst durch eine finanzielle Unterstützung des Amtes der NÖ-Landesregierung möglich.

Das Instrument ist eines der letzten großen Klaviere, das zu Lebzeiten Ignaz J. Pleyels gebaut wurde. Der Name Biralle befindet sich noch immer am Stimmstock des Flügels. Getragen von drei Beinen, mit länglichen, geschnitzten Furchen, ist der Korpus, mit einer Länge von 2,43 Meter, aus lackiertem Mahagoni gefertigt. Drei bronzene Ver-

Abb. 20: Pleyel-Klaviere im Pleyel-Museum; Dr. Anderle
Original Ignaz Pleyel Hammerflügel, Opus 1614, Jänner 1831. Rechts davon kann man das Tafelklavier Opus 7134 bewundern. Im Geburtshaus Pleyels (Museum) in Ruppersthal steht dieses Instrument, dass schon manches Mal die Hörer bei Konzerten im Pleyel-Museum zum Staunen brachte. Die IPG ließ dieses Tafelklavier von der Klavierfabrik Goecke in Berlin im Jahre 2003 entsprechend restaurieren, ehe es von Adolf Ehrentraud und Herbert Hitzinger mit einem Transporter aus Berlin abgeholt wurde. Das Instrument wurde von der NÖ-Hypobank angekauft und der IPG als Dauerleihgabe zur Verfügung gestellt.

Abb. 21: Salle Pleyel 1830; Quelle: Dr. Anderle

schlüsse halten den Deckel von unten. Zwei bronzene Gravierungen schmücken die Lyra und das Flügelende. Die Tastatur besteht aus Elfenbein und Ebenholz mit einem Umfang von sechs und ein Viertel Oktaven und einem Ton (DO 01 bis FA 6); ihr Deckel hat die bemerkenswerte Form eines Viertelzylinders. Die Besaitung ist für eine Tonhöhe von 430 Hz ausgelegt. Das Klavier besitzt eine englische Mechanik; die Hämmer sind überzogen mit einer äußeren Filzschicht. Die Lyra hat zwei Pedale: Forte und una corda. Gusseiserne Stangen unter dem Resonanzbrett verstärken den hölzernen Rahmen. Das Instrument ist voll bespielbar und wurde für die Aufnahmen einiger CDs benutzt, unter anderem der 19 polnischen Lieder von Chopin mit Young-Hee Cho (Sopran) und Christopher Grasser (CD Quantum 6900) und einer Tonaufnahme des Chopin-Filmes „La note Bleue" von Zulawski (CO Opus 111). Die IPG hat erst kürzlich, in Zusammenarbeit mit der Fa. Gramola in Wien, mit der Pianistin Masha Dimitrieva Klavierwerke von Ignaz Joseph Pleyel eingespielt. Nun ist Pleyel mit seiner Musik und mit seinen Klavieren wieder in sein Geburtshaus zurückgekehrt.

Original Pleyel-Tafelklavier Opus 7134 aus dem Jahre 1839

Bei dem im Rede stehenden Tafelklavier handelt es sich um ein Klavier von Joseph Etienne Camille Pleyel (1788-1855), dem Sohn von Ignaz Joseph Pleyel. Das Original Pleyel-Klavier trägt die Instrumentennummer: Opus 7134. Es ist ein gut erhaltenes Instrument, das im Jahr 1839 gebaut wurde.

Das Instrument ist mit Pyramidenmahagoni furniert. Es besitzt ein separates Untergestell, an dem auch die Lyra befestigt ist. Das Instrument ist ca. um 1997 neu besaitet und technisch leicht überarbeitet worden. Das Instrument ist sowohl gut stimmbar als auch gut spielbar. Die Besaitung ist für eine Tonhöhe von ca. 415 Hz ausgelegt. Das Gehäuse ist weitgehend original und hat übliche Gebrauchsspuren.[114]

10.4. Salle Pleyel Paris

Um 1829 wies Paris mehrere Musiksäle auf, oder besser gesagt, um die damals gängige Sprache zu verwenden, diverse Salons, die den Virtuosen und den Amateuren zur Verfügung standen. Die meisten Instrumentenfabrikanten hatten einen ziemlich einfach ausgestatteten Saal: Salons der Herren Pleyel ab 1.1.1830, des Herrn Erard, des Herrn Pape, des Herrn Dietz, des Herrn Petzold, die Salle Chantereine usw., usw. Es verging fast kein Abend in der Wintersaison, an dem keine musikalischen Aufführungen dargeboten wurden. Der Hauptteil der Programme bestand aus Variationen für Klavier von im Moment beliebten Opernthemen, aus beliebten Walzern, aus glänzenden Fantasien, aus Konzertlaunen, aus Meditationen, aus Nocturnen oder Romanzen ... Den Klaviersoli folgten konzertante Variationen für Klavier und Violine, Klavier und Oboe, Klavier und Flöte, Klavier und Horn.

Salle Pleyel: Geschichtlicher Überblick

Seit dem Jahre 1830 fungiert nun schon der Komponist Ignaz Joseph Pleyel als Namensträger für den bekanntesten Konzertsaal in Paris, wo sich viele der berühmtesten Interpreten der pianistischen Weltelite produzierten.

Seit dieser Zeit betrachtete das Haus Pleyel die musikalischen Vorstellungen, bei denen das Publikum die Tonqualität der Instrumente, die es herstellte, beurteilen konnte, als höchst werbewirksame Einrichtung. Jeder Direktor bis hin zu Gustave Lyon, blieb dieser Tradition treu. Letzterer dehnte die ursprüngliche Absicht dieser Vorstellungen sogar aus, indem er 1927 mit dem Bau der jetzigen Salle Pleyel ein wahres künstlerisches Zentrum schaffte, wo nicht nur Musik, sondern auch Tanz, Volksgesang, Jazz und zuletzt auch Filme vorgestellt wurden.

An drei verschiedenen Orten war in zeitlicher Aufeinanderfolge die Salle Pleyel angesiedelt: Vom 1. Jänner 1830 bis 1839, bestanden die Säle des Hauses Pleyel in der

Abb. 22: Salle Pleyel, 1839; IPG

Rue Cadet no. 9; vom Dezember 1839 bis 1927 in der Rue Rochechouart 22-24; vom 18. Oktober 1927 bis heute der derzeitige Saal in der Rue du Faubourg Saint Honoré, no. 252.

Pleyel-Säle der Rue Cadet und der Rue Rochechouart

Mit der Einweihung, am 1. Jänner 1830, in der rue Cadet durch ein umfangreiches Konzert, in dem die damaligen musikalischen Celebritäten der Pianist Kalkbrenner und der Flötenspieler Jean Tulou, der Oboist Vogt spielten, reihten sich Ignaz Joseph – genannt Ignace – und Camille Pleyel in die lange Liste jener Klavierbauer, die ihren eigenen Konzertsaal besaßen, wie etwa Dietz, die Gebrüder Erard, Pape und Petzold.

Die Pleyel-Abende hoben sich merklich nicht nur durch die Originalität der Programme, sondern auch durch die Qualität der Interpreten gegenüber den Produktionen anderer Säle ab. Camille Pleyel öffnete bereitwilligst allen großen ausländischen Künstlern, die auf der Durchreise in Paris waren, seine Türen: Cramer, Steibelt, Moscheles, Hummel, John Field – alle Klaviervirtuosen – die unter anderem ihre neuesten Kompositionen präsentierten. Auch organisierte Pleyel Konzerte, die das Publikum richtiggehend überraschten: so z.B. als Chopin am 20. März 1832 zum ersten Mal in Paris spielte. Das war eine musikalische Sensation! Eine besondere „Attraktion" des Programms bildete eine Komposition von Kalkbrenner für sechs (!) Klaviere. Diese wurde vom Komponisten selbst zusammen mit Chopin, Stamaty (dem zukünftigen Lehrer von Saint-Saens), Hiller, Osborne (dem damals sehr bekannten irländischen Pianisten) und Sowinski aufgeführt! Es gab noch eine Steigerung: Bei der Einweihung des zweiten Pleyel-Saales, im Dezember 1839, war der „Clou" des Konzertes ein Stück für acht (!) Klaviere wieder von Kalkbrenner!

Diese spektakulären Ereignisse hielten sich in wohlbedachten Grenzen, denn Camille Pleyels Augenmerk war sehr oft auf fast unbekannte Künstler gerichtet. Dies war auch bei Chopin der Fall, denn als dieser 1831 nach Paris kam, hatten nur wenige von dem polnischen Musiker gehört. Alle öffentlichen Konzerte, die Chopin in Paris fortan gab, fanden entweder in der Rue Cadet oder in der Rue Rochechouart statt. Am 16. Februar 1848 spielte er zu letzten Mal in der Rue Rochechouart für das Pariser Publikum, bevor er die England- und Schottlandreise antrat, die seiner Gesundheit den tödlichen Stoß geben sollte. Camille Pleyel zeigte Mut bei der Wahl seiner Programme. Im Dezember 1840 ließ er einen ganzen Abend lang unüblicherweise Quartette spielen, darunter auch das 8. von Beethoven .

Der Saal in der Rue Rochechouart wurde übrigens ab 1843 der bevorzugte für Kammermusikgesellschaften. Unter jenen, die regelmäßig Aufführungen gaben, waren:
- Die Gesellschaft der Musikkomponisten (Société des Compositeurs de Musique)
- Die Neue Gesellschaft (Société Nouvelle)
- Die Französische Musik-Gesellschaft (Société de Musique Française), von Edouard Nadaud begründet
- Die Gesellschaft der Blasinstrumente (Société des Instruments à Vent)
- Das Loeb-Quartett
- Das Willaume-Quartett
- Das Alard-Quartett
- Die Kammermusik-Gesellschaft (Société de Musique de Chambre)
- Die Tarentelle-Gesellschaft
- Die Gesellschaft alter Musikinstrumente (Société des Instruments Anciens)
- Die Euterpe-Gesellschaft
- Die Amateur Chor-Gesellschaft (Société Chorale des Amateurs)

Auch andere berühmte Gruppen fanden dort eine musikalische Heimat:
- Die Nationale-Gesellschaft (Société Nationale)
- Die Unabhängige Musik-Gesellschaft (Société Musicale Independante)
- Die Pasdeloup und Lamoureux Orchester

Musiker und Komponisten, deren Glanz sich

jetzt dank ihrer Aufführungen mit dem Namen Pleyel verbanden, waren, um nur einige aufzuzählen: Liszt 1833, Stamati 1835, Thalberg 1839, César Franck 1840, (der als Wunderkind mit einem Programm aufwartete, an dem sich auch Kalkbrenner und Chopin beteiligten), Rubinstein 1841 (ebenfalls ein Wunderkind, das im selben Saal zuletzt am 28. April 1886 gespielt hatte). Saint-Saens (er war damals knapp 11 Jahre alt) spielte 1846 Bach, Mozart, Haendel und Beethoven, und später traten Alfred Cortot, Wanda Landowska, Robert Casadesus, Ysaye und Pugno (bekannt für ihre Sonatenvorstellungen) auf. Im Saal der Rue Rochechouart hat die Greef die erste Vorstellung des Concertos von Edvard Grieg gegeben. Bis 1927 folgten alle Meister der modernen Musik; Manuel de Falla präsentierte selbst sein Cembalo-Konzert.

**Pleyel Saal-252,
Rue du Faubourg Saint Honoré**
Lange versuchte die Gesellschaft Pleyel, die viel zu eingeengt in Ateliers, Büros, Magazinen und Sälen der Rue Rochechouart logierte, in geräumigeren Lokalitäten unterzukommen, wo nicht nur alle nötigen Dienstleistungen erbracht werden könnten, sondern auch mehrere Konzertsäle, Studios zum Studium der Musik, Ausstellungsräume, Lokalitäten für Verleger und Kunstbuchhändler, Bildergalerien usw. untergebracht wären. 1927 wurde solch ein Projekt gefunden und dessen bauliche Ausgestaltung von Gustave Lyon den Architekten Auburtin, Granet und Mathon anvertraut. Die Presse, die über dieses Ereignis breiträumig berichtete, gab darüber viele Details bekannt.

18. Oktober 1927
„Einweihung des Pleyel-Gebäudes und dessen 1.5000 Quadratmeter großen Konzertsaales mit 3.000 Plätzen in der Rue du Faubourg Saint Honoré 252. Die Eröffnung durch das Haus Pleyel wurde enthusiastisch begrüßt. Ein wahrer Lobgesang ergoss sich geradezu über die Akustik des großen Saales, von Gustave Lyon, dem Akustikspezialisten, entworfen. Am 19. Juli 1928 verwüstete ein Brand das Gebäude derart, so dass die ausgezeichnete Akustik verloren ging. Nach einer Krise im Jahr 1929 wurde die Salle Pleyel 1933 von einer französischen Bank übernommen, bevor sie dann 1998 vom Industriellen Hubert Martigny erworben wurde."

Salle Pleyel heute
Nach der Übernahme durch Hubert Martigny wurde das Gebäude am 13. September 2006 nach umfangreichen Restaurierungsarbeiten mit einem Konzert – es wurde u.a. ein Werk von Gustav Mahler (1860-1911) gespielt – wieder eröffnet. Im Jahr 2054 wird die Republik Frankreich den Konzertsaal für den symbolischen Betrag von einem Euro übernehmen. Das, was für die Wiener der „Goldene Musikvereinssaal" ist, ist für die Pariser „La Salle Pleyel".

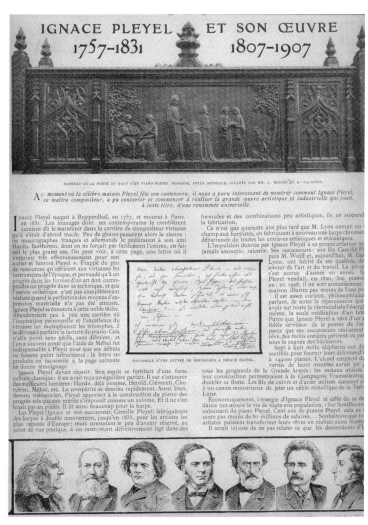

Abb. 23: Jubiläumsschrift „100 Jahre Klaviermanufaktur Pleyel" mit Künstlern, die in der Salle Pleyel auftraten; IPG

11. Lebensabend, Tod und letzte Ruhestätte
Das Ende einer Lebensreise

Ignaz Joseph Pleyel hatte sich zur Ruhe gesetzt. Sein gut florierendes Geschäftsunternehmen lag schon lange in den fähigen Händen seines Sohnes Camille. Er ließ sich nach all den anstrengenden und gefährlichen Jahren auf seinem Landgut in Saint-Prix, à côté de Montmorency in der Nähe von Paris, nieder. In dieser Idylle ließ es sich gut leben.

Pleyel konnte sich entspannen, sich im Garten mit Landwirtschaft betätigen, in den Tag hinein leben oder auf einem Pleyel-Flügel – worauf sonst – nach Herzenslust seine Musik spielen. Wie wir Pleyel kennen, mag es ihm da schon gelungen sein, das Instrument mit seinen alt gewordenen Fingern immer wieder mit ganz neuen Ideen zu überraschen. Nicht mehr einer kritischen unberechenbaren Öffentlichkeit galt sein Spiel, nein, schon lange nicht mehr, sondern für sich selbst konnte er nun dahin präludieren – aus Freude am Musizieren oder an der Lust an allfälligem Komponieren. Im Garten wuchs Gemüse aus eigener Landwirtschaft. Vermutlich waren da schon manchmal seine Gedanken in seiner alten Heimat, im fernen Ruppersthal in Österreich. Eine harte Zeit – schon als Kind musste er seinen Beitrag zu seinem leiblichen Unterhalt durch mühsame Arbeit im Weingarten oder im Stall leisten. Im Stall stand neben einer Melkkuh und Schweinen zwar ein Ochse, der die Arbeit im Feld und im Weingarten etwas erleichterte, aber auch Tiere mussten mit Futter und frischer Streu versorgt werden.

In der „Geschichte von hunderttausend Klavieren und eines Konzertsaales" berichtet Comettant über Pleyel: „... lebte er wie ein Philosoph, in der Betrachtung der Natur. Er war im Garten tätig, und wenn er von der Muse inspiriert war, schrieb er Musik, nicht mehr für die Öffentlichkeit, aber für seine eigene Freude".[115]

Als der englische Journalist Sir Arthur Faulkner (1779-1847) Pleyel im Jahre 1826 auf dessen Landgut St. Prix besuchte, war Pleyel bereits ein Greis mit schneeweißen Haaren. Wenn auch seine Bewegungen langsamer geworden waren, so dürfte Pleyel durchwegs geistig noch sehr rege gewesen sein. Seine schwarzen, intelligenten und durchdringenden Augen waren noch voller Feuer. Wenn mit Pleyel rückblickend über sein ereignisreiches Leben gesprochen wurde, ging das kaum, ohne zwangsläufig auch den Namen Haydn zu erwähnen. Als Sir Arthur Faulkner diesen Namen aussprach, funkelten Pleyels Blicke, und in Feuer geraten rief er: „Haydn war der Vater von uns allen. Er und

---

Dass sich Pleyel intensiv mit Landwirtschaft beschäftigte, kann in „Allgemeine Deutsche Biographie" nachgelesen werden. (Band 26, S. 295)

Abb. 1: Urkunde über Pleyels Tod (Vorderseite); IPG

Mozart beherrschten den ganzen Genius ihres Zeitalters. Sie waren die letzten Meister, welche fühlten und andere fühlen ließen, dass der Zweck der Musik kein anderer ist, als das Herz zu rühren ..."[116]

Die hohe Wertschätzung, die Pleyel gegenüber diesen beiden genialen Komponisten auch an diesem Tag zum Ausdruck brachte, spiegelt Pleyels edlen Charakter wider. Er, der volkstümliche Komponist, er, der wie kein anderer immer bestrebt war, die Herzen der Menschen zu erreichen, spricht diese Sätze? Ja, das ist eben Pleyels edle Grundeinstellung.

Pleyel war ein Leben lang bestrebt, Menschen mit seiner Musik und mit seinen Klavieren zu erfreuen, junge Künstler zu fördern, Kinderheime zu bauen, Arzt- und Apothekerrechnungen seiner Angestellten zu begleichen und Pensionen zu zahlen. Zu seiner Devise zählte, anderen Menschen zu helfen und ihnen Freude zu bereiten. Zu diesem edlen Grundzug gesellte sich ein fröhlicher, heiterer, sehr bescheidener Charakter. Bescheidenheit sollte Pleyel bis ans Lebensende begleiten. Selbsteingenommenheit und Präpotenz waren ihm fremd.

Offensichtlich war der englische Musikreisende Faulkner einer der vielen Pleyel-Fans der damaligen Zeit. Ihm dürfte Pleyels g-Moll-Quartett aus den Opus 2 Quartetten (Ben 309) in England zu Ohren gekommen sein. Als er dieses Werk Pleyel gegenüber lobend erwähnte, antwortete Pleyel: „Ja, ich hab's auch Haydn gewidmet." Dem englischen Journalisten Faulkner gelingt es, Pleyel treffend zu beschreiben: „Kehrte gerade von einem langen und interessanten Gespräch mit dem berühmten Ignace Pleyel (zurück), ein ehrwürdiger alter Herr von etwa 74 Jahren, sehr bewegt, mittelgross und mager, mit schneeweissem Haar, und dunklen, intelligenten bohrenden Augen ... Ich erzählte ihm, der Grund des Besuches, den ich mir erlaubt hatte, die rei-

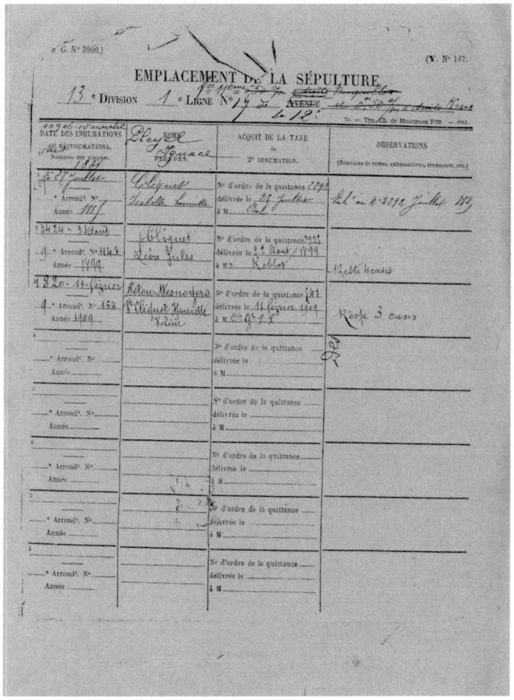
(G. N° 3900.) (Y. N° 187.

EMPLACEMENT DE LA SÉPULTURE

13 e Division 1 e Ligne N° 17 Avenue

DATE DES INHUMATIONS OU EXHUMATIONS, Numéros des plaques.	NOMS DES DÉCÉDÉS. Pleyel Ignace	ACQUIT DE LA TAXE de 2e INHUMATION.	OBSERVATIONS (Réunions de restes, exhumations, transports, etc.)
27 Juillet e Arrondt N° Année 1857	Pleyel Isabelle Camille	N° d'ordre de la quittance délivrée le 27 Juillet à M.	
e Arrondt N° Année 1899	Pleyel Léon Jules	N° d'ordre de la quittance délivrée le Août 1899 à M.	Reste 4 cases
1820 · 11 février 4 e Arrondt N° 154 Année 1909	Veuve Pleyel Henriette	N° d'ordre de la quittance délivrée le 11 février 1909 à M.	Reste 3 cases
e Arrondt N° Année		N° d'ordre de la quittance délivrée le à M.	
e Arrondt N° Année		N° d'ordre de la quittance délivrée le à M.	
e Arrondt N° Année		N° d'ordre de la quittance délivrée le à M.	
e Arrondt N° Année		N° d'ordre de la quittance délivrée le à M.	
e Arrondt N° Année		N° d'ordre de la quittance délivrée le à M.	

Abb. 2: Urkunde über Pleyels Tod (Rückseite); IPG

ne Zufriedenheit war, einen Komponisten zu sehen, dem ich einen grossen Teil der Genugtuung meines frühen Lebens zu verdanken hatte ... Als ich ihm zu seinen Kompositionen beglückwünschte, antwortete er mit einem bescheidenen Zucken der Selbstgenugtuung: „Aber mein Herr, meine Musik ist nunmehr altmodisch.“[117]

Pleyel hatte in den letzten Jahrzehnten kaum noch für die Öffentlichkeit komponiert. Seit er im Jahre 1807 die Klaviermanufaktur gegründet hatte, hatte er andere Sorgen. Nebenbei musste er auch noch Werke editieren und seinen Verlag „Chez Pleyel“ leiten. Obwohl Fétis behauptete, dass Pleyel während dieser letzten Jahre zwölf Streichquartette komponiert habe[118], gibt es keinen Beleg dafür, dass solche je veröffentlicht worden sind. Die wenigen vollständigen Sätze, die unter den Hunderten Manuskriptseiten in der Bibliotheque Nationale in Paris gefunden wurden, können unmöglich zusammen zwölf Quartette bilden, könnten aber sehr wohl Fragmente davon sein. Andere Musikologen behaupten, Pleyel habe während der letzten zwanzig Jahre seines Lebens nichts mehr geschrieben.[119]

In England schätzte man Pleyels Kompositionen am längsten. Als Camille 1815 London besuchte, hörte er in einer Privatwohnung die Vorführung von Quartetten seines Vaters und stellte dabei fest, dass der Name Ignace Pleyels dort mehr geschätzt wurde als in

Paris. Während der 1820er Jahre propagierte der angesehene Klaviervirtuose Muzio Clementi (1752-1832) eine Neuauflage von Pleyels zwölf Quartetten (1786-1787) „Seiner Majestät dem König von Preussen gewidmet" (Ben 331-342).

Pleyel musste noch zu Lebzeiten den Popularitätsschwund seiner einst so beliebten Kompositionen erleben. Pleyel akzeptierte dies mit philosophischer Resignation. Ab 1810 war seine Musik nur selten auf Konzertprogrammen zu finden. Ein Jahrzehnt später war der Komponist Pleyel fast gänzlich vergessen. Schletterer führte dazu aus: „Er akzeptierte diese unverdiente Vernachlässigung mit philosophischer Resignation."[120]

Ignaz Joseph Pleyel stand seinem Sohn Camille bis zuletzt hilfreich zur Seite. Es wurde berichtet, dass er noch einige Wochen vor seinem Ableben für seinen Sohn Geschäfte tätigte. Nachstehend ein Brief von Ignaz Joseph Pleyel, den er knapp einen Monat vor seinem Tod (am 15. Oktober 1831) an das Konservatorium in Paris gerichtet hat.

Das Schriftstück wurde von Pleyel eigenhändig unterzeichnet; es besteht aus zwei Folioseiten und berichtet über „die Lieferung von zwei Flügeln an das Konservatorium und Wartung und Stimmen der weiteren zwanzig Instrumente dieser Lehranstalt. „(...) Der Preis der Instrumente hängt immer von ihrer Qualität ab; und diejenigen, die unsere Werkstätten verlassen, müssen alles in sich vereinigen, was ihnen seither höchst rühmliche Auszeichnungen eingebracht hat (...). Die beiden Flügel, die wir anbieten, werden also von einer Innenkonstruktion aus Gusseisen sein und einem ebenfalls aus Eisen verlängerten Stimmstock, einem zylindrischen Vorderteil, Doubléedecke (was Risse und Sprünge ausschließt), englische Dämpfmechanik, die unbestritten vorteilhafteste für den besten Anschlag, dieses Bausystem garantiert Solidität und Dauerhaftigkeit."

Auf der Rückseite findet sich eine handschriftliche Notiz von Ignaz Pleyel & Co. unterzeichnet: „Als Unterzeichner verpflichten sich Ignaz Pleyel & Co., alle Klauseln und Bedingungen über die Lieferung, Wartung und das Stimmen der Klaviere des Konservatoriums gemäß der uns übermittelten Vergabebedingungen zu erfüllen für den Betrag von 2.800 Franken pro Jahr, bei vierteljähriger Zahlung."[121]

Pleyel, ein Mann mittlerer Größe mit kleinem Kopf, ist manchmal auf zeitgenössischen Darstellungen mit einer etwas zu groß geratenen Perücke zu sehen. Er hatte dünne Haut, schwarze, durchdringende und sehr intelligente Augen. Er versinnbildlichte den Künstler, der auch Managerqualitäten besaß und deshalb in vielen Sparten in der obersten Etage zu finden war. Seine Begabung für Sprachen – er beherrsche neben seiner Muttersprache auch die französische, englische und Italienische Sprache in Wort und Schrift – kam ihm dabei hilfreich zugute. Im Jänner 1830 reiste Pleyel zu seinem Sohn nach Paris, um ein Benefizkonzert für die Familie eines hilfsbedürftigen Musikers zu geben. Das Konzert, von der Crème der Pariser Gesellschaft besucht, war Comettant zufolge eines der schönsten, das man zu dem Zeitpunkt hören konnte. Es wurde von einer Serie anderer Konzerte gefolgt, und die Gesellschaftsräume der Pleyels wurden als La Salle Pleyel, die heute wohlbekannte Konzerthalle, institutionalisiert.[122]

1830 erlebte der alternde Pleyel schwer erschüttert die kurze, aber turbulente Juli-Revolution. Am 5. April 1831 nahm er noch an der Hochzeit von Camille und Marie (geborene Moke auch Mooke) Félicité Denise (1803-1869) – eine der berühmtesten Klavierspielerinnen ihrer Zeit – teil. Seine Gesundheit verschlechterte sich sehr rasch. Bekannt ist seine Rheumaerkrankung, er ließ sich deretwegen auch noch im Jahr 1805 in Wien (!) behandeln. Nach dreimonatigem Leiden starb er am 14. November 1831 im Alter von 74 Jahren in Paris. Ignaz Joseph Pleyel fand im berühmten Pariser Prominenten-Friedhof Père Lachaise neben anderen Berühmtheiten wie z.B. Chopin, Cherubini, Bizet, Mehul, Maria Callas und anderen in einem Ehrengrab seine letzte Ruhestätte (Dank der Unterstützung durch die NÖ-Landesregierung verkündet eine Inschrift auf dem Sockel der Grabsäule, dass

Abb. 3: Familien-Grab am Friedhof Père Lachaise; IPG

Inschrift: Familles Pleyel et „Choucliomet"
Gabrielle Pleyel, Veuve d'Ignace Pleyel
(Décédée 25 fevrier 1844)
Joseph Etienne Camille Pleyel (Ne 18 décembre 1788, Décédé le 4 mai 1855)
Camilla Louise Pleyel (Née 29 Janv. 1836, Déc 2 Janv 1856)
Henry Ignace Pleyel (29 août 1852)

Lebensabend, Tod und letzte Ruhestätte

der in Frankreich so berühmte Ignace Pleyel in Ruppersthal/Österreich geboren wurde). Das Familiengrab befindet sich gleich neben der Grabstätte von Ignaz Joseph Pleyel am Friedhof Père Lachaise.

Und so schließt sich der Kreis. Die Reise des armen Schulmeisterbuben aus Ruppersthal endet wieder in Ruppersthal in seinem Geburtshaus, wo die Reise vor 250 Jahren begann und sich nun eine kleine, aber feine Gedächtnisstätte für den großartigen Komponisten Ignaz Joseph Pleyel befindet.
Möge diese bis jetzt einzige Gedenkstätte für den Klassik-Komponisten Pleyel auch in Hinkunft Ausgangspunkt und Ort künstlerischer Aktivitäten sein, damit sein Name stets in respektvoller Würde und heiteren Sinns genannt und im Gedächtnis aller Musikliebenden gegenwärtig sein kann.

Abb. 4: (rechts) Das Grab von Ignaz Joseph Pleyel auf dem Friedhof Père Lachaise; Dr. Anderle;
(Division 13) in Paris Concession à Perpétuité Nr. 40906
Auf der abgeschnittenen Säule steht: Ignace Pleyel,
14. Novembre 1831 „de profundis „né à rupperstahl (sic!) (autriche) 1757"

12. Pleyels Werk

12.1. Allgemein

Es gab so viele Komponisten, so viele Kompositionen und so wenig Achtung bezüglich der Nummereierung und Katalogisierung, sodass heute bezüglich veröffentlichter Musik sehr viel Verwirrung herrscht. Auch bei Ignaz Joseph Pleyel war das so. Leider auch noch heute, trotz des genialen Werksverzeichnisses von Dr. Rita Benton. Nicht immer, wenn bei heutigen Konzerten Pleyel am Programm steht, müssen daher seine Kompositionen tatsächlich auf den Notenpulten liegen.

Die Internationale Ignaz Joseph Pleyel Gesellschaft mit dem Sitz im Geburtsort des Komponisten geht mit Pleyels Werken sehr behutsam um. Wir bemühen uns bei unseren Forschungen, die fremden Bearbeitungen von den Bearbeitungen von Pleyel strikt zu trennen. Immerhin hat ihm das in den letzten 200 Jahren sehr geschadet. Wir haben seit unserem Bestehen bereits 100 Konzerte und zwei Opern mit Werken von Pleyel zur Aufführung gebracht, damit sein Werk wieder lebt. Denn wenn ein Komponist nicht gespielt wird, ist er für die Nachwelt tot. Unzählige Werke wurden von uns wieder entdeckt und von unserem ehemaligen Forschungsleiter Dr. Heinz Anderle transkribiert. Wir halten uns grundsätzlich an die Forschungsergebnisse und an das Werksverzeichnis von Dr. Rita Benton. In ihrem genialen und umfassenden Werksverzeichnis: „Ignace Pleyel - A Thematic Catalogue of his Comositions", by Rita Benton, Pendragon Press, New York, befindet sich die gründlichste Aufarbeitung von Pleyels Werk überhaupt. Dieser bereits verstorbenen Frau gebührt unser großer Dank, unser Respekt und unsere Hochachtung.

Abb. 1: Pleyel; ÖNB Bildarchiv

12.2. Pleyelsche Kompositionen anhand des Werksverzeichnisses von Dr. Rita Benton

Konzerte (8)	Ben 101-108
Sinfonien concertanti (6)	Ben 111-116
Sinfonien (41)	Ben 121-161
Orchester- und Kammermusikwerke (19)	Ben 201-219
(Nocturnes, Serenaden, Parthias, Harmonien etc.)	
Septett (1)	Ben 251
Sextett (1)	Ben 261
Quintette (17)	Ben 271-287
Quartette:	
Streichquartette (70) (mit a-Nummerierungen: 77)★	Ben 301-370
Qu. f. Bläser/Streicher (15)	Ben 381-395
Serenaden; Nocturnos, Menuette, Divertimenti (22)	Ben 201-220
Trios:	
Streicher (16)	Ben 401-416
Klaviertrios (49)	Ben 428-476
Duos:	
Streicher Duos (51)	Ben 501-549
Tasteninstr/Str. (15)	Ben 571-585
C: Arangements für Harfe/Gitarre + Bläser/Streicher	Ben 6201-6228
D: Arrangements für Harfe/Gitarre/Tasteninstrument sowie Harfe/Tasteninstrument	Ben 6301-6304
E: Arrangements für Tasteninstrument zu 4 Händen	Ben 6400.5-6422
Chapter Solos	Ben 601-670
Vokalwerke (56)	Ben 701-756
Methode für Tasteninstrument	Ben 801-827
Verschiedene Kollektionen (Arrangements)	Ben 8501-8690
Nachträgliche (Zu-)Sätze	Ben 103-703
sowie Arrangements	Ben 1019.5-7017.5)
Einzelsätze falsch zugeordnet	Ben X01-X66

(★ Fétis spricht von 12 weiteren Streichquartetten, siehe S. 199)

12.3. Pleyels Schaffen im Überblick

Erste Schaffensperiode: 1776-1782

Im Folgenden wird Pleyels Schaffenszeit in drei zeitliche Perioden eingeteilt. Es ist schwierig festzustellen wann genau Pleyel zu komponieren begann. Nimmt man den Beginn seiner Lehrzeit, dann wäre dies 1771, als er von Wanhal unterrichtet wurde, und 1772, als er zu Haydn kam. Hier stellt sich jedoch die Frage, ob man die ersten Kompositionsversuche unter der Leitung und dem Einfluss des Lehrers schon zu Pleyels „eigenen" Stücken zählen kann. Natürlich spielt der Lehrer für die Stil-Entwicklung seines Schülers eine große Rolle, und unbestreitbar lässt sich dieser auch von seinem Meister mehr oder weniger beeinflussen. Bei meiner Einteilung in die drei Schaffensperioden habe ich mich an die verzeichneten Kompositionen in Rita Bentons Thematischem Katalog gehalten und festgestellt, dass das erste verzeichnete, eigenständige und genau datierbare Werk die Marionettenoper „Die Fee Urgele" von 1776 ist. Deshalb beginnt der erste Schaffensabschnitt mit diesem Jahr und schließt mit Ende seiner Zeit als Kapellmeister bei Graf Ladislaus Erdödy in Pressburg (1782). Dieses Datum habe ich ausgewählt da danach ein anderer wichtiger Abschnitt in Pleyels Leben und seiner Musik begann und er seine Studien mit den Italienreisen, die auch in diese Zeit fielen, vollendete.

Zweite Schaffensperiode: 1783-1794

Dass Pleyel während seiner zweiten Schaffensperiode die Blüte seines musikalischen Daseins erlebte, darüber ist sich die Forschung einig. Während seiner Zeit als Domkapellmeister in Straßburg schrieb er die meisten Werke. Von den Werken aus dieser Zeit wurden nicht nur in Europa, sondern auch in Nordamerika sehr viele Drucke und Abschriften veröffentlicht. Wäre es möglich eine Sammlung von Konzertprogrammen aus dem Gebiet zwischen Paris, London, Berlin und Wien um das Jahr 1800 zusammenzustellen, so würde der Name Ignaz Pleyel den vorherrschenden Platz darin einnehmen. Pleyels Werke genossen auch in den englischsprachigen Ländern hohes Ansehen, wobei dort die konzertanten Sinfonien und Quartette die meiste Beachtung fanden. Diese Periode endet mit dem Umzug nach Paris.

Dritte Schaffensperiode: 1795-1812

In dieser Zeit lebte Pleyel in Paris und begann sein Dasein als Verleger und Musikhändler. Als Enddatum wurde das Entstehungsjahr jener Komposition verwendet, die als letzte datierbare im Benton-Verzeichnis aufscheint, nämlich Duette von 1812. Seine kompositorischen Tätigkeiten wurden in dieser Zeit immer mehr durch die geschäftlichen Aktivitäten in seinem Verlag und der

Kapitel 12.3. Pleyels Schaffen im Überblick von Mag. Anita Winterer, IPG

Klaviermanufaktur in den Hintergrund gerückt. So erwähnte Pleyel selbst um 1800 in Leipzig, er hätte durch seine vielen geschäftlichen Verpflichtungen nicht mehr viel Zeit, sich der Komposition zu widmen.

Da manche Stücke über mehrere Jahre geschrieben wurden, sind sie oft nicht eindeutig in eine einzige Periode zuzuordnen. Bei unserer Auflistung wurde deshalb das Jahr in Betracht gezogen in dem laut Dr. Rita Benton die jeweilige Komposition begonnen wurde. Es ist natürlich schwer, hier strikte zeitliche Grenzen zu ziehen. Diejenigen wenigen Werke die laut Rita Bentons Thematischem Katalog nicht eindeutig zu datieren waren, sind in der folgenden Auflistung nicht miteinbezogen.

Tabelle 2

Gattung	1. Periode	2. Periode	3. Periode	Undatierbar
Concerto	2	4	1	1
Konzertante Sinfonien	0	4	1	1
Sinfonie	5	28	8	0
Kammermusik	2	16	0	4
Septette	0	1	0	0
Sextette	0	1	0	0
Quintette	0	15	0	2
Quartette für Streicher und Bläser	0	6	8	1
Streichquartette	6	66	5	0
Trios	0	36	28	1
Duos	0	28	38	
Solowerke	0	12	57	1
Vokalwerke	2	37	15	2

12.4. Erstes Bühnenwerk: „Die Fee Urgele" oder „Was den Damen so gefällt"

Die Internationale Ignaz Joseph Pleyel Gesellschaft hat dieses ursprünglich als Marionettenoper gedachte Werk im Jahr 2001 erstmals nach 225 Jahren szenisch als Singspieloper anstelle von Puppen mit echten Sängerinnen und Sängern in einer Freilichtaufführung realisiert. Zur Zeit ist also die in der Musiksammlung der Österreichischen Nationalbibliothek liegende Partitur der „Fee Urgele" das erste handschriftliche Zeugnis des neunzehnjährigen (!) Komponisten. Die IPG hat dieses Bühnenwerk am 14. und 15. Juni 2001 erstmals szenisch aufgeführt und eingespielt.

Nachstehend interessante Details aus dem Programmheft der IPG vom Juni 2001: Unter dem Ehrenschutz des Landeshauptmannes von Niederösterreich Dr. Erwin Pröll, Ehrenpräsident der IPG:

„Die Fee Urgele" oder „Was den Damen so gefällt": Eine (Marionetten-) Oper in 4 Akten; Musik von Ignaz Joseph Pleyel (1757-1831); (gespielt unter Verwendung des nach dem Autograf in der Österreichischen Nationalbibliothek, Sig. S. M. 15560, erstellten Aufführungsmaterials von Cecil Adkins); Text aus dem Französischen des Charles Simon Favart; (übersetzt von Karl Joseph von Pauersbach); Dialoge für die IPG eingerichtet von Anton Wendler unter Mitarbeit von Adolf Ehrentraud und Elena Habermann; gespielt in der Säulenhalle und Treppe des Heldenberges.

Regie: Anton Wendler
Musikalische Leitung: Manfred Müssauer
Gesamtleitung/Intendanz: Adolf Ehrentraud
Orchester: Ungarische National-Philharmonie Budapest
Chor: Pleyel-Festspielchor (Leitung: Rudolf Nestler)
Regie-Assistenz: Elfriede Gruber
Bühnenbild: Ernst Straka
Kostüme: Lucya Kerschbaumer
Korrepetition: Christian Koch
Kommunikationspolitik: Dr. Heinz Anderle
Bühnentechnik: Helmut Süss
Bühnenbildbau: Herbert Hitzinger,
Beleuchtungstechnik: Friedrich Rom, Norbert Joachim, Andreas Traher
Tontechnik: Walter Steiner
Souffleuse: Marianne Stöckelmayer
Maske: Wilhelm Galli
Mithilfe: Gertrude Galli, Monika Wenzina, Edith Ecker
Garderobe: Elfriede Habacht
Mithilfe: Manfred Pass
Requisite: Marianne Stöckelmayer
Abendkasse: Irene Ehrentraud, Elfriede Gruber

Eine Produktion der IPG, unterstützt vom Kulturamt der Niederösterreichischen Landesregierung, der Marktgemeinde Großweikersdorf und der Gemeinde Heldenberg.

Die Personen und ihre Darsteller
Die Fee Urgele: Alisa Pearson
Ritter Robert de Lisuart: Michael Pabst
Die Königin Bertha: Rima Tawil
Pedrillo, Lisuarts Stallmeister:
Sebastian Holecek
Licidas, ein Schäfer: Martin Fischer
Philint, ein anderer Schäfer:
Robert Maria Müller
Lieschen, ein Bauernmädchen:
Monika Riedler
Therese, ein anderes Bauernmädchen:
Katrin Fuchs

Anne, Bäuerin: Edith Meiszl
Robinette, Urgeles Begleiterin:
Elfriede Habacht
Der Jägermeister: Manfred Pass
Der Hofnarr: Johann Wessner
Generalvikarinnen beim Gericht:
Theresia Hitzinger, Helene Wieland
Der Henker: Manfred Pass
Bauernvolk, Jäger, Gefolge der Königin Bertha, Rätinnen
(Die Handlung spielt im Lande der Königin Bertha zu märchenhafter Fantasiezeit)

Pleyel Chor
Sopran: Hildegard Ehrentraud, Rosa Frauerwieser, Christina Hochpöchler, Margareta Klobucar (Cover der Bäuerin Anne), Sandra Schön, Friederike Schuh, Hermelinde Seeber, Dr. Judith Vanek, Helena Weiss (Cover der Schäferin Therese)
Alt: Erna Höllinger, Claudia Müller, Hermine Kitzler, Rosa Mayer, Claudia Müller, Birgit Pech, Kerstin Wimmer, Brigitte Zahnt, Anna Zottl
Tenor: Alexander Diewald, Robert Gratz, Franz Pachner (Cover Licidas), Hubert Schiesser, Gregor Sommer
Bass: Josef Böck, Christoph Fath, Georg Göstl, Josef Groiss, Wolfgang Mayer, Robert Maria Müller (Philint und Cover Pedrillo), Rudolf Seeber
Mitwirkend: Der Ignaz Pleyel Theaterverein Ruppersthal 1908 (IPT)

Abb. 2: Die Aufführung der Fee Urgele am Heldenberg; IPG

Dr. Erwin PRÖLL (Landeshauptmann von NÖ und Ehrenpräsident der IPG):
„Vor allem mit seinen Symphonien und seiner Kammermusik hat der Komponist Ignaz Joseph Pleyel einst die Pariser Gesellschaft begeistert. Jetzt endlich wird die einzigartige Musik des genialen Niederösterreichers, der aus der Weinbaugemeinde Ruppersthal stammt, für uns wieder entdeckt. Das ist das große Verdienst der Internationalen Ignaz J. Pleyel Gesellschaft, die es sich zur Aufgabe gemacht hat, den einst in ganz Europa bekannten Musiker wieder populär zu machen. Nach der Errichtung des Ignaz Pleyel Museums in Ruppersthal produziert die Internationale Ignaz J. Pleyel-Gesellschaft dieses Jahr als Welturaufführung auf der Opernbühne Pleyels Oper „Die Fee Urgele oder Was den Damen gefällt".

Der Heldenberg mit seinem spätklassizistischen Ambiente ist für die Freiluftaufführungen ein ideal gewählter Ort. Als Landeshauptmann und als Ehrenpräsident der Internationalen Ignaz J. Pleyel-Gesellschaft gratuliere ich zur glänzenden Inszenierung der Märchenoper. Sie ist nicht nur ein wichtiger Schritt zur Wiederentdeckung des großen Komponisten, sondern auch eine Visitenkarte für das Kulturland Niederösterreich im In- und Ausland. Ich bin überzeugt, dass die Märchenoper viele zusätzliche Gäste in unser schönes Weinviertel bringen wird."

Adolf Ehrentraud (Präsident der IPG):
„Liebe Pleyel-Interessierte, werte Damen und Herren, geschätzte Ehrengäste!
Ein lang ersehnter Traum wird Wirklichkeit: die szenische Welturaufführung von Ignaz J. Pleyels Marionettenoper „Die Fee Urgele oder Was den Damen gefällt" auf der Opernbühne. Erstmals nach 225 Jahren (November 1776 Esterhaza – Juni 2001 Heldenberg) wird dieses Werk, das auch als Märchenoper, Singspiel oder Operette bezeichnet wird, szenisch realisiert. Noch bevor ich die Internationale Ignaz J. Pleyel Gesellschaft gründete, bemühte ich mich, in den Besitz dieses vortrefflichen Jugendwerkes von Ignaz J. Pleyel zu gelangen. Das Libretto erhielt ich schließlich aus Eisenstadt, die Noten in der Österreichischen Nationalbibliothek (Autograf, Sig. S. M. 15560) (...)" *(gekürzte Fassung)*

Inhaltsangabe
Akt 1
Die Fee Urgele hat sich in den Ritter Robert de Lisuart verliebt. Gemeinsam mit ihrer Begleiterin Robinette wartet sie als Blumenmädchen verkleidet auf ihn im Hoheitsgebiet der Königin Bertha, das der von langer Abenteuerreise zurückkehrende Ritter durchqueren muss. Urgele gesteht, dass sie den Ritter heiraten möchte, und setzt sich über alle Einwendungen Robinettes hinweg (Arie der Urgele: Nein, nein, nein, ich kann nicht widerstehen). Sie enthüllt den Plan zu prüfen, ob der Ritter ihrer Wahl würdig ist. List und Kniffe wolle sie anwenden, ja sogar

einen vermeintlichen Konkurrenten in der Liebe vortäuschen. Als sich der Ritter zusammen mit seinem Stallmeister Pedrillo nähert, ziehen sich die beiden Frauen zurück. Dem Ritter gefällt dieser Ort, und er beschließt, hier zu rasten, während er über die edlen Herausforderungen des Ritterstandes meditiert (Arie des Lisuart: O, welch' Vergnügen fühlt nicht ein Ritterheld!). Pedrillo ist da ganz anderer Meinung. Er möchte am liebsten alles hinschmeißen und schildert seinem Herrn, wie er den „Gewinn des Ritterstandes" sieht (Arie des Pedrillo: Stets geht's durch Berg und Tal). Lediglich die Bemerkung Lisuarts, dass er ein schönes Mädchen gesehen habe, das sich in Begleitung einer zweiten weiblichen Person befindet, lässt den murrenden Knappen verweilen. Und wirklich nahen die Erwähnten alsbald. Urgele, nun als Marton das Blumenmädchen, versucht durch ein Blumenverkaufs-Liedchen ihrem angenommenen Stande Glaubwürdigkeit zu verleihen (Arie der Marton: Recht schöne Blumen verkauf' ich hier). Die Begegnung führt zu einem neckischen Gespräch, in dem Marton von ihrem „geliebten Colin" schwärmt und versucht, den Ritter recht eindeutig zu provozieren (Arie der Marton: Wenn du liebst, bist du vergnügt). Der verliebte Ritter lässt sich nur allzu leicht täuschen, und halb im verzweifelten Scherz und halb im eifersüchtigen Ernst raubt er dem geliebten Mädchen einen Kuss, was natürlich der Stallmeister sofort auch an Robinette nachexerziert. Marton stimmt ein wehmutsvolles Klagelied an (Arie der Marton: Wie wird meine Mutter klagen). Noch bevor der leicht irritierte „Kavalier" das in Tränen aufgelöste Mädchen beruhigen kann, überstürzen sich die Ereignisse, denn just zu diesem Zeitpunkt geht Lisuarts Pferd durch, dem die beiden „Helden" natürlich nachrennen, um es wieder einzufangen, und gleichzeitig künden Hörner das Herannahen der Königin Bertha mit ihrem Jagdgefolge (Jagdchor: Ach, das Wetter ist gar zu schön, welche Lust auf Jagd zu geh'n). Königin Bertha sucht sich, nach offenbar strapaziöser Jagd, ein Rastplätzchen und legt dabei ihren Begleiterinnen ihre Meinung über die Liebe dar, die sie mit einem hungrigen Tier vergleicht (Arie der Königin Bertha: Im Schatten dieser Bäume hier hört mich jetzt an). Marton eilt herbei und bittet die Königin „verzweifelt" um Hilfe (Arie der Marton: Ach, große Monarchin!), offenbar wohl wissend, dass in Berthas matriarchalem Staat ganz besonders strenge Gesetze für Sittenstrolche gelten. Bertha gibt Befehl, den Ritter unverzüglich zu verhaften, und sogleich beginnt die Menschenhatz!

Akt II

Pedrillo ist es gelungen, das Pferd einzufangen. Ausführlich schildert er, wie das zuging (Arie des Pedrillo: Teufelstier, das ich gesucht). Auf der Suche nach dem Gaul war Lisuart von seinem Knappen getrennt und prompt von Berthas Jägern gefangen gesetzt worden. Es gab ein gerichtliches Schnellverfahren. Der „Gerichtshof der Liebe und Schönheit" verurteilte den „Frevler" zum Tode, allerdings nicht, ohne ihm die Chance zu geben, seinen Kopf zu retten. Sollte er in angemessener Frist herausfinden, „was Frauen am meisten gefällt", wäre er ein freier Mann. Gegen Ritterehrenwort entlassen, kehrt er zu seinem Stallmeister zurück und stimmt eine melodiöse Jammerei an, wobei er sich vor sich selber damit entschuldigt, dass eben der Liebreiz des Blumenmädchens zu verlockend war (Arie des Lisuart: Soll ich für einen Kuss jetzt mein Leben verlieren?). Pedrillo sieht das Ganze vom Gesichtspunkt des lebenserfahrenen Praktikers (Arie des Pedrillo: Was reizt der Schönen Sinnen?). Er meint, die Lösung wäre nicht schwer, und macht sich erbötig, seinem Ritter durch eine breit gefächerte Umfrage helfen zu wollen. Fröhliches Bauernvolk naht nach getaner Arbeit (Chor mit Anne: Die Felder sind nun alle leer). Hier gibt es eine Reihe von Mädchen und Frauen, die befragt werden können, aber die Interviews ergeben verschieden lautende Antworten, die schließlich in der kryptischen Aussage münden (Chor der Bauersleute): Es diene euch zum Unterricht, man fühlt es nur und sagt es nicht! Jetzt ist Lisuart so klug wie zuvor, und seine Verzweiflung nimmt rapide zu. Da humpelt eine hässliche Alte herbei, die vorgibt, Lisuarts Problem zu kennen. Sie macht sich erbötig, ihm zu helfen.

Vorher aber raisoniert sie noch über den Verfall der Sitten bei der Jugend (Arie der

Abb. 3: „Fee Urgele"; ÖNB Bildarchiv

Abb. 4: Fee Urgele, Heldenberg; IPG

Alten: Unsern jungen Leuten fehlt die Artigkeit). Lisuart schwört der Alten mit großem Rittereid, falls sie ihn rette, ihr zu erfüllen, was immer sie als Belohnung fordere (Duett Lisuart – Alte: Was wollet Ihr?)

Akt III
Vor dem Großen Gerichtshof der Liebe und Schönheit, bei dem es nur Frauen als Räte und Advokaten gibt, verhandelt Königin Bertha eine Reihe von Liebeshändeln, so auch die Liebeszänkereien der Schäfer Licidas und Philint sowie die der Schäferinnen Therese und Lieschen. Dann wird Ritter Lisuart vor die Schranken des Gerichts gerufen. Zur großen Verwunderung aller kennt er die richtige Lösung (Arie parlante des Lisuart: Um das einzige Mittel zu nennen) und wird frei gesprochen:
Durch ihren Reiz ein Herz zu rühren,
ist, was sie in der Jugend erfreut,
doch: zu befehlen, zu regieren
ist ihre Lust zu jeder Zeit.

Er kann sich nicht lange seines Glücks erfreuen, denn die Alte kommt hereingehumpelt und verlangt ihren Lohn (Arie der Alten: Sachte, mein Herr, nicht so geschwind). Zerknirscht muss der Ritter der Königin Bertha gestehen, dass ihm die Alte die Lösung verraten habe. Daraufhin findet Bertha, dass es nur gerecht sei, wenn die Alte ihren Lohn erhielte. Die Alte fordert von Lisuart die Ehe. Den Ritter trifft beinahe der Schlag, und eilends entflieht er, gefolgt von der hässlichen „Braut". Vor dem Gerichtshof warten neugierig die Bauersleute, um zu erfahren, wie es denn dem Ritter wohl ergangen sei (Chor: Welch ein schweres Ungewitter). Pedrillo kommt und erzählt den Ausgang der Affaire (Kinder, sparet eure Müh'). Auch Lisuart kommt und möchte sich bei den Bauernmädchen verstecken. Er erntet jedoch nur Spott und Hohn (Chor: Ihre Situation ist bitter!) Als Dritte im Bunde erscheint die Alte und zeigt echte Gefühle für den Ritter (Romanze der Alten: Habt ihr nicht meinen Freund gesehen?). Lisuart, der im Verborgenen das Liebesgeständnis der Alten hört, ist von ihren Gefühlen so angetan, dass er hervortritt und sich vor allen bereit erklärt, sein Versprechen einzuhalten.

Akt IV

In ihrer sehr kärglichen Hütte bereitet die Alte ein noch kärglicheres Hochzeitsmahl (Arie der Alten: Lasst uns hier allein zusammen speisen). Pedrillo spricht dem apathischen Lisuart Mut zu (Arie des Pedrillo: Daran kennt man den rechten Ritter) und macht sich dann aus dem Staub. Obwohl die Alte bereit ist, Lisuart sein Wort zurückzugeben, bekräftigt Lisuart erneut, zu seinem Ritterehrenwort zu stehen, obwohl er damit seiner großen Liebe Marton entsagen müsse. Durch solchen Edelmut werden wohl auch höhere Mächte beeindruckt, denn plötzlich steht die Fee Urgele leibhaftig vor dem völlig verduzten Ritter, offenbart ihm ihre wahre Natur, erklärt, dass sie ihn geprüft habe und nun ihre Macht mit ihm teilen wolle (Arie der Fee Urgele: Geliebter, sei beglückt mit mir!). Damit löst sich alles in Wohlgefallen auf (Duett Lisuart – Urgele mit zustimmendem Chor: Die Belohnung der zarten Triebe).

Abb. 5: Fee Urgele, Heldenberg; IPG

Was den Damen gefällt –
Eine Betrachtung aus heutiger Sicht
Ein Bericht von Anton Wendler

Die Frage „Was den Damen gefällt", die der Pleyel-Oper „Die Fee Urgele" im Untertitel eine neugierig machende Note verleiht, taucht im Laufe der Menschheitsgeschichte immer wieder auf. Erst kürzlich lief in Österreichs Kinos ein recht erfolgreicher Film unter dem Titel „Was Frauen wollen" mit der Oscar-Preisträgerin Helen Hunt und dem „Mad Max"- und „Lethal Weapon"-Star Mel Gibson, worin die Frage in Form einer Komödie abgehandelt wird. In einem Interview (Kinozeitschrift SKIP, Februar 2001) gibt Mel die scherzhafte Antwort auf die Frage, die der Film stellt, folgendermaßen: „Sie wollen, dass wir Männer länger können!" Das ist aber sicher nur ein Seitenaspekt des tatsächlichen Problems. Frauen wollen heutzutage und wollten auch in der Vergangenheit die grundverschiedensten Dinge, immer entsprechend ihrem Status und Lebensalter, wie etwa Schönheit, ewige Jugend, Glück in der Liebe, in allen nur erdenklichen Variationen. Eine Tendenz aber zieht sich wie ein roter Faden schließlich dann doch durch die offen geäußerten oder heimlich gedachten Wunschlisten, nämlich das Streben nach einer Art Selbstständigkeit, nach einer Position in der Gesellschaft, in der die Frau sich beweisen kann und – wie eine populäre Floskel sagt – in der sie „ihren Mann stellt". Welche Macht Frauen allein schon auf dem Sektor des Konsums darstellen, sagt ein Direktor in dem zitierten Film: „Frauen sind heute die wichtigste Konsumentengruppe. Sie bestimmen, wohin der Rubel rollt. Wer in der Werbung Erfolg haben will, muss wissen, wie Frauen denken und was sie wollen."

Eine aktuelle Umfrage von „News Woman" anfangs dieses Jahres stellte einem repräsentativen weiblichen Personenkreis (1.000 Frauen) die Frage: „Wo möchten Sie beruflich in zehn Jahren stehen?", und es kam von einem großen Teil der Befragten die selbstbewusste Antwort: „Ich möchte eine Führungsposition haben." Das viel gekaufte Buch von Erfolgsautorin Rotraud A. Perner „Lust Macht Mut" – Ein Strategiehandbuch für Frauen (Ueberreuter Verlag) haut genau in diese Kerbe.

Frauen wollen also (an die) Macht. Das scheint das Fazit zu sein. Und gar nicht unähnlich lautet ja dann auch die Fragebeantwortung in der „Fee Urgele".

Liebeshöfe oder Liebesgerichtshöfe?

Als ich zum ersten Mal das Libretto der Oper „Die Fee Urgele" oder Was den Damen gefällt" las – der IPG-Präsident Adolf Ehrentraud hatte mir irgendwie eine hektographierte Kopie des Textbuches aus dem Jahre 1776 unter die Hände gezaubert – war ich sogleich fasziniert von der Gestalt der Königin Bertha und ihres „Gerichtshofes der Liebe und Schönheit". Ich dachte mir: Respekt! Da ist doch dem Verfasser Charles-Simon Favart (1710 -1792), damals ein äußerst bekannter und anerkannter Singspiel-Librettist, etwas sehr Originelles eingefallen, etwas, das heute, über 200 Jahre später, durchaus eine gewisse Aktualität besitzt, nämlich: eine höchste Instanz auf die Bühne zu bringen, von der rigoros über galante Sittenstrolche und brutale Wüstlinge geurteilt wird. Wie das nachfolgende altenglische Zitat aus den „Canterbury Tales" (The Tale of the Lady of Bath) von Geoffrey Chaucer (ca. 1343-1400) zeigt, stand es im finsteren Mittelalter mit der Würde der Frau und dem Recht auf Selbstbestimmung nicht zum Besten. In einem Opernlibretto des Rokoko war freilich für eine noch im Mittelalter mögliche drastische Darstellung kein Platz, sodass höchstens ein Kuss geraubt werden durfte:

And so bifel it that this kyng Arthour
Hadde in his hous a lusty bacheler,
That on a day cam ridynge fro ryver;
And happed that, alone as he was born,
He saugh a mayde walkynge hym bifon,
Of which mayde anon, maugree hir heed,
By verray force, he rafte hire maydenhed.

(Nun geschah es, dass König Arthur an seinem Hof einen lebenslustigen unbeweibten Ritter hatte, der eines Tages vom Fluss zurückgeritten kam. Da ereignete es sich, wie er so allein dahinritt, dass er ein Mädchen vor sich gehen sah. Diesem Mädchen, obwohl es sich zur Wehr setzte, raubte er mit brutaler Gewalt die Jungfräulichkeit.)

Als besonders pikant an den Minnegerichtshöfen fand ich, dass Richter, Geschworene, Ankläger und Verteidiger allesamt Frauen waren. Hatte Favart das frei erfunden, oder gab es womöglich ein Vorbild? Ich wurde fündig, als ich ein wenig die Geschichte des so genannten „finsteren" Mittelalters durchforstete. Ich landete infolge meiner literarischen Reise in diese Zeit (siehe Verzeichnis am Ende des Programmheftes) bei einer außergewöhnlichen Frau: bei Eleonore von Aquitanien (ca. 1120/22-1204), die in der einschlägigen Literatur auch gerne als „Königin der Troubadoure" bezeichnet wird. Die schöne und offenbar sehr lebenslustige Eleonore war die Enkelin des ersten Troubadours, Wilhelm X. von Aquitanien, und die stets heftig umworbene Erbin ertragreicher Landgebiete wie etwa Poitou, Guienne oder der Gascogne. Schon als 15-Jährige vermählte sie sich mit König Ludwig VII. von Frankreich, der sie 1147 auf den Zweiten Kreuzzug zu den heiligen Stätten in Palästina und Konstantinopel mitnahm, um zu jeder Zeit sein eifersüchtiges Auge auf die Umschwärmte richten zu können. Wie die Fama jedoch zu berichten weiß, hat diese Vorsichtsmaßnahme nicht viel gefruchtet, vielmehr waren bald „intime" Geschichten über die schöne Königin im Umlauf. So soll Eleonore dann in Syrien sich vornehmlich dem Herrn Raimund von Antiochien, einem jugendlich stattlichen Mann aus der näheren Umgebung des Königs, besonders intensiv zugewendet haben. Diese Affaire beeinflusste den Lauf der europäischen Geschichte nicht unwesentlich: Der eilends aus Syrien nach Frankreich zurückkehrende Ludwig ließ die Ehe für ungültig erklären, und flugs erschien auch schon wieder ein hochrangiger Bewerber um Eleonores Hand und Herz auf dem Plan: Heinrich Plantagenet, Herzog der Normandie und Erbe der Krone Englands, heiratete sie vom Fleck weg. Aber auch er bekam im Laufe der Zeit seine Sorgen mit der unternehmungslustigen Dame seines Hauses. Nicht so sehr wegen amouröser Beziehungen als vielmehr infolge ihrer politischen Ambitionen, hatte sie doch die Hände bei einem Aufstand gegen ihn im Spiel, weil sie unbedingt Ansprüche ihrer Söhne wahrhaben wollte. Plantagenet machte kurzen Prozeß und setzte sie in England gefangen. Erst nach seinem Tode befreite sie ihr Sohn Heinrich der Löwe. Für ihren anderen Sohn Richard Löwenherz führte sie in turbulenter Zeit äußerst geschickt die Regentschaft und kaufte ihn höchstpersönlich aus der Gefangenschaft in Österreich frei.

Soweit die Historia. Was uns aber im Zusammenhang mit dem „Liebesgerichtshof" der Königin Bertha in der Oper „Die Fee Urgele" interessiert, ist, dass Eleonore tatsächlich öfters einem „Minnegericht" an ihrem Hof in Poitiers vorstand. Es sind sogar Richtsprüche (iudicia amoris) überliefert. André le Chapelain (latinisiert: Andreas Cappelarius) gilt als jener Chronist, der in seinem „Traité de l'Amour" diese Art von Zusammenkünfte besonders plastisch schildert. Er erzählt, dass die Gerichtshöfe fast immer unter dem Vorsitz einer edlen Dame, zum Beispiel der Vizegräfin Ermengarde von Narbonne, der Isabella von Flandern oder auch von Eleonores Tochter Marie von Champagne (manchmal unter Anwesenheit von 60 „Rätinnen") gestanden haben. Aus der Zeit um 1400 sind die Gründungsurkunde und die Mitgliedslisten eines „Cour amoreuse" in Paris zu uns gekommen.

Der „Tractat" des Chapelain mit seinen 31 Grundregeln der höfischen Liebe soll sogar 1389 bei einem Liebesgericht in Barcelona, dem König Juan von Aragon und seine Frau vorsaßen, als verbindliches Gesetzbuch herangezogen worden sein (im Folgenden ein Casus aus der Reihe von 21 Fällen aus dem „Tractatus" des Andreas Cappelarius):

„Ein Ritter hatte eine Frau unsagbar lieb und besaß sie auch in jeder Beziehung. Die Frau aber begegnete ihm nicht mit gleicher Liebe. Der Ritter wollte sich nun von ihr trennen und Urlaub nehmen. Das wollte die Frau aber nicht zugeben, sondern sie wünschte, dass er ihr gehöre wie zuvor. In dieser Sache wurde folgendes Urteil gefällt: Der Wunsch der Frau ist böse und schändlich. Sie verlangt für sich große Liebe, will aber nicht selbst mit großer Liebe Vergeltung üben. Es ist aber höchst töricht, von anderen Leuten ohne Recht etwas zu begehren und zu verlangen, was man selbst dem anderen zu geben sich weigert."

Literaturwissenschafter und Geschichtsschreiber vertraten über die „Minnehöfe" verschiedene widersprüchliche Ansichten. Die einen meinten, am Hofe Eleonores, die sich den schönen Künsten und auch den feschen Minnesängern, respective den Troubadours, verbunden fühlte, aber auch an ähnlich gearteten Fürstenhöfen, habe ein reiches literarisches Leben geherrscht, als dessen Ausfluss es eben zu einer Art intellektuellem Gesellschaftsspiel kam, bei dem Liebeshändel durch „obersten" Richtspruch geschlichtet wurden. Andere Gelehrte sahen das ernster und meinten, es habe sich hier um tatsächlich rechts sprechende Gerichtshöfe mit harten Strafen (wie eben auch in der „Fee Urgele") gehandelt. Die moderne Literaturwissenschaft allerdings neigt endgültig der Auffassung zu, dass die ganze „Höfe-Angelegenheit" ein geistreiches aristokratisches Spiel der mittelalterlichen „High Society" war. Sei's, wie es sei: einen derartigen Minne-Gerichtshof in einer singspielartigen Oper des 18. Jahrhunderts zu finden, wo dann auch noch dazu ganz im aufklärerischen Sinne des Kant'schen Imperativs „Pflicht geht vor Neigung" entschieden wird, ist immerhin sehr beachtenswert.

12.5. Bühnenwerk „Ifigenia in Aulide"

Die Internationale Ignaz Joseph Pleyel-Gesellschaft (IPG) hat dieses Bühnenwerk erstmals nach 220 Jahren szenisch aufgeführt und somit für menschlichen Augen und Ohren erstmals zugänglich gemacht. Dem Präsidenten der Internationalen Ignaz Joseph Pleyel-Gesellschaft (IPG) Adolf Ehrentraud ist es mit Unterstützung ihres Ehrenmitgliedes Hans Martin Kaiser aus Nidda in Deutschland gelungen, dieses Werk aus den Archiven in Neapel zu holen. Der Forschungsleiter der IPG Dr. Heinz Anderle transkribierte dieses Werk, Dr. Allan Badley (Träger der Goldenen Pleyel Medaille der IPG) erstellte den Klavierauszug, und Dr. Henry Lieberman (Träger der Goldenen Pleyel Medaille der IPG) übersetzte das gesamte Libretto ins Deutsche.

Nachstehend auszugsweise Details aus dem Programmheft der IPG vom August 2005: Die Internationale Ignaz Joseph Pleyel-Gesellschaft bringt im Rahmen der Niederösterreichischen Landesausstellung 2005 in sechs Freiluftaufführungen vor der spätklassizistischen Säulenhalle des Heldenbergs

Ifigenia in Aulide: Oper in drei Akten von Ignaz Joseph Pleyel (1785); zu einem anonymen Libretto nach dem antiken griechischen Mythos; gesungen in italienischer Sprache mit gesprochenem deutschem Text.

Ausführende Künstler:
Ifigenia (Ifigenia): Evgenia Grekova,
Clitemnestra (Klytämnestra):
Stella Grigorian
Achille (Achilles): Nathan Payas
Agamemomne (Agamemnon): Valeriy Serkin
Ulisse (Odysseus): Arno Raunig
Arcade (Arkas): Alexander Pinderak
Erzähler: Thomas Smolej
Statisten: Ensemble der Wiener Staatsoper und Mitglieder des Ignaz Pleyel-Theatervereins Ruppersthal

Musikalische Leitung: Paul Weigold
Philharmonisches Orchester Győr
Regie und Abendspielleitung:
Leonore Haberkorn
Gesamtleitung und Intendanz:
Adolf Ehrentraud
Beleuchtung:
Friedrich Rom, Norbert Joachim
Effekte und Tontechnik: Adolf Schober
Bühnentechnik: Franz Stutz
Kostüme und Requisite: ARTE
Maske: Karin Raidinger
Künstlerische Betreuung: Irena Walter
Regieassistenz und Inspizienz:
Uta von Willert
Pantomime: Felix Kochan
Korrepetition: Ljuba Serkina
Übersetzung: Henry M. Lieberman, IPG, und Francesca DeFlorian

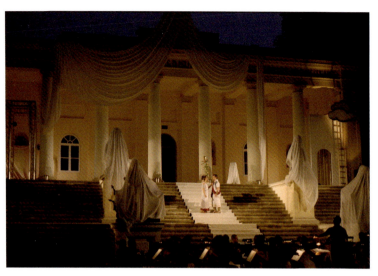

Abb. 6: Ifigenia 2005 am Heldenberg; Dr. Anderle

Partitur, Orchesterstimmen und Marketing: Heinz Anderle, IPG
Klavierauszug: Allan Badley (Wellington, Neuseeland)
Graphik Ifigenia: Christine Hochpöchler
Technische Unterstützung:
Herbert Hitzinger
organisatorische Unterstützung:
Ignaz Pleyel-Theaterverein Ruppersthal;
Eine Produktion der Internationalen Ignaz Joseph Pleyel-Gesellschaft

Der Landeshauptmann von Niederösterreich und Ehrenpräsident der IPG
Dr. Erwin Pröll:
„Auch Niederösterreich hat seinen ‚Mozart': Ignaz Pleyel gehört zu unseren berühmtesten Landsleuten, und seine wunderbare Musik macht ihn bis heute beliebt und gerne gehört. Die Landesausstellung am Heldenberg ist ein besonders großer Erfolg, von dem die ganze Region profitiert. Die Oper ‚Ifigenia in Aulide' ist ein wichtiger Beitrag, um das Schmidatal weit über die Landesgrenzen hinaus bekannt zu machen. Die Oper ist eine Rarität und zählt ohne Zweifel zu den Höhepunkten des Kulturjahres. Dank der Ignaz Pleyel-Gesellschaft ist es gelungen, den hoch talentierten Weinviertler Komponisten der Öffentlichkeit wieder näher zu bringen. Ich möchte mich bei der Pleyel-Gesellschaft herzlich für das großartige Engagement bedanken. Dadurch wird das Wirken dieses großartigen Künstlers eindrucksvoll untermalt.
In diesem Sinne wünsche ich den Besucherinnen und Besuchern schöne und anregende Stunden in dem wunderbaren Ambiente am Heldenberg."

Der Präsident der Internationalen Ignaz Joseph Pleyel-Gesellschaft,
Adolf Ehrentraud:
„Liebe Pleyel-Interessierte, werte Damen und Herren, hochgeschätzte Ehrengäste! Ein Traum wird Wirklichkeit! Erstmals nach 220 Jahren wird Ignaz Joseph Pleyels Oper ‚Ifigenia in Aulide' (30. Mai 1785 Teatro San Carlo, Napoli – 5. August 2005 auf dem Heldenberg) passend als kultureller Höhepunkt der Niederösterreichischen Landesausstellung 2005 auf die Bühne gebracht. Einerseits geht es in diesem ‚Dramma per mu-

sica' um die Helden der griechischen Mythologie, und auf der anderen Seite ist Ignaz Joseph Pleyel ein Sohn unserer Heimat, der nur wenige Kilometer vom Heldenberg entfernt am 18. Juni 1757 als Sohn des Ruppersthaler Dorfschulmeisters Martin Pleyl und dessen Frau Anna Theresia Pleyl geboren wurde (.....)."

Wer ist wer in der Pleyel-Oper Ifigenia in Aulide?

Agamemnon: König von Mykene, Gatte der Klytämnestra und Vater der Iphigenie, dem es gelang, alle Griechen zum Rachezug gegen die Trojaner zu vereinigen. Im Epos Ilias von Homer wird er als Atride (Sohn des Atreus) bezeichnet. Nach dem trojanischen Krieg wurde Agamemnon, als er sich die gefangene trojanische Prinzessin und Seherin Kassandra als „Kriegsbeute" mit nach Hause brachte, von der aufgebrachten Klytämnestra mit der Axt erschlagen.

Klytämnestra: Tochter des Königs Tyndareos von Sparta. Dieser ließ sich seine bereits verheiratete Tochter von Agamemnon, der sie ihrer Schönheit willen unbedingt besitzen wollte und deshalb ihren Mann Tantalos samt ihrem Kind erschlug, nach dem Doppelmord um eine ungeheure Summe zur Ehe abkaufen. Sie war die Schwester der berühmten schönen Helena. Mit Agamemnon hatte Klytämnestra vier Kinder: Iphigenie, Elektra, Chrysothemis und Orest. Nach dem trojanischen Krieg erschlug sie den zurückgekehrten Agamemnon mit einer Axt und davor auch die Seherin Kassandra.

Achilles: Gilt als strahlendster Held der mythologischen Ilias-Erzählung, und er wird darin meistens als Pelide (= Sohn des Peleus) bezeichnet. Er führt seine Elitesoldaten, die Myrmidonen, an und ist erklärter Liebling der Göttinnen Hera und Athene. Allerdings umschweben verhängnisvolle Prophezeihungen sein Heldenleben. Eine davon ist, dass er sein Schicksal selbst wählen kann: Entweder lange, glücklich, doch völlig unbekannt oder aber kurz und als berühmtester Held der trojanischen Mythologie zu leben. Eine andere Prophezeihung besagt, dass Troja ohne seine Mitwirkung nicht besiegt werden kann, er jedoch in diesem Krieg, sollte er daran teilnehmen, fallen werde. Achill wählte den Ruhm.

Damit war sein Schicksal besiegelt. Obwohl er für die Menschen als unbesiegbar galt,

Abb. 7: Ifigenia 2005 am Heldenberg; Dr. Anderle

seine Mutter, die Meergöttin Thetis, hatte ihn ins unverwundbar machende Wasser des Unterweltflusses Styx getaucht–, blieb die Stelle, an der er dabei an der Ferse gehalten worden war, als einzige ungeschützt. Götter sind allwissend, und so konnte der die Trojaner unterstützende Gott Apoll später einen todbringenden Pfeilschuss genau zu jener Stelle lenken. Gefürchtet bei allen war der „Zorn des Achilles", der in wütender Verfassung eine halbe Armee in Schach halten konnte. Solch ein Zornesfall trat ein, als sein bester Freund Patroklos getötet worden war. Auch das Verhältnis zu Agamemnon vor Troja war von solchem Zorn geprägt.

Kalchas: berühmter Seher und Orakeldeuter, der in Pleyels Oper immer nur erwähnt wird, aber kein unmittelbarer Protagonist der Handlung ist.

Ifigenia: Die schönste der Töchter Klytämnestras, wurde von der mächtigen Jagdgöttin Artemis, die auch Schutzgöttin der Häfen war, als Menschenopfer (siehe Vasenbild) dafür verlangt, dass die im Hafen von Aulis versammelte griechische Riesenflotte nach Troja auslaufen konnte. Die Forderung der zürnenden Göttin war deshalb so grausam, weil Agamemnon sie nach den damals geltenden Ritualen und Regeln mehrfach schwer beleidigt hatte. In Pleyels Oper gilt Ifigenia als Verlobte des Achill, während der Mythos diese Verbindung nicht kennt. Allerdings wird die Aussicht auf ein Verlöbnis in einigen Quellen als List Agamemnons, Ifigenia nach Aulis zu locken, geschildert. Auf den Darstellungen der Opferung der Ifigenia ist auch immer die Hirschkuh als Rettung abgebildet, da Artemis statt dessen deren Opfer annimmt und Ifigenia dafür nach Tauris entrückt wird.

Arkas: Ein vom Textdichter der Oper erfundener Vertrauter des Königs Agamemnon.

Ulisses bzw. Odysseus: König von Ithaka, ursprünglich nicht sehr angetan vom Feldzug gegen Troja, dann aber der maßgeblichste Berater der kriegsführenden Griechen. Von ihm, der eher durch seinen Verstand als durch Körperkraft glänzte, soll die Idee des trojanischen Pferdes stammen, das schließlich den Fall Trojas herbeiführte. Oft ist dem Odysseus daher das Prädikat „listenreich" beigegeben. Er wird zur Hauptperson des Homer-Epos Odyssee, worin die langen Irrfahrten nach der Zerstörung Trojas und die Abrechnung mit den unverschämten Freiern der Odysseus-Gattin Penelope in Hexametern ausführlich und spannend geschildert werden.

Zum Inhalt
Akt I

Das griechische Heer hat sich in der Hafenstadt Aulis versammelt, um von dort aus die Überquerung der Agäis nach Troja vorzunehmen. Ziel der Unternehmung ist es, die vom trojanischen Prinzen Paris entführte Gattin des Königs Menelaus, Helena, zurückzuholen und Vergeltung für den Raub zu üben. Es herrscht Sturm in Aulis, und so ist die gewaltige griechische Flotte gezwungen, auf günstige Winde zu warten. Auch fehlt noch ein wichtiger Mitstreiter: der allseits berühmte Held Achilles. Dieser ist gerade mit der Unterwerfung der Insel Lesbos beschäftigt. Odysseus, von den Römern Ulysses genannt, der als listenreich bekannte König von Ithaka, der den Feldzug hauptsächlich als fintenreicher Berater mitmacht, äußert Kampfeslust. Agamemnon macht sich Gedanken über seine Pflichten sowohl dem Staat als auch der Familie gegenüber. Arkas, ein treuer Vasalle Agamemnons, räsoniert über seine Treue gegenüber dem König. Trotz des fehlenden „Superhelden" wollen die ungeduldigen griechischen Krieger aufbrechen. Ihr Anführer, Agamemnon, der König von Mykonos, befiehlt deshalb, ein Opfer vorzubereiten, um die Gunst der Götter zu erbitten. Inzwischen kommt Agamemnons Gattin Klytämnestra mit ihrer Tochter Ifigenia im Lager an, plant Agamemnon doch, die Vermählung der schönen Prinzessin mit ihrem Verlobten Achill noch vor Aufbruch des Heeres feierlich begehen zu lassen, Ifigenia erwartet ungeduldig die Rückkehr des Geliebten. Als dieser eintrifft, zeigt er sich darüber erzürnt, dass die Griechen nicht schon ohne ihn nach Troja aufgebrochen sind, beruhigt sich aber wieder, als er von Agamemnons Absicht der baldigen Vermählung erfährt. Das Heer versammelt sich, um dem Meeresgott zu opfern. Durch verschiedene

Abb. 8: Autograph Ifigenia; Dr. Benton

Anzeichen, wie Gewitter und Meeressturm, wird jedoch deutlich, dass das Opfer nicht angenommen wird. Odysseus erhält den Auftrag, den orakelkundigen Seher Kalchas aufzusuchen und diesen nach dem Grund der Zurückweisung des Götteropfers zu befragen. Klytämnestra versucht, ihre Tochter davon zu überzeugen, dass der Held Achilles offenbar nicht einer sei, der es mit der vorehelichen Treue besonders genau nehme. Ifigenia weigert sich anfangs, diese Beschuldigungen zu glauben, als sie aber erfährt, dass Achilles aus Lesbos unter anderem in seiner Kriegsbeute auch eine hübsche königliche Prinzessin mitgebracht habe, gerät ihr Glaube an den Geliebten doch beträchtlich ins

Wanken. Bei einem Treffen mit ihm bezichtigt sie ihn der Untreue, äußert Befürchtungen und Zweifel, die Achill zu zerstreuen sucht.

Akt II
Klytämnestra spürt, dass Unheil in der Luft liegt. Sie versucht von Arkas eine Erklärung zu erhalten, doch dieser hat keine Ahnung. Odysseus seinerseits wiederum ersucht den Vertrauten, Agamemnon ausfindig zu machen, da er den König dringend zu sprechen habe. Agamemnon und Odysseus treffen aufeinander, wobei der Königsberater erzählt, was er von Kalchas erfahren habe, nämlich, dass die Götter von Agamemnon dessen Tochter Ifigenia als Opfer für die Göttin Artemis (= die römische Diana) verlangen, da sonst Troja niemals fallen würde. Agamemnons erste Reaktion darauf ist, die Befolgung der Forderung zu verweigern, Odysseus vermag aber sehr beredt den König davon zu überzeugen, dass es sinnlos ist, sich gegen allmächtige Götter aufzulehnen. Agamemnon sucht verzweifelt, eine Ausweichlösung zu finden. Auf Fragen seiner Tochter Iphigenia antwortet er ausweichend. Inzwischen haben Ifigenia und Achilles noch einmal miteinander gesprochen. Er beteuert seine aufrichtige treue Liebe, und Ifigenia setzt ihren Verlobten davon in Kenntnis, dass Agamemnon zwischenzeitlich angeordnet habe, sie müsse mit ihrer Mutter Klytämnestra Aulis sofort verlassen. Er solle sich entscheiden, wie er zu ihr stehe. Der echt verzweifelte Achilles bittet Ifigenia, sie möge die Abreise verschieben, und eilt zu Agamemnon, um diesen von dem vermeintlich sinnlosen Entschluss abzubringen. Arkas hat düstere Vorahnungen des Gemetzels. Als Klytämnestra dem Ulysses von Agamemnons Plan berichtet, die beiden Frauen noch vor der Heirat wieder von Aulis wegzuschicken, dämpft der Schlaumeier die auftauchenden Bedenken der beunruhigten Königin, sucht aber eilends Agamemnon auf, damit die Entfernung Ifigenias verhindert werde. Diese wiederum hadert mit Achill. Klytämnestra hofft, dass sich doch noch alles zum Guten wendet. Achilles ist es zwischenzeitlich nicht gelungen, Agamemnon zum Widerruf der Evakuierungs-Anordnungen zu bewegen. Klytämnestra erscheint ziemlich aufgeregt, da ihr Agamemnon endlich vom Orakelspruch erzählt hat. Ifigenia ist total überrascht. Achilles, der Hitzkopf, plant nun seinerseits, die ihm zugesagte Braut zu verteidigen. Obwohl Ifigenia sich in einer patriotischen Anwandlung dem Willen der Götter fügen möchte, ist sie dann aber doch bereit, sich von Achilles bei einer von ihm angeratenen Flucht helfen zu lassen. Diesen Fluchtversuch aber wiederum vereitelt Agamemnon, der offenbar nun doch entschlossen scheint, das allgemeine Staatswohl über sein Privatleben zu stellen und der Götterforderung nachzukommen.

Akt III
Klytämnestra ist über Agamemnons Entschluß erbost und verzweifelt. Sie vermeint, einen unheilvollen Einfluss des listigen Odysseus zu erkennen. In einer Konfrontation bezichtigt sie den Königsratgeber der Blutrünstigkeit gegenüber der unschuldigen Ifigenia. Natürlich bestreitet Odysseus den Vorwurf der Blutrünstigkeit, meint aber, dem Willen der Götter muss Folge geleistet werden. Achilles erscheint, und Ulysses verzieht sich. Achilles überredet die Königin Klytämnestra, dass beide nun zum Tempel eilen müssten, um Ifigenia zu retten. Dabei reflektiert er über die Situation, in der sich Ifigenia befindet. Agamemnon und Odysseus haben sich beim Tempel der Artemis eingefunden. Odysseus, der natürlich eine Besiegung Trojas als Ziel vor Augen hat, befürchtet ein Nachgeben Agamemnons und beredet ihn, Stärke zu zeigen. Ifigenia hat sich seltsamerweise mit ihrem Schicksal abgefunden und ist aus freien Stücken, aus aufwallendem Patriotismus und aus Vatergehorsam entschlossen, ihren freiwilligen Opfertod anzubieten, damit alle Griechen ihrer Tat gedenken könnten, nachdem Troja besiegt worden ist.

Der Mythos kennt nun verschiedene und voneinander abweichende Ereignisse, die zum lange erwarteten Einsetzen eines günstigen Segelwindes führen:
Die Opferung wird ohne große Skrupel vollzogen (der allseitig bekannte Mythenerzähler Michael Köhlmeier neigt zu dieser Ansicht). Das ist das ursprüngliche Opern-Ende bei Pleyels IFIGENIA von 1785), ein Ersatzopfer (die Kriegsbeute-Prinzessin Elissena) wird gefunden. Achilles und Ifigenia können daher nun zum operngemäßen Schluss glücklich heiraten, oder: eine einsichtige Göttin erbarmt sich, unterschiebt eine ihr geweihte Hirschkuh (manchmal ist sogar von einer Bärin die Rede) als Opfergabe und entführt nebelverhüllt Ifigenia nach Tauris (etwa dem heutigen Ural) in einen dortigen Diana-Tempel zum Dienst als Hohepriesterin (damit die Geschichten der Orestie-Erzählung entstehen können), wovon natürlich die ganze Männergesellschaft in Aulis überhaupt nichts mitbekommt. In der heute auf dem Heldenberg gebotenen Fassung hat Klytämnestra eine rettende Idee, die wir aber hier nicht verraten wollen – sehen Sie sich das selbst an!

Anmerkungen zur Uraufführung von Ignaz Pleyels Oper Ifigenia in Aulide
Die amerikanische Musikologin Rita Benton liefert in ihrem voluminösen Katalog der Werke Ignaz Pleyels (Ignace Pleyel, A Thematic Catalogue of his Compositions, Pendragon Press, New York 1977) jeweils auch interessante und informative Hinweise. So basieren die folgenden detaillierten Angaben hauptsächlich auf ihren Forschungsergebnissen (Ihre Katalognummern werden,

ähnlich wie bei Mozart die Köchelverzeichnis-Nummern, in Programmen und auf CDs angegeben).

Pleyels Oper Ifigenia in Aulide war ein Auftragswerk, das für den König von Neapel, Ferdinand IV. (er war mit Maria Carolina, einer Tochter der Kaiserin Maria Theresias verheiratet) anlässlich seines Namenstages durch Vermittlung des Musikers und Mitglieds der österreichischen Botschaft in Neapel Norbert Hadrava geschrieben worden ist. Die Entlohnung dafür war wahrhaft königlich und selbst für die damalige Zeit ungewöhnlich hoch, nämlich 600 Dukaten. Die Uraufführung fand am 30. Mai 1785 im Teatro di San Carlo in Neapel (ein richtiges Hoftheater gab es erst ab 1768) statt, allerdings nicht in Anwesenheit des Königs, der aber sicherlich eine der nachfolgenden Aufführungen gesehen hat. Das im 2. Weltkrieg zerstörte Neapolitanische Staatsarchiv verzeichnete zwischen dem 30. Mai und dem 30. Juli 1785 weitere 19 Aufführungen, was auf einen beachtlichen Erfolg schließen lässt. Vielleicht ist es interessant zu vermerken, dass bei den Aufführungen eine große Anzahl von Statisten mitwirkte. Die Zahlungsbücher geben Auskunft, dass vom Statistenführer, dem persönlichen Adjutanten des Königs, Major D. Rosario Pietrasanto, insgesamt 19 Sergeanten, 28 Korporale und 722 Soldaten für Statistendienste in Pleyels Oper bezahlt worden sind. Wie viel davon jeweils auftraten, ist nicht ersichtlich, doch ist es wahrscheinlich, dass bei jeder der Aufführungen ein Sergeant die Oberaufsicht über die am Abend der Aufführung eingeteilte Gruppe hatte.

Ein erhaltenes Textbuch gibt Aufschluss über Besetzung und Technik. So werden wir informiert, dass Domenico Chelli, Professor an der florentinischen Akademie für das Bühnenbild, für Maschinerie und Werkstätten Lorenzo Smiraglio und für Kostüme Antonia Buonocare Napoletana verantwortlich waren. Es sangen: **Domenico Mombelli** (Agamemnon), **Anna Morichelli Bosello** (Ifigenia), **Francesco Roncaglia** (Achill/von der königlichen Kapelle), **Rosa Rota Lefevre** (Klytemnestra), **Innocenzio Lucci** (Ulysses), **Antonio Rubinacci** (Arcade). Zwischen den Akten der Oper wurden zwei Ballette eingelegt: „Circe", choreografiert von **Domenico Lefevre** (Primo Ballerino und Ballettdirektor), sowie „Der Kaufmann von Smyrna", auch von Lefevre choreografiert. Die Musik stammte von **Antonio Rosetti**, dem Leiter der Neapolitanischen Hofkapelle.

Das Textbuch zu Ifigenia in Aulide
Das Textbuch zu Ignaz Pleyels Oper „Ifigenia in Aulide", das im Wesentlichen auf ein Bühnenstück des in Frankreich hochgeschätzten Dichters Jean Racine (1639-1699) und nicht so sehr auf das des antiken Dramatikers Euripides (480-405 v. u. Z.) zurückgeht, unterscheidet sich in einigen Punkten von der all-

gemeinen Quellenlage des Ifigenia-Stoffes; dazu gehören die Liebesgeschichte mit dem schon vor der Aulis-Handlung existierenden Verlöbnis zwischen Achilles und Ifigenia sowie der Ausgang der Affaire, wobei die (aus der in Lesbos gemachten Kriegsbeute des Achilles stammende) Prinzessin Elissena, die vorher auch schon als Eifersuchtsobjekt diente, aus mythologisch akzeptablen Götter-Verwandtschaftsgründen als geeignetes Ersatzopfer herangezogen wird. Nach dieser offenbar für das Publikum der Aufklärung annehmbaren Opferung kann die geplante Hochzeit stattfinden. Damit wird allerdings dem mythologischen Sagenstoff um „Ifigenia in Tauris" und ihrem Bruder Orest jedwede Grundlage entzogen, denn Ifigenia gelangt so nie nach Tauris.

Es gibt eine ganze Reihe von „Ifigenia"-Vertonungen, auch Luigi Cherubini (1760-1842) schrieb eine „Ifigenia in Aulide", doch die wohl bekannteste Vertonung des Ifigenia-Stoffes stammt von Christoph Willibald Gluck (1714-1787). Seine 1774 in Paris erfolgreich uraufgeführte Oper „Iphigénie en Aulide" orientiert sich an Racines Drama, jedoch ändert der Komponist später den Schluss der Oper: Eine Hochzeit findet nicht statt, vielmehr rüstet die Flotte zur schnellen Ausfahrt nach Troja. Pleyel scheint Glucks Oper gekannt zu haben, denn er folgt den musikalischen Erneuerungsbestrebungen Glucks, der u. a. durch vom Orchester begleitete Rezitative glaubhafte dramaturgische Handlung und echte Emotionen ins Geschehen bringen wollte.

Bisher unbeantwortet ist noch die Frage, warum in Pleyels Oper kein Chor aufscheint, dessen Mitwirkung für Gluck sehr wichtig war. Obwohl es in dem als einzigen im Autograf erhaltenen dritten Akt den Hinweis gibt, dass am oder als Ende der Oper ein Chor folgen sollte, fehlt ein solcher in den beiden zur Aufführung eingerichteten, alle drei Akte umfassenden Partiturabschriften, die heute im Konservatorium in Neapel aufbewahrt werden. Es muss daher Spekulation bleiben, der Chor sei vielleicht gestrichen worden, da am Ende eventuell, einem Usus der Zeit folgend, ein aufwändiges Ballett getanzt worden sein könnte.

Impressum Programmheft: Herausgeber, Verleger und für den Inhalt verantwortlich © 2005: Internationale Ignaz Joseph Pleyel-Gesellschaft (IPG), p.A. Adolf Ehrentraud, A-3701 Ruppersthal 137. Beiträge: Dr. Heinz Anderle, IPG (Ignaz Pleyel, ein verkannter Meister der Oper; Zur Quellenlage von Pleyels Ifigenia); Prof. Dr. Christian Fridrich, IPG (Die Ägäis – historisch-geographische Betrachtungen), Prof. Dr. Anton Wendler (als Vorstandsmitglied der IPG) (Wer ist wer in der Pleyel-Oper Ifigenia in Aulide; Ifigenia in Aulide: Inhalt; Das Textbuch zu Ifigenia in Aulide; Anmerkung zur Uraufführung von Ignaz Pleyels Oper Ifigenia in Aulide); Bildvorlagen Pleyel 1776 und 1792: Österreichische Nationalbibliothek; Faksimile Autograph: Benton-Werksverzeichnis. Redaktion, Gestaltung und Satz des Programmhefts: Dr. Heinz Anderle, IPG; Druck: Ferdinand Berger & Söhne Ges. m. b. H., Horn. Partitur und Orchesterstimmen (herausgegeben von Paul Weigold) und der Klavierauszug (bearbeitet von Dr. Allan Badley) von Pleyels Oper „Ifigenia in Aulide" werden 2005 im Musikverlag Artaria in Wellington, Neuseeland, erscheinen.

12.6. Ein Forschungsbericht von Bettina Falk Falcone

Über 120 Werke Ignaz Joseph Pleyels in der Universitätsbibliothek in Basel im 18. Jahrhundert

(Der IPG ist es gelungen, im Pleyel-Museum in Kontakt mit der Schweizer Musikwissenschaftlerin Bettina Falk Falcone zu treten. Aufgrund dieses fruchtbaren Kontaktes hat uns die Wissenschafterin einen hochinteressanten Forschungsbericht für das Pleyel-Buch zur Verfügung gestellt. Wir danken für diese großartige Arbeit für die Wiederentdeckung von Pleyels Werk. Unser Dank gilt aber auch dem Leiter der Musiksammlung der Universität Basel. IPG)

Bettina Falk Falcone: Vorwort
Vorliegende Arbeit ist ebenso die Darstellung eines außergewöhnlichen Musikfreundes des 18. Jahrhunderts wie auch die Wiedergabe eines Teils eines für die internationale Musikforschung bedeutend gewordenen Themen-Katalogs von Musikhandschriften. Dieser Teil, in welchem die in einer Sammlung angelegten Werke Ignaz Joseph Pleyels erfasst sind, gelangt hiermit erstmals zur Veröffentlichung mittels einer aufwändigen Druckwiedergabe, eigens für die Internationale Ignaz Joseph Pleyel-Gesellschaft IPG in Ruppersthal bei Wien. Der in der Universitätsbibliothek Basel aufbewahrte Katalog unter der Sign. Kunst d III IX, stammt von dem Basler Seidenfabrikanten Lucas Sarasin, welcher das Verzeichnis seiner international ausgerichteten Musiksammlung zum größten Teil eigenhändig anlegte. An dieser Stelle danke ich der Universitätsbibliothek, Handschriftenabteilung, für die Genehmigung einer Druckwiedergabe und die hilfsbereite Unterstützung bei den Recherchen sowie dem Druck- und Reproatelier für die Herstellung der technischen Mittel.

Ein Forschungsbericht von Bettina Falk Falcone
Forschungsarbeiten zur Geschichte der Naturwissenschaften über den Aarauer Naturwissenschafter Johann Rudolph Meyer (1768-1825) Als die schweizerische Landessektion der Internationalen Musikgesellschaft IMG an die Gründung einer Musikbibliothek in Basel dachte, fand sie eine bereits bestehende, stattliche alte Musiksammlung vor, deren ursprünglicher Bestand 1.241 Werke zeitgenössischer Komponisten aufwies. Es handelte sich um die Musikbibliothek mit musikalischen Manuskripten und Erstdrucken aus dem 18. Jahrhundert des Basler Seidenbandfabrikanten Lucas Sarasin (1730-1802), ein Musikfreund mit besonderer Hinwendung zu musikalischen Erfahrungen.

Unter den noch erhaltenen Musikalien des ursprünglichen Bestandes befand sich der oben genannte handschriftlich sorgfältig ausgearbeitete thematischer Katalog aller Musikalien, die sich im Besitze Sarasins befanden. In Querfolio-Format und in Schweinsleder gebunden, präsentiert sich dieser Band mit seinen 236 Blättern hochkarätige, geraster-

ten und mit Wasserzeichen versehenen Papiers, Provenienz Südbaden oder Elsass, als ein stattliches Exemplar. Die Eintragungen, nach Besetzung des Werkes geordnet, charakterisieren die musikalischen Strömungen und Erwartungen der Zeit. Vertreten sind vor allem Werke der Mannheimer Schule mit Stamitz, Richter, Holzbauer, Cannabich usw.; daneben zahlreich die Wiener Schule mit Wagenseil, Gassmann, Haydn, Pleyel, Wannhal, ebenfalls Mozart und Wranitzki, sodann J. Chr. Bach und eine große Anzahl Italiener: Pugnani, Piccini, Samartini, Gasparini, Fiorillo Jomelli, Nardini und viele weitere. Diese so genannte Sarasinische Musikbibliothek ist für die Internationale Musikgeschichte und Forschung des 18. Jahrhundert, besonders die der Mannheimer Schule, von großer Bedeutung geworden.

Inmitten der großen Anzahl Anfangsthemen von Sinfonien (Ouverturen) und kammermusikalischen Werken fallen die Einheiten mit Aufzeichnungen Pleyelscher Kompositionen auf, welche sich in den handschriftlichen Notationen von den übrigen abheben und durch eine kalligrafisch sorgfältige Darstellung gekennzeichnet sind. Ein Vergleich hat ergeben, dass es sich um die Handschrift Jacob Christoph Kachels handelt und den Bestand von 120 Werken Pleyels belegen. Dieser beachtliche Bestand, in der Mehrzahl gegenüber anderen Komponisten, beweist die Beliebtheit der Schöpfungen dieses Meisters, die Faszination an der Substanz der klanglichen Erscheinungen und Verknüpfungen einfacherer Stilmerkmale, die leichtere Spielbarkeit, das alles waren Voraussetzungen möglicherweise sogar als ideale Generalpause innerhalb der politischen Wirren, auch oder gerade in der arg geplagten Schweiz bzw. in Basel zu Zeiten der napoleonischen Kriege.

Vielleicht auf der Suche nach einer Welterklärung beschäftigte er sich auch mit der Entwicklung physikalischer Geräte, wovon er offenbar ebenfalls eine bedeutende Sammlung besaß. Das verwundert nicht, denn er war ein Zeitgenosse des Musikers und Astronomen Wilhelm Friedrich Herschels (1738-1822), welcher 1781 den Uranus entdeckte; des Basler Physikers und Mathematikers Daniel Bernoulli (1700-1783) und des Mathematikers Leonhard Eulers (1707-1783), welcher sich auch eingehend mit den mathematischen Zusammenhängen in der Musik damit beschäftigte, (Tentamen novae theoriae musicae), eine Maßeinheit für den Grad von Dissonanzen zu finden: Menschen, die den großen Durchbruch gewagt, nach den Sternen gegriffen und ein neues Zeitalter eingeleitet haben. Eine neue Wirtschaftstheorie entstand und stellte neue Systeme auf, der „Mechanicus" entwickelte sich zum Maschineningenieur, Physik und Chemie nahmen Formen zu exakten Wissenschaften an. Der Bruch mit den alten „Künsten" war da, der „Allchemy": Die Entdeckung des Sauerstoff durch Scheele (1742-1786) und Lavoisier (1742-1794) veränderte das gesamte bisherige Bild der Naturwissenschaften. Vielleicht lässt sich die Summe seiner gesammelten und exakt nach Gattungen aufgezeichneten Musikalien, überhaupt die Erstellung eines so einmaligen Verzeichnisses wie das von ihm vorliegende, ebenfalls als Wissbegier und einer Erfahrungsleidenschaft entstammend im obigen Sinne interpretieren,

von einem Beobachter, der das Beobachtete aus dem musikalischen Wetteifern und seiner Entwicklungsfähigkeit parallel zu den gesellschaftlichen Veränderungen festhält. Solche Überlegungen müssen spekulativ bleiben, denn Aufzeichnungen Sarasins zu seinen naturwissenschaftlichen Interessen lassen sich leider keine (mehr, 2007) ausmachen.

Mitten in dieses Basel hinein, in eine Atmosphäre geistiger Dynamik, wo diese Genien gediehen sind und man weiter oben in Zürich schon bald, den gewaltigen politischen Erschütterungen trotzend, Martin Usteris Lied sang: „Freut euch des Lebens" (1793) - ein Lied als List und Kampfmittel gegen die Furcht und um diese zu verstecken? - mitten in dieses Basel zogen die Werke Pleyels in die musikalische Werkstatt des Musikfreundes Lucas Sarasin nacheinander ein, bis es einhundertundzwanzig wurden. Winkelmann schließt nach seinen Erkenntnissen und Lehren immer von den Werken der Kunst auf den Menschen. Wenn wir von dessen Grundsätzen ausgehen, so treffen sich Pleyel und Sarasin an dem Punkt, wo ein sanfter Strom an Weisheit fließt, wo das zutrifft, was schon einige Jahrzehnte zuvor J. A. Scheibe (1708-1776) in seinen Schriften „Der crit. Musicus" (1737-1740) als Standpunkt darlegt. Für Scheibe war Musik „eine Kunst, die dem Verstande gefallen muss", und er fordert: „die alten Sinfonien bequemer und singender einzurichten und von der alten überflüssigen Kunst zu reinigen". Er war Schüler Gottscheds, übernimmt alle Gedanken und Tendenzen Matthesons, und setzt dessen Leitbild „Natur als Vorbild der Kunst" geistig fort. Scheibe rühmt man nach, der erste deutsche Kritiker mit publizistischer Haltung zu sein. Fassen wir also zusammen: Betrachten wir Pleyels Stil, der zwar an Haydn orientiert und doch neu ist-, und wer möchte den ästhetischen Geschmack einer Persönlichkeit wie der eines Lucas Sarin in Frage stellen -als eine Liebeserklärung an: „Alle Menschen werden Brüder ohne Umschweife"!

Die tiefgreifende Kulturwandlung, die mit der französischen Revolution 1789 sich vollzog, hatte die Kunst ganz allgemein in Bahnen gedrängt, die immer weiter ab vom Begriff des rein Künstlerischen führten. Bis Ende des 18. Jahrhunderts hatte die Kunst immer nur da geblüht, wo ein Hof, eine repräsentierende Kirche, eine Aristokratie vornehmer Kenner ihr Schutz und Stütze gewährten. Diese aristokratische Kunst war nun zu Ende, und eine bürgerliche trat an ihre Stelle: Vorher exklusiv, wurde sie nun populär, früher für wenige bestimmt, sollte sie nun eine Kunst für alle sein. Dieser Eintritt des Massenpublikums in den Konsum der Kunst musste notwendig einen fundamentalen Unterschied zwischen den Werken der alten großen Epochen und denen des beginnenden 19. Jahrhunderts sein. So mag man es verstehen, wenn Pleyel sich als Diener eines neuen Stimmungsgesetzes verstand und dadurch einem neuen Interessenpublikum entgegen kam, welchem er auch die Möglichkeit bot, neben anspruchsvollen Werken einfachere, aber geistreiche und gewinnende, immer aber durch klangreiche vortrefflich gegliederte Tonsätze versehene Kompositionen in die bürgerliche Stube hineinzutragen. Dort mögen sie wie eine befreiende Ode gewirkt, den Zwiespalt zwischen Besitzenden und Armen zumindest in dieser Hinsicht an die Grenze einer Aufhebung gebracht zu haben.

In den Konzerten des Basler Musikkollegium spielte Sarasin den Kontrabass und richtete sich in dem von ihm am Rheinsprung erbauten palastartigen „Reichensteinerhof", dem „Blauen Haus", einen Konzertsaal mit Orgel ein. Da schuf er eine Atmosphäre, die man im Vergleich an die Spitze österreichischer Adelshäusern stellte. Hier war er großzügiger Gastgeber, hielt Hof und empfing u. a. auch fürstliche Gäste zu seinen Konzerten. Im Juli 1777 war es der Kaiser Josef II. von Österreich gar selbst, der Einzug hielt. Zwölf Jahre nach Sarasins Tod – sein Schwiegersohn Pièrre Vischer übernahm als Erbe das Haus mit Fortsetzung des concertanten Lebens – stieg abermals ein kaiserlicher Gast im „Blauen Haus" ab: Kaiser Franz II. nahm am 12. Januar 1814 bei Vischer Quartier, worüber er berichtet: „Um abends 7 Uhr fand ein Konzert statt mit dem Oberst Hofkämmerer und noch ein anderer hoher Herr, wozu ich meine drei eigenen und des Peters (wohl Sohn) Violin, zwo alte Viole und das beste Basset lehnte. Der Kaiser spielte die erste Violin, selb zweit und Graf Wrbna das Basset."

Da der Kaiser bis zum 22. Januar in Basel blieb, sich in dem Sarasin-Vischerschen Hause wohl fühlte, auch zweimal wiederkehrte, dürften Konzerte in dieser Form wohl des Öfteren wiederholt worden sein. Unter den Nachlasspapieren Vischers befand sich folgendes Programm:

Violino primo
S. Majestät der Kaiser
Violino Secondo
Obriststallmeister Graf Trautmannsdorf
Staatsrat Stift
Viola prima
Feldmarschall-Lieutnant Kutschera
Viola Seconda
Baron Wigroni
Basso
Obrist-Kämmerer Graf Wrbna

Opern in Quintetten arrangiert
Camilla von Paer
Wasserträger von Cherubini
Prisonnier von Della Maria
Schöpfung von Haydn
Jahreszeiten von dito

Quintetten von Mozart, Pleyel, Wranizky

Auf des Kaisers Wunsch sollen auch Musikalien aus Basel nach Wien geschickt worden sein.

Mittlerweile entwickelten sich die Makulanten, und Pleyel verschwand, die meisten seiner Werke ruhen in der Versenkung. Mit ihm viele andere wichtige Komponisten. Das Bild, das sich zu seiner Zeit noch differenzierter, empfindsamer in der Ästhetik darstellte, geriet unter eine andere Bewertung und dadurch zu einer Vernachlässigung der einstigen Sympathie für Pleyels Werke, für seine friedlichen Botschaften. Seit König

David wissen wir, wie wichtig Musik für unser Seelenleben sein kann, als eine Form der Lebensäusserung, als Lust und Ermunterung, aber auch als heilsames Mittel nach schmerzlichen Erfahrungen, oder zur Entwicklung und Festigung der eigenen Persönlichkeit. Erklären wir es zur Ehrensache, Pleyel eine neue Architektur zu verleihen, lassen wir ihn neuerdings durch seinen jugendlich blühenden Stil zum Verbündeten unserer inneren Bedürfnissen werden, lassen wir uns mit einem neuen Verständnis von der wirkenden Kraft seiner Töne überzeugen.

Basels Musikgeschichte beginnt mit Bischof Haite in der Zeit zwischen 807 bis 823. In seinen geistlichen Verordnungen wies er die Priester neben den anderen liturgischen Schriften zum Studium des Antiphonar an. Die Pflege des Kirchengesangs bekunden ferner in der Universitätsbibliothek aufbewahrte Choralwerke des 15. Jahrhunderts aus dem Kleinbasler Kartäuser und dem Dominikanerkloster sowie theoretische Traktate, deren ältester ins 13. Jahrhundert zurückgeht. Die Ordensregel der in Basel ansässigen Augustiner, Dominikaner und Franziskaner schrieb nachdrücklich die Gesangspflege vor. Seit 1480 arbeiteten die regsamen Basler Offizinen im Dienste der Tonkunst, zunächst mit dem Druck der Kirchengesangbücher, dann folgte das Graduale Basiliense u.a. 1488.

Der Beitritt zur Eidgenossenschaft erfolgte 1501. Die nachreformatorische Entwicklung

des Musiklebens in Basel äußert sich auf den verschiedensten Gebieten entsprechend dem Charakter als Grenzstadt-, dem „Goldenen Tor der Schweiz", welches erstmals 374 durch den Besuch von Kaiser Valentinianus I. erwähnt wird-, vor allem im Zusammenhang mit dem Wirken deutscher Musiker. Das Basler Collegium musicum entstand 1692 mit annähernd der gleichen Organisation und den gleichen Zielen, die auch für die anderen schweizerischen Musikgesellschaften maßgebend gewesen sind.

Die staatliche Universität (Gründung 1460) als höchste Schule des Gemeinwesens hatte ein gewichtiges Wort bei der Wahl der Kantoren und Organisten mitzusprechen, ließ auch ihre Alumnen (Schüler) beim Kirchengesang mithelfen und unterstützte die Musikkollegien.

Der Übergang zu Konzerten mit Bevorzugung von Instrumentalmusik bzw. Orchestersinfonien erfolgte erstmals in Paris 1725 (Concerts spirituels), in Basel 1752. Der aus Mitteldeutschland stammende Jacob Christoph Kachel (1728- 1795) war zu dieser Zeit der hervorragendste Violinsolist und Dirigent der Konzerte und Kammermusik, den Basel im 18. Jahrhundert erlebte. Sein kompositorisches Lebenswerk besteht vor allem in Sinfonien, kantatenähnlichen Chorwerken und Liedern sowie einem theoretische Schrifttum. Einen Höhepunkt des akademischen Musizierens in Basel stellte die Feier zum 300-jährigen Universitätsjubiläum 1760 dar, zu welchem Kachel das gesamte Aufführungsmaterial herbeischuf und ein von ihm komponiertes Werk dirigierte. In der Nachfolge des Basler Dirigenten Johann Rudolph Dömmelins entfaltete Kachel in Basels Musikleben eine reiche Tätigkeit durch die Vermittlung neuer Impulse und einer Neuorientierung. Diese würzte er mit folgendem humorvollen Vortrag: „Die Schweizer, an Italien, Deutschland und Frankreich angräntzend, bedienen sich der Music aller drei Nationen und haben nichts eigenes als das Kühorn, und ihre ländlichen Lieder, die sehr naif sind. In den Städten halten sich immer fremde Musici auf, die die Music docieren. Ein neuangekommener vertreibet die meisten mahlen den vorigen, und giebt alsdenn dessen Discipel (Schüler) vor (für) die seinigen aus, so lange, biss ihn ein anderer wiederum vertreibet." Gleichzeitig war Kachel der Hausmusicus des Seidenbandfabrikanten Lucas Sarasin, in dessen Haus regelmäßig Konzerte stattfanden.

**Der heutige Bestand Pleyelscher Werke
in der UB Basel, Stand September 2007:**
Unter den Signaturen kr IV 224-250 sind folgende im Druck erschienenen Werke zu finden:

kr IV 224 Sinfonie D	Imbault, Signatur	Imbault unten rechts	braune Tinte
kr IV 225 Sinfonie B	,,	,,	,,
kr IV 226 Sinfonie B	,,	,,	,,
kr IV 227 Sinfonie C	,,	,,	,,
kr IV 228 Sinfonie D	,,	,,	,,
kr IV 229 Sinfonie B	,,	,,	,,
kr IV 230 Sinfonie C	,,	,,	,,
kr IV 231 Sinfonie B	,,	,,	,,
kr IV 232 Sinfonie A	,,	,,	,,
kr IV 233 Sinfonie C	,,	,,	,,
kr IV 234 Sinfonie Es	,,	,,	,,
kr IV 235 Sinfonie D	,,	,,	,,
kr IV 236 Sinfonie D	,,	,,	,,
kr IV 237 Sinfonie Es	,,	,,	,,
kr IV 238 Sinfonie D	,,	,,	,,
kr IV 239 Sinfonie C	,,	,,	,,

kr IV 240 Première Symphonie concertante Imbault Sign. Imbault rechts unten

kr IV 241 Sextuor à 2 viol, 2 violes, violonc. et basse Imbault

kr IV 242 Quintetti concertans p. 2 viol, 2 altos et violonc. Bouyer

kr IV 243 12 nouveaux quatuors concertans p. 2 viol, alto et basse. Imbault. Diese Ex. fehlen.

kr IV 244 6 Quators Besetzung wie oben, 7. livr. Imbault

kr IV 245 6 Quators Besetzung wie oben, 8. livr. Vorhanden: C,B,e., übrige fehlen

kr IV 246 6 Quators Besetzung wie oben, Oeuvre 4

kr IV 247 2 Quators Besetzung wie oben, tirès des oeuvres de J. Pleyel par M. Fiorillo, Oeuvre 36, Vienne, Artaria

kr IV 248 Serenata per viol., due viole e violonc. Mareschalchi

kr IV 249 6 Trios p. 2 viol, et un violonc. 2. livre des trios. Imbault

kr IV 250 6 Duos, 2 Viol oder Fl u. Viol. 2. Stimme der letzten Nr. nicht vervollständigt: Handschriftliches Exemplar von Jacob Christoph Kachel mit Ueberschrift auf der Vorderseite der 1. Stimme: Pière Vischer.
kr XII 266 Three Sonatas for the Piano Forte or Harpsichord op 21.

Unter den Signaturen KK befinden sich:
KK XV 22 Six Sonatas for the Piano Forte or Harpsich. with Acc. Fl. or Viol. and Vc. Longman & Broderip, chez Imbault

KK XVII 255 Trois Grandes Sonates pour Forte-Piano avec Acc. de Violon et Violoncelle. Chez l'Auteur. Sign. Pleyel unten rechts
KK XVIII 666 Nr 1 Trois Sonates pour la

Harpe avec Accomp. De Violon et Violocell Oeuvre 35 . Chez l'Auteur. Sign. Peyel unten rechts

Von den wichtigsten schweizerischen Musikbibliotheken ist die Universitätsbibliothek in Basel die bedeutendste.

Eingesehene Literatur:
Karl Nef: Eine Musikbibliothek aus der zweiten Hälfte des 18. Jahrhunderts/ZS. der Internat. Musikgesellsch. 1904

Karl Nef: Die Musik in Basel/Breitkopf & Härtel 1909

Edgar Refard: Thematischer Katalog d. Instrumentalmusik des 18. Jahrhunderts, handschr. Notationen von Refard u. Maschinenscript 1928 sowie Ausg. Verl. Paul Haupt 1957

Musik in Geschichte und Gegenwart/MGG Bärenreiter 2. Ausg. 1989

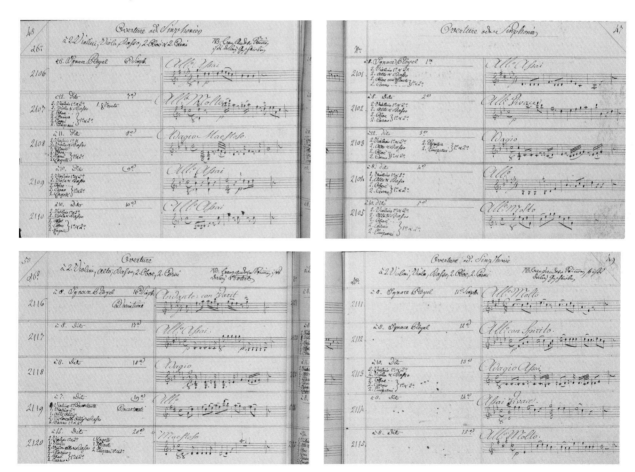

Abb. Sarasinsche Sammlung; Bettina Falk Falcone, Universität Basel

Anhang

Pleyels Leben auf einen Blick

18. Juni 1757-1771	**Ruppersthal** in Niederösterreich, Geburt von Ignatius Josephus Pleyl als Schulmeistersohn; frühe musikalische Begabung
1771-1772	Lehre bei *Johann Baptist Wanhal* in Wien
1772-1777	Über Vermittlung des Mäzens *Graf Ladislaus Erdödy*: Studium bei Franz *Joseph Haydn* in Esterhaza
1777-1782	Kapellmeister bei Graf Ladislaus Erdödy in **Pressburg**
1777-1786	Bildungsreisen nach **Italien,** unterstützt von Graf Ladislaus Erdödy; Werke für König Ferdinand IV. („lira organizzata" und Oper „Ifigenia in Aulide") entstehen
1783-1789	Vizekapellmeister bei *Franz Xaver Richter* am Straßburger Dom
22. Jänner 1788	Heirat mit *Franziska-Gabrielle (Ignatia) Lefebvre*
18. Dezember 1788	Sohn *Joseph Etienne Camille* wird geboren
12. September 1789 bis 15. Jänner 1791	Domkapellmeister in Straßburg; (Beginn der Französischen Revolution)
15. Dezember 1791- 14. Mai 1792	Eintreffen in **London** aufgrund einer Einladung von Cramer „Professional Concerts" zu dirigieren; Wettstreit mit Haydn; Schottische Lieder für George Thomson entstehen
1793/1794	Siebenmalige Vorladung vors „Comité du Salut Public", Verhaftung wegen seiner österreichischen Abstammung und möglichen Sympathien mit Adeligen und Kardinal Rohan; als Zeichen des Patriotismus musste er für seine Freilassung die Hymne *„La Révolution du 10 Août ou le Tocsin allégorique"* komponieren.
1793	Erwerb des Landgutes Ittenweiler an den Ausläufern der Vogesen in der Nähe von Straßburg

April 1795	Übersiedlung nach **Paris**
1795 September 1797	**Gründung des Verlages** „Chez Pleyel" in Paris Erste offizielle Verlagsadresse. In der Folge: Gründung von Filialen
1800	Einreiseverbot nach Österreich beim Versuch Haydn wegen dem Dirigat „Die Schöpfung" an die Oper nach Paris zu holen
1801	Ausgabe der „Collection complette des quatuors d'Haydn" (vollständige Sammlung der Quartette Haydns). Inkludierte ein „Catalogie thematique de tous les quatuors d'Haydn, avoués par l'Auteur et classés selon l'ordre dans lequel ils ont paru" (Thematischer Katalog aller Quartette Haydns, vom Autor anerkannt und in der Ordnung ihres Erscheinens geordnet
1802	Erfindung der Taschenpartitur mit Herausgabe der „Bibliothèque musicale"
1805	Reise mit Sohn Camille nach Wien; Kontakt mit Haydn und Beethoven; Arztbesuch mit Kuraufenthalt, Versuch einen Verlag zu gründen
1807 1824 1. Jänner 1830	**Gründung der Klaviermanufaktur** (Pleyel & Co.) in Paris Camille übernimmt die Geschäfte der Klaviermanufaktur Gemeinsam mit seinem Sohn Camille gründet er die **„Salle Pleyel"** in Paris
14. November 1831	Pleyel stirbt, nachdem er sich in den letzten Lebensjahren auf seinem Landgut St. Prix bei Paris zurückgezogen und sich der Landwirtschaft gewidmet hatte

200 Jahre Klaviermanufaktur Pleyel

Die Geschichte der Klaviermanufaktur auf einen Blick (1807-2007)

1807	**Gründung** der Klaviermanufaktur „Pleyel & Co." durch Ignace Pleyel
1810	Ignace Pleyel wird zum **Instrumentenfabrikant seiner Majestät** dem *König von Westfalen* ernannt
1827	Nationale Ausstellung von Paris: **Goldmedaille** Seine Durchlaucht Louis-Philippe, *Herzog von Orléans,* ernennt Ignace Pleyel zu seinem Flügelfabrikant
1829	Seine *Majestät Karl X.* verleiht Ignace und Camille Pleyel den Titel **„Klavierfabrikanten seines Hauses"**
1831	Seine Majestät Louis-Philippe verleiht Ignace Pleyel den Titel **„Klavierfabrikant des Königs"**, und Camille Pleyel den Titel **„Harfenfabrikant des Königs"**
1834	Nationale Ausstellung von Paris: **Goldmedaille** – Camille Pleyel wird zum Ritter der Ehrenlegion ernannt
1834	Nationale Ausstellung von Paris: **Goldmedaille**
1844	Nationale Ausstellung von Paris: **Goldmedaille**
1849	Nationale Ausstellung von Paris: Außerhalb des Wettbewerbes – Camille Pleyel als Experte von den Klavierfabrikanten delegiert
1855	Internationale Ausstellung von Paris: **Ehrenmedaille**
1861	Internationale Ausstellung von Metz: **Ehrendiplom**
1862	Internationale Ausstellung von Lodon: Preis-Medaille – *Auguste Wolff* wird zum Ritter der Ehrenlegion ernannt
1867	Internationale Ausstellung von Paris: Außerhalb des Wettbewerbes – Auguste Wolff, Jury-Mitglied
1872	Internationale Ausstellung von Lyon: Außerhalb des Wettbewerbes
1873	Ausstellung von Wien: Außerhalb des Wettbewerbes
1875	Ausstellung von Chile: **Ehrenmedaille**
1875	Ausstellung von Blois: **Ehrendiplom**
1878	Internationale Ausstellung von Paris: **Goldmedaille**
1881	Mailänder Musikausstellung: **Goldmedaille**
1883	Ausstellung von Amsterdam: Außerhalb des Wettbewerbes – Auguste Wolff, Jury-Mitglied

1885	Ausstellung von Antwerpen: **Ehrendiplom**
1887	Ausstellung von Toulouse: Außerhalb des Wettbewerbes – *Gustave Lyon*, Jury-Mitglied
1887	Ausstellung Havre: Außerhalb des Wettbewerbes – Gustave Lyon, Berichterstattender Sekretär der Belohnungs-Jury
1888	Ausstellung von Brüssel: Außerhalb des Wettbewerbes – Gustave Lyon, Berichterstattender Sekretär der Belohnungs-Jurys – Gustave Lyon wird zum Ritter des königlichen Leopoldsordens ernannt
1888	Ausstellung von Melbourne: Außerhalb des Wettbewerbes
1888	Ausstellung von Kopenhagen: Außerhalb des Wettbewerbes
1889	Gustave Lyon wird zum Ritter der Ehrenlegion ernannt
1889	Internationale Ausstellung von Paris: **Großer Preis – Goldmedaille**
1891	Französische Ausstellung von Moskau: Gustave Lyon, Jury-Mitglied
1892	Gustave Lyon wird zum Ritter des „königlichen Dannevrogordens" ernannt
1920	die Firma wird als **Aktiengesellschaft** „Pleyel, S. A., Paris" geführt
1924	wurde eine **moderne Fabrik** gebaut
1927	**Blütezeit**, das Unternehmen steht am Höhepunkt seiner Geschichte
1930	**Erwerb der altbekannten Orgelbaufirma** Cavaille-Coll
1933	Ankauf der seit 1840 bestehenden **Pariser Klavierfabrik Bord**
1960	**Einstellung der Geschäfte in St. Denis.** Produktion nur noch in Lizenz
1996	Nach verschiedenen Besitzerwechsel ist die Firma 1996 aus Deutschland (Fa. Schimmel) wieder nach Frankreich zurück gekehrt. Dank dem Industriellen Hubert Martigny – der auch die Firmen Erard, Gaveau und Rameau erwerben konnte – unternimmt die Firma 1998 einen neuen Versuch am Markt bestehen zu können
2007	im Frühjahr eröffnete die **Manufaktur in Alés** ihre Produktion; im September eröffnete die Manufaktur wieder an ihrer historischen Stätte in **Saint-Denis** die Geschäfte

Die Internationale Pleyel-Gesellschaft
1. Was hat die IPG bisher getan?

Die Internationale Ignaz Joseph Pleyel-Gesellschaft (IPG)

Die Internationale Ignaz J. Pleyel Gesellschaft mit dem Sitz in Ruppersthal wurde am 10. Dezember 1995 von Adolf Ehrentraud gegründet und durfte aufgrund des Bescheides der Sicherheitsdirektion für das Land Niederösterreich seine Tätigkeit aufnehmen. Die konstituierende Generalversammlung fand am 3. März 1996 um 10.00 Uhr in Ruppersthal statt.

Was hat die IPG seit ihrer Gründung getan?
In den zwölf Jahren ihres Bestehens konnte die IPG vor allem durch beachtliche Aktivitäten, Regelmäßigkeit, und die hohe Qualität ihrer Arbeit überzeugen. Wir erlauben uns darauf hinzuweisen, dass wir seit unserem Bestehen folgende erfolgreiche Aktivitäten setzen konnten:

1. Rettung und Revitalisierung der alten verfallenen zum Abbruch preisgegebenen Pleyl-Schule (hier war Ignaz J. Pleyel Schüler seines Vaters Martin) und Einrichtung als Ignaz Joseph Pleyel-Museum mit Hilfe des Herrn Landeshauptmannes Dr. Erwin Pröll, Hofrat Dr. Alfred Willander, dem Intendanten des ORF-Landesstudios Niederösterreich, Prof. Dr. Paul Twaroch, der Niederösterreichischen Bauinnung und des Ignaz Joseph Pleyel Theatervereines Ruppersthal.
2. Eröffnung des Ignaz J. Pleyel-Museums am 5.9.1998 mit dem ORF-Landesstudio Niederösterreich durch Landeshauptmann Dr. Erwin Pröll.
3. Durchführung eines bundesweiten Violinwettbewerbes samt Abschlusskonzerten mit den Preisträgern
4. Edition von sechs Werken Pleyels
5. Veranstalter von 100 Konzerten mit Werken von Ignaz Joseph Pleyel und Zeitgenossen, davon ein Konzert in der „Salle Pleyel" in Paris. Im Zuge dieser Veranstaltungen ist es der IPG gelungen, unzählige Werke wieder zu entdecken und den Interessierten erstmals zu Gehör zu bringen.
6. Produktion der Opern
„Die Fee Urgele" 2001 (szenische Welturaufführung) und erstmals nach der erfolgreichen Premiere am 30. Mai 1785 im Teatro San Carlo
„Ifigenia in Aulide" 2005 (szenische Erstaufführung nach 220 Jahren). Beide Produktionen wurden als Freiluftaufführungen auf der Treppe zur Säulenhalle auf dem Heldenberg gegeben (siehe Kapitel 12)
7. Produktion von 28 CDs mit Werken von Ignaz Joseph Pleyel
8. Verleger und Herausgeber der **ersten Pleyel-Biografie**

Pleyel-Museum Rupperstahl 108, A-3701
Öffnungszeiten: Montag, Freitag und Sonntag: 10-13 Uhr
Samstag: 14-17 Uhr (ganzjährig) – Sowie gegen Voranmeldung!
Eintritt: Eur 4.- (Gruppenführungen: Eur 3,50 / Eur 3 /
Kinder bis 14 Jahre frei!) (Alle Angaben pro Person.)
Kontakt: adolf.ehrentraud.pleyel@aon.at **www.pleyel.at**

Abb. 1: Pleyel-Museum als Ruine; IPG

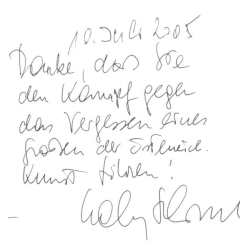

10. Juli 2005, der damalige Bundeskanzler Dr. Wolfgang Schüssel schreibt in das Gästebuch des Pleyel-Museums.

Abb. 2: Pleyel-Museum, Innenraum; IPG

9. **Initiator der ersten Pleyel-Sonderpostmarke**, Präsentation während des Festaktes zum 250. Geburtstag am 17. Juni 2007 im Sonderpostamt Ruppersthal

10. Herausgeber und Verleger eines **Museums-Kataloges** (1., 2., 3. und 4. Auflage) in Deutsch und Französisch

11. **Regelmäßig stattfindende** und bereits international Beachtung findende **Museumsführungen**. Besucher aus allen Erdteilen kommen fast täglich ins weltweit einzige Pleyel-Museum

12. Ignaz J. Pleyel **Festspiele** am Ignaz Pleyel-Platz (Uraufführung der Theaterproduktion „Ignaz J. Pleyel – Der vergessenen Sohn unserer Heimat" von Adolf Ehrentraud, Aufführungen von 1994 bis 2004)

13. **Zusammenarbeit mit Musikschulen u. Musikuniversitäten** und anderen Kulturvereinen im In- und Ausland

14. Die IPG ist zwischenzeitlich zur weltweiten **Auskunftsstelle** für Fragen geworden, die das Leben und das Werk Ignaz Joseph Pleyels und seine Familie betreffen.

15. Das Veranstalten des **Festaktes** am 17. Juni 2007 zum 250. Geburtstag von Ignaz Joseph Pleyel am Ignaz Pleyel Platz in Ruppersthal vor rund 1000 Festgästen

16. Das Veranstalten des **ersten Pleyel-Symposions** in Zusammenarbeit mit der Musikuniversität Graz vom 15.6. bis 16.6.2007 im Pleyel-Museum. Wir danken den Referenten: Dr. Klaus Aringer, Prof. Dr. Ludwig Finscher, Prof. Dr. Friedhelm Krummacher, Dr. Michael Aschauer, Harald Strebel, Sally Sargent, Wiebke Thormälen, Dr. Raab, Dr. Petrus Eder, Prof. Dr. Thomas Schmidt-Beste, Dr. Federico Celestini, Dr. Bernd Edelmann.

17. **Notenversand** an Konzertanbieter und Kirchenchören im In- und Ausland

2. Der Vorstand der IPG

Ehrenpräsident der IPG
Landeshauptmann Dr. Erwin Pröll

Präsident Adolf Ehrentraud
Vizepräsident Dkfm. Walter Schwabe
Schriftführerin Mag. Anita Winterer
Schriftführerin-Stv. Christa Schwabe
Hauptkassier Irene Ehrentraud
Kassier-Stellv. Ing. Herbert Koblischke
Direktorin für Forschung
Mag. Anita Winterer
Museumsdirektor Adolf Ehrentraud
Marketing
Christine Pleyl (Grafik Design)
Marlene Pleyl (Konzeption und Text)
Rotraud Jungbauer (Sonstiges)
Webmaster Ing. Herbert Koblischke

Rechnungsprüfer der IPG
Johann Wessner (1. Rechnungsprüfer)
Josef Pachner (2. Rechnungsprüfer)
Herbert Hitzinger (3. Rechnungsprüfer)
Wolfgang Korner (4. Rechnungsprüfer)

3. Die Eröffnung des Pleyel-Museums

Die Eröffnung des Ignaz J. Pleyel-Museums am 5. September 1998 in Ruppersthal/NÖ

Eigentlich war das Wetter gar nicht so freundlich wie es zu einem derartigen festlichen Ereignis zu erwarten gewesen wäre, und trotzdem: von fern und nah waren viele Musikbegeisterte erschienen, so dass die Veranstaltung geradezu Volksfestcharakter erhielt.

Vor dem Kirchenaufgang musizierte die Blasmusikkapelle Großweikersdorf-Ruppersthal und versetzte die Besucher in fröhliche Erwartungshaltung. Ruppersthaler Pleyel-Wein wurde ausgeschenkt und erwärmte die Gemüter. Die kleine Kirche füllte sich im Nu bis zum letzten Platz, und nachdem der Landeshauptmann erschienen war, konnte der „Festakt" beginnen.

Jene Besucher, die in der Kirche keinen Platz mehr gefunden hatten, konnten vor der Kirche unter schützenden Regenschirmen einer durch den ORF-Niederösterreich ermöglichten Übertragung lauschen. Alle harrten bis zum Ende des Festaktes aus; niemand ging vorzeitig. Nachfolgend das Festprogramm, dessen musikalischer Teil von allen mitwirkenden Künstlern aufs Exzellenteste dargeboten wurde:

Abb. 3: Der junge „Pleyel" überreicht Pröll den Schlüssel des Museums; Mit Signatur von LH Dr. Erwin Pröll; NLK

Festakt zur Eröffnung des Pleyel-Museums

Ignaz J. Pleyel (1757-1831) Serenade in F-Dur für Flöte, Oboe, Klarinette und Fagott

Begrüßung durch Adolf Ehrentraud, Präsident der IPG
Ignaz J. Pleyel, Partita in B-Dur für Bläseroktett

Grußworte von Franz Otto, Bürgermeister von Großweikersdorf

Prof. Dr. Paul Twaroch, ORF Landesintendant

Werner Rauch, Conseiller culturel, scientifique et de coopération près l'Ambassade de France en Autriche, Directeur de l'Institut Francais de Vienne

Abb. 4: Musikalische Darbietung zur Eröffnung des Pleyel-Museums; IPG

Joseph Haydn (zugeschrieben) Divertimento B-Dur Hob. II/46

Festansprache von Dr. Erwin Pröll, Landeshauptmann von Niederösterreich

„Ignaz Joseph Pleyel – Von Niederösterreich in die Welt"
Niederösterreichische Landeshymne
Französische Nationalhymne

Zemlinsky Quintett Wien
Heidrun Lanzendörfer, Andrea Krauk, Kurt Franz Schmid, Michel Gasciarino, Gottfried Pokorny und Kollegen

Museumseröffnung
Segnung durch GR Pfarrer George Buis
Schlüsselübergabe und feierliche Eröffnung durch Dr. Erwin Pröll

Programm im Pleyel-Museum
Ignaz J. Pleyel
Trio für Klavier, Violine und Violoncello
F-Dur, Ben. 429
Allegro con brio

Clavis Ensemble Wien
Elisabeth Rupertsberger, Violine
Günter Schagerl, Violoncello
Hrvoje Jugovic, Klavier

4. Pleyel-Jahr 2007

250 Jahre Ignaz Joseph Pleyel
Ein Beitrag von Marlene Pleyl

Kaum waren die letzten Regentropfen des Morgens von den Sitzen gewischt und jeder Sessel seinem jeweiligen Ehrengast zugewiesen, trafen die ersten Besucher am Festgelände ein. Schon eine Stunde vor dem offiziellen Beginn des Festaktes wurden die hinteren Reihen in Beschlag genommen. Die Sitzgelegenheiten, soviel stand ziemlich bald fest, würden nicht für alle Personen reichen. Aus der ganzen Ortschaft wurden Sessel und Bänke zusammengetragen und am Pleyel-Platz in Ruppersthal aufgestellt. Winzer und Gastwirte sperrten ihre Stände auf, Musiker stimmten ihre Instrumente, Sänger ölten ihre Stimmen. So viel Aufwand für einen Tag!

Doch die Vorbereitungsarbeiten begannen schon weitaus früher. Über ein ganzes Jahr lang wurde das Fest, zu Ehren Ignaz Joseph Pleyels, bis ins Detail geplant und durchdacht. Unzählige Sitzungen, mit am Festakt beteiligten Personen, wurden abgehalten, dutzende Ideen gewonnen und wieder verworfen und teils heftige Diskussionen ausgetragen. Doch das Ergebnis dieser Arbeit konnte sich sehen lassen.

Das ganze Jahr 2007 stand und steht im Zeichen Pleyels, wird doch in diesem Jahr nicht nur Pleyels 250. Geburtstag gedacht, sondern auch dem 200-jährigen Bestehen der Klaviermanufaktur. Schon das Eröffnungskonzert am 5. Jänner im Konzerthaus Weinviertel in Ziersdorf, welches offiziell das Jubiläumsjahr einläutete, war ein voller Erfolg. Es brillierten einmal mehr die Solisten Ana Durlovski und Nathan Payas mit der Philharmonie aus Györ. Unter dem Dirigenten Paul Weigold wurden unter anderem auch bekannte Opernarien und Duette aus Pleyels Opern („La Fee Urgele" und „Ifigenia in Aulide") dargeboten. Fulminant ging es auch in den nächsten Monaten weiter. Insgesamt 15 Konzerte standen im Jahr 2007 auf dem Programm. Darunter Streichtrios und Flötenquartette, Violinsonaten, ein Klavierabend mit Richard Fuller, Streichquartette mit dem weltberühmten Janacek-Quartett oder Bläseroktette mit der Pleyel-Harmonie. Wie auch im letzten Jahr beeindruckten die jungen Musiker des Petit Trianon die Konzertbesucher in Pleyels Taufkirche in Ruppersthal. Besondere Erwähnung sollte auch der im Juli stattgefundene Kulturaustausch im Prunksaal des Schlosses Niederleis finden. Unter dem Motto „vom Solowerk bis zum Quintett" spielten auserlesene junge Künstler aus Südkorea Werke von Ignaz Pleyel. Auch das 100. Konzert der IPG, im Jugendstilsaal des Konzerthauses Weinviertel am 11.11.2007, fiel in das Jubiläumsjahr Pleyels.

Die Woche vom 10. bis zum 17. Juni bildete den Höhepunkt des Pleyel-Jahres. Den Beginn machte das große Geburtstagskonzert im Konzertsaal Maurer in Großweikersdorf. Es spielte der Wiener Concert-Verein, also Orchestermitglieder der Wiener Symphoniker, und die Solistin Moon Kyung Lee unter der Leitung von Christian Birnbaum großartige Symphonien von Ignaz Joseph Pleyel. Darunter auch die Symphonie in Es-Dur (Ben 152), welche nach etwa 200 Jahren von der IPG erstmals wieder zur Aufführung gebracht wurde.

In Zusammenarbeit mit der Musikuniversität Graz und Musikwissenschaftern aus der ganzen Welt fand am 15. und 16. Juni ein erstes Pleyel-Symposion in Ruppersthal statt. Die künstlerische Leitung oblag Dr. Klaus Aringer. Zwei Tage lang wurden Pleyels Werke, von den Violinduos bis zu seinen Sinfonien und sakralen Stücken, von den Wissenschaftern eingehend analysiert. Den Abschluss bildete ein Harmoniemusik-Konzert der „Harmonia Antiqua Pleyel" vor der idyllisch gelegenen Lourdes-Waldkapelle in Ruppersthal.

Am 17. Juni war es dann soweit – das Pleyel-Jahr fand seinen absoluten Höhepunkt im Festakt zum 250. Geburtstag. Hunderte Besucher wurden am Pleyel-Platz in Ruppersthal erwartet, darunter unzählige Ehrengäste aus Politik, Wirtschaft und Wissenschaft wie Landeshauptmann Dr. Erwin Pröll, Seine Exzellenz M. Pierre Viaux, Botschafter der französischen Republik, der ehemalige Generaldirektor und Vizepräsident Dr. Leo Wallner, Dr. Allan Badley aus Wellington, Neuseeland, der Vorstand der Wiener Philharmoniker Dr. Clemens Hellsberg, der Leiter der Musiksammlung der österreichischen Nationalbibliothek Dr. Thomas Leibnitz, ORF-Landesdirektor Dr. Norbert Gollinger, Dr. Paul Twaroch, Vertreter der Volkskultur Niederösterreich und weitere bedeutende und namhafte Persönlichkeiten. Im Rahmen eines Gottesdienstes wurde Pleyels Missa solemnis in D (Ben 756) unter der Leitung von Martin Melcher bei strahlendem Sonnenschein aufgeführt. Es spielten und sangen die Mitglieder des Orchesters und Chores der Pfarre Baden St. Stephan mit den Solisten Cornelia Hübsch (Sopran), Brigitte Mauritz (Alt), Martin Meier (Tenor) und Gerd Fussi (Bass). Nach der Begrüßungsansprache des Präsidenten der IPG, Adolf Ehrentraud, richtete der Bürgermeister der Marktgemeinde Großweikersdorf, Franz Otto, Grußworte an

Abb. 5: LH Dr. Erwin Pröll erhält den Goldenen Pleyel-Ring und die Ehrenurkunde der Internationalen Ignaz Joseph Pleyel-Gesellschaft (IPG); NLK

die versammelten Festgäste. Dr. Klaus Aringer von der Universität Graz gab ein kurzes musikwissenschaftliches Resümee über die Ergebnisse des Pleyel-Symposiums. Auch der Botschafter der Republik Frankreich, S.E. M. Pierre Viaux ergriff das Wort. Die abschließende Festrede hielt der Ehrenpräsident der IPG, Landeshauptmann Dr. Erwin Pröll. Er wurde am 17. Juni mit der höchsten Auszeichnung der IPG, dem goldenen Pleyel-Ring geehrt. Dr. Leo Wallner und Dr. Allan Badley erhielten die goldene Pleyel-Medaille.

An diesem Tag wurde die lang ersehnte erste offizielle Pleyel Sonderpostmarke, mit dem von Christine Pleyl entworfenen Ersttagsstempel, im Sonderpostamt Ruppersthal präsentiert. Weitere Besonderheiten waren die Sonderausstellung im Pleyel-Museum und das Museumskonzert auf dem Original Ignaz Pleyel-Hammerflügel, Opus 1614, mit Masha Dimitrieva. An diesem Tag wurde auch das erste Pleyel-Hörbuch präsentiert; das Buch dazu schrieb Adolf Ehrentraud, der auch als Sprecher fungierte. Heimische Klänge der Blasmusik Großweikersdorf/Ruppersthal erklangen auf der Pleyel-Meile. Erlesene Pleyel-Weine und Schmankerl aus der Region des Weinviertels wurden allerorts angeboten, sodass der Festakt nicht nur ein musikalisches Erlebnis blieb. Nach einer Idee der IPG entwickelte die Konditorei Wagner aus Tulln den ersten Pleyel-Dukaten, den eine von Christine Pleyl designte Oberfläche

Abb. 6: Festansprache von LH Dr. E. Pröll am Pleyel-Platz vor den Festgästen; NLK

zierte. Die Ruppersthaler Bevölkerung half bei den Vorbereitungen und der Realisierung des Festaktes, vor allem auch bei den kulinarischen Köstlichkeiten, tatkräftig mit. Der 250. Geburtstag Ignaz Pleyels konnte, nicht zuletzt auf Grund des begeisterten Publikums, gebührend gefeiert werden.

Ein weiteres großartiges Ereignis ist in den letzten Monaten gelungen. Die erste Biografie über Leben und Werk Ignaz Joseph Pleyels ist in langer und harter Arbeit entstanden. Was Sie nun in Händen halten ist ein weltweit einzigartiges Produkt geistiger und schöpferischer Bemühung, einen zu Unrecht vergessenen, außerordentlichen Komponisten und Unternehmer mit dieser Niederschrift zu würdigen.

5. Rückschau auf den 200. Geburtstag

Der 200. Geburtstag Pleyels

Eine würdige Feier gab es zum 200. Geburtstag Ignaz J. Pleyels am 16. Juni 1957 in Ruppersthal. Ich kann mich an diese Feier noch sehr gut erinnern, zumal damals mein Großvater inmitten dieser Geschehnisse stand. Landeshauptmann-Stellvertreter Ing. August Kargl begrüßte namhafte Persönlichkeiten aus Politik und Wissenschaft. Bürgermeister war damals Leopold Bauer. Das Festprogramm in der Pfarrkirche umfasste die Begrüßung durch Dechant Dr. Johann Baumgartner, Orgelimprovisationen über Themen Ignaz J. Pleyels, eine gefällige Violin-Sonatine (opus 48) unseres Komponisten, das herrliche Pleyel-Tantum Ergo, dargeboten von dem Ruppersthaler Kirchenchor mit unserer verdienten Frau Margarete Mayer an der Orgel, unter der Leitung von Direktor Johann Scherzer. Prof. Josef Langer spielte das Schlusspräludium über die Melodie der Marseillaise.

Schließlich begaben sich die Gäste zum alten Lehrerwohnhaus, wo durch den französischen Botschafter und unseren Außenminister Dipl.-Ing. Leopold Figl die Gedenktafel enthüllt wurde. Nach einer würdigen Ansprache von Prof. Jindratschek (Amt der NÖ-Landesregierung) – er kann als eigentlicher Wiederentdecker Pleyels bezeichnet werden – ergriffen der französische Botschafter Exz. Francois Seydoux de Clausonne und Außenminister Dipl.-Ing. Leopold Figl das Wort. Beide Redner bekannten sich zur Freundschaft zwischen den Völkern.

Abb. 7: Pleyel-Platz 1957; IPG

6. Die 100 Konzerte der IPG

Konzerte und Opernproduktionen
Ein Beitrag von Mag. Anita Winterer

„Ein Komponist der nicht gespielt wird, ist für die Nachwelt tot". Wir haben bereits 100 Konzerte gegeben, daher lebt seine Musik wieder".

Die Internationale Pleyel-Gesellschaft hat durch ihre unermüdliche Arbeit den einst weltberühmten Namen „Pleyel" wieder ins Bewusstsein der Menschen gebracht. Rund 750 Künstler aus vielen Ländern Europas haben bei diesen unseren 100 Konzerten mitgewirkt. Sie sind daher zu Multiplikatoren geworden, auch dadurch wird Pleyels Werk wieder ein Stückchen mehr ins Licht der Öffentlichkeit gerückt. Nun werden seine Werke auch vermehrt im Radio gespielt, daher möchten wir nicht nur den Künstlern, sondern auch den Verantwortlichen dieser Radiosender im In- und im Ausland sehr herzlich danken. Rund 30 Konzerte wurden von uns auf CD eingespielt. Auch diese Tondokumente hinterlassen wir gerne der musikalischen Nachwelt in der Hoffnung, dass Pleyels Musik nie mehr in Vergessenheit gerät. Sie ist es Wert, gehört zu werden.

Abb. 8, 9: (Oben) Neujahrskonzert 2007, Ana Durlovski und Nathan Payas; (Unten) Janacek-Quartett in der Taufkirche Pleyels in Ruppersthal; Dr. Anderle

Alle 100 Konzerte der IPG auf einen Blick

Nr.	Datum	Konzertname	Ort	Komponisten
1.	02.07.1994	Kirchenkonzert (IPT)	Pleyels Taufkirche *Pfarrkirche St. Ägydius, Ruppersthal*	Pleyel
2.	09.07.1995	Kirchenkonzert (IPT)	Pleyels Taufkirche	Pleyel
3.	16.06.1996	Kirchenkonzert	Pleyels Taufkirche	Pleyel, Beethoven
4.	23.-25.6.97	Violinwettbewerb	ORF-NÖ, 1040 Wien	Pleyel, Haydn
	29.06.1997	Preisträgerkonzert	Pleyels Taufkirche	
5.	30.08.1997	Preisträgerkonzert	Sparkassensaal Wiener Neustadt	Pleyel, Haydn, Clementi
6.	18.06.1998	Kirchenkonzert		Pleyel
7.	05.09.1998	Museumskonzert und Kirchenkonzert *im Rahmen der Museumseröffnung*	Pleyel-Museum Pleyels Taufkirche	Pleyel Pleyel, Haydn
8.	03.10.1998	Kirchenkonzert	Pleyels Taufkirche	Pleyel, Mozart, Beethoven
9.	18.06.1999	Museumskonzert	Pleyel-Museum	Pleyel
10.	14.11.1999	Museumskonzert	Pleyel-Museum	Pleyel
11.	07.05.2000	Museumskonzert	Pleyel-Museum	Pleyel, Haydn
12.	17.06.2000	Kirchenkonzert	Pleyels Taufkirche	Pleyel
13.	18.06.2000	Museumskonzert	Pleyel-Museum	Pleyel
14.	16.07.2000	Museumskonzert	Pleyel-Museum	Pleyel, Mozart
15.	13.08.2000	Museumskonzert	Pleyel-Museum	Pleyel, Stamitz, Leclair, Breval, Beethoven
16.	03.09.2000	Museumskonzert	Pleyel-Museum	Pleyel
17.	01.10.2000	Museumskonzert	Pleyel-Museum	Pleyel, Mozart, Beethoven, Jadin
18.	05.11.2000	Museumskonzert	Pleyel-Museum	Pleyel
19.	11.11.2000	Kirchenkonzert	Pleyels Taufkirche	Österr. Erstaufführung Pleyels Requiem in Es
20.	03.12.2000	Museumskonzert	Pleyel-Museum	Pleyel, Mozart, Haydn, Wanhal

Nr.	Datum	Art	Ort	Komponisten
21.	06.05.2001	**Museumskonzert**	Pleyel-Museum	Pleyel
22.	14.06.2001	**Szenische Welturaufführung**	Treppe zur klassizistischen Säulenhalle am Heldenberg	Pleyel
		der Opernproduktion *„Die Fee Urgele oder Was den Damen so gefällt"*		
23.	15.06.2001	**Opernproduktion** *„Die Fee Urgele oder Was den Damen so gefällt"*	Heldenberg	Pleyel
24.	15.09.2001	**Museumskonzert**	Pleyel-Museum	Pleyel, Haydn, Mozart, Schubert
25.	07.10.2001	**Museumskonzert**	Pleyel-Museum	Pleyel, Haydn
26.	14.11.2001	**Zum 170. Todestag**	Salle Pleyel in Paris	Pleyel
		Pleyels (in Kooperation mit dem NÖ-Fonds): Konzert in der Salle Pleyel		
27.	02.12.2001	**Museumskonzert**	Ignaz Pleyel-Museum	Pleyel, Danzi Cherubini, Mozart, Jadin, Beethoven
28.	10.02.2002	**Museumskonzert**	Pleyel-Museum	Pleyel, Wanhal
29.	05.05.2002	**Museumskonzert**	Pleyel-Museum	Ignaz u. Camille Pleyel
30.	01.06.2002	**Orchesterkonzert** *1. Klassikkörndl*	Musikhaus Großwetzdorf	Pleyel, Mozart, Haydn
31.	04.08.2002	**Sommerserenade** im Arkadenhof	Arkadenhof Kempter Ruppersthal	Pleyel
32.	01.09.2002	**Museumskonzert**	Pleyel-Museum	Pleyel
33.	06.10.2002	**Museumskonzert**	Pleyel-Museum	Pleyel, Haydn, Jadin
34.	01.12.2002	**Museumskonzert**	Pleyel-Museum	Pleyel, Mozart, Jadin
35.	02.02.2003	**Museumskonzert**	Pleyel-Museum	Pleyel, Jadin
36.	02.03.2003	**Museumskonzert**	Pleyel-Museum	Pleyel, Bach, Ravel, Debussy, Halvorsen
37.	06.04.2003	**Museumskonzert**	Pleyel-Museum	Pleyel, Jadin, Mozart
38.	04.05.2003	**Kirchenkonzert**	Pleyels Taufkirche	Pleyel, Mozart, Haydn
39.	14.06.2003	**Kirchenkonzert**	Pleyels Taufkirche	Pleyel: Erstaufführung Missa brevis in G Mozart

40.	21.06.2003	Kirchenkonzert 2.Klassikkörndl	Pfarrkirche	Pleyel: Erstaufführung Missa brevis in G Mozart
41.	17.08.2003	**Sommerserenade** im Arkadenhof	Arkadenhof des Weinhauers Josef Kempter, Ruppersthal	Pleyel, Mozart, Haydn
42.	07.09.2003	**Kirchenkonzert**	Pleyels Taufkirche	Pleyel, Haydn, Beethoven
43.	20.09.2003	**Marionettenaufführung** „Die Fee Urgele" Landeskindergarten	NÖ- Landeskindergarten Ruppersthal	Pleyel
44.	05.10.2003	Museumskonzert	Pleyel-Museum	Pleyel, Boiëldieu, Beethoven, Czerny
45.	15.11.2003	**Kammerkonzert** der alten Volksschule	Dachboden Debussy Großweikersdorf	Pleyel, Brahms,
46.	07.12.2003	**Museumskonzert**	Pleyel-Museum	Pleyel, Dussek, Haydn
47.	01.02.2004	**Museumskonzert**	Pleyel-Museum	Pleyel, Parry, Mozart, Bach, Spohr, Krumpholtz
48.	07.03.2004	**Kammerkonzert**	Dachboden	Pleyel, Mozart, Dvorak
49.	04.04.2004	**Kammerkonzert**	Dachboden	Pleyel
50.	03.05.2004	**Kirchenkonzert**	Pleyels Taufkirche	Pleyel, Wanhal
51.	05.06.2004	**Kirchenkonzert** 3. Klassikkörndl	Pfarrkirche Ravelsbach	Pleyel, Haydn, Mozart
52.	15.08.2004	**Sommerserenade** im Arkadenhof	Arkadenhof des Wein hauers, Josef Kempter, Ruppersthal	Pleyel, Tausch Beethoven
53.	05.09.2004	**Kirchenkonzert**	Pleyels Taufkirche	Pleyel, Kaiser Kozeluch
54.	03.10.2004	**Ausflug auf Pleyels** Spuren	Spiegelsaal des Palais Batthyanyi in Pressburg (Bratislava)	Pleyel, Haydn, Beethoven

#	Datum	Anlass	Ort	Komponisten
55.	09.10.2004	Lange Nacht d. Museen *Konzert von 18.00 Uhr bis 01.00 Uhr in der früh*	Pleyel Museum	Pleyel
56.	14.11.2004	**Museumskonzert**	Pleyel-Museum	Pleyel, Mozart, Tonitz, Haydn, Schubert,
57.	05.12.2004	**Kammerkonzert**	Dachboden	Pleyel, Mozart, Diabelli, Schubert, Bruckner,
58.	06.02.2005	**Kammerkonzert**	Dachboden	Pleyel, Mozart
59.	27.02.2005	**Museumskonzert**	Pleyel-Museum	Pleyel, Mozart, Chopin
60.	03.04.2005	**Kammerkonzert**	Dachboden	Pleyel, Haydn, Attwood
61.	08.05.2005	**Kirchenkonzert**	Pfarrkirche Ruppersthal	Pleyel, Haydn, Dvorak
62.	05.06.2005	**Orchesterkonzert** *4. Klassikkörndl*	Konzerthaus Weinviertel	Pleyel, Gluck, Mozart
63.	03.07.2005	**Orchesterkonzert**	Schloss Niederleis	Pleyel, Wanhal, Mozart
64.	05.08.2005	**Szenische Welturaufführung** der Oper *„Ifigenia in Aulide"* im Rahmen der Landesausstellung 2005★	auf der Treppe zur klassizistischen Säulenhalle am Heldenberg	Pleyel
65.	06.08.2005	★ **Oper** *„Ifigenia in Aulide"*	Heldenberg	Pleyel
66.	13.08.2005	★ **Oper** *„Ifigenia in Aulide"*	Heldenberg	Pleyel
67.	14.08.2005	★ **Oper** *„Ifigenia in Aulide"*	Heldenberg	Pleyel
68.	19.08.2005	★ **Oper** *„Ifigenia in Aulide"*	Heldenberg	Pleyel
69.	20.08.2005	★ **Oper** *„Ifigenia in Aulide"*	Heldenberg	Pleyel
70.	04.09.2005	**Bläserserenade**	Arkadenhof des Weinhauers Josef Kempter, Ruppersthal	Pleyel, Beethoven, Hummel
71.	02.10.2005	**Auf Pleyels Spuren**	Schloss Esterhaza (Ungarn)	Pleyel, Beethoven, Haydn
72.	08.10.2005	**Lange Nacht d. Museen** *Konzert von 18.00 Uhr bis 01.00 Uhr in der Früh*	Pleyel-Museum	Pleyel
73.	06.11.2005	**Kammerkonzert**	Dachboden	Pleyel, Mozart, Schubert
74.	04.12.2005	**Museumskonzert**	Pleyel-Museum	Pleyel, Chopin, Hummel
75.	05.02.2006	**Kammerkonzert**	Dachboden	Pleyel, Dussek, Naderman

76. 05.03.2006	Kammerkonzert	Dachboden	Pleyel, Dvorak
77. 02.04.2006	**Museumskonzert**	Pleyel-Museum	Pleyel, Haydn, Spech, Kleinheinz
78. 07.05.2006	**Kirchenkonzert**	Pleyels Taufkirche	Pleyel, Mozart, Dvorak
79. 04.06.2006	**Kirchenkonzert** *5. Klassikkörndl*	Pfarrkirche Großweikersdorf	Pleyel, Mozart, Beethoven
80. 02.07.2006	**Kammerkonzert**	Schloß Niederleis	Pleyel, Mozart
81. 06.08.2006	**Bläserserenade** im Arkadenhof	Arkadenhof Kempter	Pleyel, Vranicky, Beethoven, Mozart
82. 03.09.2006	**Kirchenkonzert** *Zusammenarbeit mit franz. Kulturinstitut*	Pleyels Taufkirche	Pleyel, Vogl, Mozart, Danzi
83. 07.10.2006	**Museumskonzert** *im Rahmen der Langen Nacht der Museen von 18.00h – 01.00h*	Pleyel-Museum	Pleyel
84. 15.10.2006	**Auf Pleyels Spuren**	Konzert im Festsaal des Schlosses Eckartsau	Pleyel, Bach, Schubert, Schumann
85. 12.11.2006	**Orchesterkonzert**	Konzerthaus Weinviertel, Ziersdorf	Pleyel
86. 10.12.2006	**Kammerkonzert**	Dachboden	Pleyel, Stamitz, Mozart
87. 05.01.2007	**Orchesterkonzert**	Konzerthaus Weinviertel	Pleyel
88. 04.02.2007	**Kammerkonzert**	Dachboden	Pleyel, Mozart
89. 11.03.2007	**Kammerkonzert**	Dachboden der alten	Pleyel, Mozart, Beethoven
90. 01.04.2007	**Museumskonzert**	Pleyel-Museum	Pleyel, Dussek, Jadin
91. 20.05.2007	**Kirchenkonzert**	Pleyels Taufkirche	Pleyel, Dvorak
92. 10.06.2007	**Jubiläumskonzert** *zum 250. Geburtstag Pleyels* Orchesterkonzert	Konzertsaal GH Andreas Maurer, Großweikersdorf	Pleyel, Wanhal, Haydn
93. 15.06.2007– 16.06.2007	**Symposion** **Kammerkonzert**	Pleyel-Museum, Lourdes Kapelle (Rup.) und Dachboden	Pleyel
94. 17.06.2007	**Festakt und Festprogramm** *zum 250. Geburtstag* Kammerkonzert	Geburtsort Pleyels, Pleyel-Platz in Ruppersthal Pleyel-Museum	Pleyel

95. 08.07.2007	**Kammerkonzert**	Prunksaal des Schlosses Niederleis	Pleyel
96. 05.08.2007	**Kammerkonzert**	Pfarrgarten Ruppersthal	Pleyel
97. 02.09.2007	**Kirchenkonzert**	Pleyels Taufkirche	Pleyel
98. 06.10.2007	**Lange Nacht d. Museen** *von 18.00 Uhr bis 01.00 Uhr in der Früh*	Pleyel-Museum	Pleyel
99. 14.10.2007	**Auf Pleyels Spuren**	Schloss Wilfersdorf	Pleyel, Haydn
100. 11.11.2007	**Orchesterkonzert**	Konzerthaus Weinviertel	Pleyel, Haydn, Wanhal

Quellenverzeichnis

Adkins, Cecil. Genealogy of a Loathly Lady: Literary Aspects of Pleyel's Puppet Opéra Die Fée Urgèle, in Abstracts of Papers Read at thé Thirty-Eighth Annual Meeting of the American Musicological Society (Dallas 1972)

Allgemeine musikalische Zeitung. Briefe über Musik und Musiker in Paris, Allgemeine musikalische Zeitung, III, Dezember 1800, col.216

Allgemeine musikalische Zeitung. Allgemeinen musikalische Zeitung, Jg. 3, Leipzig 1800/01

Altermann, Ingrid. Der vergessene Weltstar aus Österreich, Kronen Zeitung, 22.Oktober 2006

Anderle, Dr. Heinz. Beiträge in Programmheften und Museumskatalogen der IPG

Anonymus. „Ifigenia in Aulide" Oper von Ignaz Joseph Pleyel in drei Akten; Archiv Neapel (Adolf Ehrentraud)

Archiv Pleyel, Paris. Archiv Pleyel, Paris 1996

Archiv Pleyel, Paris. Archiv Pleyel, Paris, 2007

Bartha D. und Somfai Laszlo. Haydn Dokumente der Esterhazyschen – Opernsammlung, Opernchronik des Jahrs 1776, Budapest 1960

Batka, Dr. Richard. Einführung in das Schaffen Haydns, S. XXXI-LVI

Becker, Carl Ferdinand. „Systematisch-chronologische Darstellung", Leipzig (1836), col. 74

Benton, Dr. Rita. Ignace Pleyel: A Thematic Catalogue of his Compositions

Benton, Dr. Rita. Pleyel as Music Publisher, Pendragon Press, NS, USA

Benton, Dr. Rita. Ignace Pleyel, Disputant. Fontes, XIII (1966), S. 21-24

Benton, Dr. Rita. London Music in 1815, as Seen by Camille Pleyel [Londoner Musik im Jahre 1815, gesehen von Camille Pleyel]. Music & Letters, XLVII (1966), S. 34-47

Berg, Conrad. Conrad Berg: Aperçu historique sur l'état de la musique à Strasbourg pendant les cinquante dernières années, Straßburg 1840, S.11

Bibliothek Straßburg. Partitur „La Revolution du dix aout 1792"

Bieber, Ernst. „Marseillaise ist eine „Wagramaise", 1975

Blume, Friedrich. Die Musik in Geschichte und Gegenwart, Band 10, S. 1353-1358

Blume, Friedrich. Fortspinnung und Entwicklung, in JbP, 36 (1929), S. 51-70

Blume, Friedrich. Joseph Haydns künstlerische Persönlichkeit in seinen Streichquartetten, in JbP, 38 (1931), S. 24-48.

Brockhaus Riemann. Musiklexikon, 1979, B. Schott´s Söhne, Mainz

Chailley, J. Übersicht über das Buch von Philippe Parès, Wer ist der Autor der Marseillaise?, Paris 1974, in Revue de Musicologie LXII, 1976, S. 322-331

Chronik Verlag. Chronik der Menschheit, Chronik Verlag, S. 623

Comettant, Oscar Jean Pierre. Histoire de cent mille pianos et d'une salle de concert (Geschichte von hundert tausend Klaviere und eines Konzertsaales). Paris: Fischbacher, 1900
Conservatorium Neapel. Schreiben vom 3. Dezember 1996
Czeike F. Historisches Lexikon, Bd. 2, Wien 1993, S. 202, 302
Dehio-Handbuch. Die Kunstdenkmäler Österreichs, Niederösterreich, nördlich der Donau
Der Bezirkshauptmann in Tulln. Schreiben vom 22. Juni 1957
Dewitz, Margarethe von. Jean Baptiste Wanhal, Leben und Klavierwerke. Ein Beitrag zur Wiener Klassik. Dr.phil. Diss. Ludwig-Maximilians-Universitat, München. München: Salesianisches Offizin, 1933
Dostojewski, Petersburg. Heroischer Augenblick, die Entdecker Eldorados
Dr. Richard Batka. Einführung in das Schaffen Haydns U.E.3923
Dussek, Johann Ludwig. Jedem das Seine, Intelligenz-Blatt zur AmZ, No. VII (Dezember 1802), cols. 29-30
Ehrentraud Adolf. Ignaz Joseph Pleyel- Der vergessene Sohn unserer Heimat, ein fünfaktiges Dokumentarspiel für Chor und Orchester, 25. Oktober 1993
Ehrentraud Adolf. Ignaz Joseph Pleyel: Ein Weltbürger aus Niederösterreich, Österreichische Musikzeitschrift (ÖMZ) 3-4/2007
Ehrentraud Adolf. Beiträge in Programmheften und in den drei Museumskatalogen der IPG
Ehrentraud Adolf. Quellenforschung in den verschiedensten Archiven und Matrikeln im In- und im Ausland in (1960-2007)
Ehrhard, Dr. Oberlehrer zu Straßburg. Eulogius Schneider-Sein Leben und seine Schriften, Straßburg 1894
Eitner, Robert. Biographisch-bibliographisches Quellen-Lexikon der Musiker und Musikgelehrten christlicher Zeitrechnung bis zur Mitte des 19. Jahrhunderts. Ausgabe Leipzig 1900-1904, S. 477-481
Eldersch, Ludwig von. War der Komponist der „Marseillaise" ein Österreicher?, Neues Österreich, 14. September 1958
Erdödy, Familienarchiv. Familienarchiv Erdödy, Konkordanz, Kiste 4045, Lade 108, 1. Paket Fsz. 1: Nr. 2-25
Fandl Otto. Verschiedene Hinweise
Faulkner, Sir Arthur. Faulkner, „Rambling Notes", S.28f
Faulkner, Sir Arthur Brooke. Rambling Notes and Reflections, Suggested During a Visit to Paris in thé Winter of 1826-1827 [Wandemotizen und -gedanken, vorgeschiagen während eines Parisbesuches im Winter 1826-1827
Feder, Georg. Köln, Haydn-Studien, Band III, Heft 1
Fétis, François Joseph. La Revue Musicale, Paris 1827-1835

Fétis, François Joseph. Biographie universelle des musiciens et bibliographie générale
de la musique, Universalbiografie der Musiker und allgemeine Bibliografie der Musiki.
8 Bde, 2. Ausgabe, Paris: Didot, 1867-1870

Fétis, François Joseph. Notice sur Ignace Plevel [Notiz iiber Ignace Plevell.
La revue musicale, XI (1831), S. 344-347.

Flotzinger, Rudolf. Österreichisches Musiklexikon, Band 1, Neuausgabe, 2002, S. 12

Französische Botschaft in Wien. Schreiben vom 21. Juni 1957. Schreiben vom 11. April 1957

Französische Presse. Französische Presse vom 9. September 1956
unter „Literature – Eduction", S. 11

Friedr. Beck´schen Universitäts-Buchhandlung. Österreichischen National-Encyklopädie,
der wissenswürdigsten Eigenthümlichkeiten des österreichischen Kaiserthumes, Wien 1835

Geiringer, Karl. Karl Geiringer: Haydn, a Creative Life in Music, Berkeley 1968, S.178

Gerber, Ernst Ludwig. Historisch-biographisches Lexicon der Tonkünstler
Leipzig 1790-92, S. 734-740

Grove, George. Dictionary of Music, The New Grove; Volume 19, Paliashvili to Pohle

Hagl Franz. Matrikeln in Raggendorf

Harich, Johann. Êsterhazy Musikgeschichte im Spiegel der zeitgenössischen Textbücher,
Eisenstadt: Rotzer 1959

hirt. Geschichte Österreichs in Stichworten von 1648 bis zum Wiener Kongress

Honegger, Genevieve. Ignaz Pleyel, Maitre de Chapelle de la Cathedrale de Strasbourg,
Revue de Musicologie, Paris 1987

Honegger, Genevieve. Münsterkapelle und Dommusik in Straßburg zur Zeit Franz Xaver
Richter´s und Ignaz Pleyel´s; Archive de l´eglise d´Alace XVIII, nouvelle serie

Hopkinson, Cecil. A Dictionary of Parisian Music Publishers, Lexikon der Pariser
Musikverleger,1700-1950, London 1954, S. 99

Hornick, Andrew M. Ensemble- und Solowerke des Ignaz Pleyel, Ursprünglich für
Tasteninstrumente komponiert: Eine Stil-Analytische Übersicht; Oktober 1987
*Eine Dissertation in der Musikabteilung, dem Lehrkorper des Graduate School of Arts and Sciences
vorgelegt in teilweiser Erfüllung der Voraussetzungen zum Erlangen des Grades eines Doktor
der Philosophie der New York University (übersetzt: Dr. Henry Lieberman, USA)*

Jauzenque. Archiv Pleyel, Paris, 2007

Kabinett des Bundesministers für auswärtige Angelegenheiten in Wien.
Schreiben vom 19. Februar 1957

Kaiser, Hans Martin. Texte zu Programmheften u. für Pleyel-Buch, Autor A. Ehrentraud, IPG 2007

Karajan, Theodor Georg Ritter von. J. Haydn in London, 1791 und 1792

Kim, Jiesoon. Ignaz Pleyel und seine frühen Streichquartette in Wien;
Doktoratsdissertation der Universität Nord Carolina, Chapel Hill 1996 (übersetzt: Dr. Henry Lieberman, USA)
Klingenbeck Josef. Ignaz Pleyel; sein Streichquartett im Rahmen der Wiener Klassik,
StMw, XXV (1962), S. 276-297
Klingenbeck Josef. Komponist, Verleger, Klavierfabrikant.
Ignaz Pleyel wurde vor 200 Jahren geboren, S. 357f., in NZfM CXVIII, 1957
Klingenbeck Josef. Ignaz Pleyel und die Marseillaise, Widerlegung einer neuen
Legendenbildung, StMw. XXIV, 1960, S. 106-119
Klingenbeck Josef. Sein Leben und seine Kompositionen für Streichquartett.
Unv. Dr. phil. Diss. München, 1928, Ignaz Joseph Pleyel
Kobylanska Krystyna. Fryderyk Chopin; Briefe, Berlin 1983
Kraus Martina. Beiträge in Programmheften der IPG
Krell Max. Aus den Tagen der Schreckensherrschaft, Leipzig
Landeshauptmann von Niederösterreich. Schreiben vom 28. Jänner 1957
Landon, Robbins. Die gesammelte Korrespondenz und die Londoner Notizbücher
des Joseph Haydn, Robb ins Landon 1959
Lashofer, H. H. Drr. Clemens. Professbuch des Stiftes Göttweig
Le monde musical. Centenaire, Le monde musical, S.4
Leuthner Ludwig. Rechtsprechung in alten Zeiten, Fels am Wagram 2006
Lieberman, Dr. Henry. Übersetzung: von Dissertationen, des Librettos der Oper Ifigenia in Aulide,
von sämtlichen Werksverzeichnissen der Dr. Rita Benton, und von den verschiedensten Beiträgen
aus allen vorliegenden Fachzeitschriften
Literatur Education. Le petits á-cotés de l'Histoire, vom 9. September 1956
Lobstein, Johann Franz. Beiträge zur Geschichte der Musik in Elsass und besonders in Straßburg, 1840
Lokay Ernst. Ein Österreicher komponierte die Hymne der Franzosen, 23. April 1976
Mangeot, Andre. Le centenaire de la maison Pleyel, Wolff, Lyon & Cie (zum 100 jährignen
Bestehjen der Fa. Pleyel, Wolff, Lyon & Cie). Oktober 1908
Markus, Georg. Ein Österreicher den man nur in Frankreich kennt, Kronenzeitung, 20. April 1998
Mathias, Franz Xaver. Die Musik im Elsass, Strasbourg 1904
Mendel Hermann, Berlin 1881. Musikalisches Conversations-Lexikon, S. 123ff.
MGG. Beitrag Wanhal, S. 1255-1258
MGG. Beitrag Pleyel, Ignaz, S. 1354-1360
Musikarchiv Stift Melk. Hinweise über das Hornkonzert Pleyel-Rosetti
Nabokov-Rampal. Das große Lexikon der Musik, Beiträge Pleyel & Co und Pleyel Ignaz.
Neue Freie Presse. Neue Freie Presse vom 17. September 1864

Neues Lexikon. Neues Lexikon, III (1813-1814), col. 738)
NÖ-Landesarchiv, 1. 10. 2007. Inventarium der Erblasserin Pleyl Anna Theresia, 7. Jänner 1760
NÖ-Landesarchiv, 20.12.1993. Josephinische Fassion
NÖ-Landesarchiv, 20.12.1993. Schweikardt, S. 32-37
NÖ-Landesarchiv, 20.12.1993. Tabelle Nr XVII , Über den Zustand der Trivialschule zu Ruppersthal, im Jahr 1786
Nohl, Ludwig. Mozarts Briefe, Salzburg 1865
Österreichisches Staatsarchiv. Signatur-Bücher, B. 26, Folio 327
Pauersbach, Karl Joseph von. Libretto „Die Fee Urgele oder Was den Damen so gefällt"
Petracic Franjo-Razun Matej. Österreichisches Lexikon 1815-1950, 1983, S. 126f.
Pfarre Ruppersthal. Beiträge zur Geschichte der Tullner Künstlerfamilie Gürner
Pfarrmatrikel Bad Pyrawarth. Reihenfolge der in der alten Pfarrchronik noch angeführten Pfaffer´s (Totenprotokoll)
Pfarrmatrikel Pfarre Großweikersdorf.
Pfarrmatrikel Györ (Raab). Potentielle Fundorte der Pfarren in Györ: 1,2,4,7,8,9,12 und 15
Pfarrmatrikel Pfarre Ruppersthal, 1960
GR Pfarrer Röhrich. Taufbuch, Ehebuch, Sterbebuch, Chronik
Pleyel, Wolff. Pleyel, Wolff, 1807-1893, Paris 1893
Pohl, Carl. Pleyel, Dictionary III, S.3
Pohl, Carl. Mozart und Haydn in London, Bd. 2, 1867
Pohl, Carl. Haydn Biographie (2 Bde., Lpz. 1878-1882)
Pougin Arthur. Méhul, sa vie, son génie, son caractère, Paris 1893, S. 386f.
Pressburger Zeitung. Pressburger Zeitung 29 July 1786
Reininghaus, Frieder. Der Tag des Ruhms ist endlich da, Rheinischer Merker, Nr. 25/2007
Renouard et J. Grigny. La Salle Pleyel, Paris, 1893
Riedel Dr. Friedrich W. Stift Göttweig, Musikarchiv; Thematischer Katalog I und II
Riemanns Musik Lexikon. Max Hess Verlag, Berlin 1929
Roschitz, Karl Heinz. Ein Nachfolger für den alten Haydn, Beitrag in der Kronenzeitung (4.1.75)
Rosenberg Wolf. Hector Berlioz, Memoiren, 1979
Rothschild, Germaine de. Luigi Boccherini, His Life and Work" (Luigi Boccherini – sein Leben und Werk)
Rouget de Lisle. Julien Tiersot, Librairie Ch. Delagrave, Paris 1892
Schletterer, Hans Michael. Art. Pleyel, in: Allgemeine Deutsche Biographie Band 26, Leipzig 1888, S. 289-295.
Schöny Heinz. Musikgeschichte und Genealogie (95), Ignaz Joseph Pleyel (11757-1831)

Komponist-Pianist-Klavierfabrikant, Heft 4/1990, S. 103-106

Seifert Herbert. Die Verbindung der Familie Erdödy zur Musik (Haydn Jahrbuch 10, 1978.

Seiffert Max. Denkmäler Deutscher Tonkunst; Band II Leopold Mozart

Smith, Raymond Robert. Die periodischen Sinfonien Ignaz Pleyels.
Zwecks Erfüllung der Dissertationspflicht zur Erlangung des Grades eines Doktors der Philosophie, Musikabteilung, August 1967 (übersetzt: Dr. Henry Lieberman, USA)

Stenzel Gerhard. Das Dorf in Österreich

Strasser Heimatbuch 1983. Die Enkevoirt (1666-1738)

Suchy Dr. Irene. Bericht über Ignaz Joseph Pleyel zum 250. Geburtstag in „Die Presse", 2007

Szako, Julius. Die Streichquartette des Ignaz J. Pleyel.
Doktoratsdissertation der Universität Columbia, New York 1975 (übersetzt: Dr. Henry Lieberman, USA)

Tiersot. Rouget de Lisle (Paris 1892), S. 351-371

Trattnern, Johann Thomas edlen von.
Allgemeine Schulordnung für die deutschen Normal-Haupt.und Trivialschulen in sämtlichen Kaiserl. Königl. Erbländern d. d. Wien den 6ten December 1774

Universität Budapest, Direktor. Schreiben vom 3.12.1993

Universität Budapest, Musiksammlung. Schreiben vom 21. September 1996

Vogeleis, Martin. Quellen und Bausteine zu einer Geschichte der Musik und des Theaters im Elsass", S. 662-680, 733-751, 754-757, 763-777, Strassburg 1911

Waldinger, Ingeborg. Von Ruppersthal nach Paris, Wiener Zeitung, 16. Juni 2007

Weckerlin, J.- B. Musiciana (Paris 1877) S. 305

Wendler, Prof. Dr. Anton. Beiträge in Programmheften und Museumskatalogen der IPG

Wiener Zeitung. Wiener Zeitung 19. July 1786,

Winterer, Mag. Anita. Beiträge in Programmheften der IPG

Winterer, Mag. Anita. Ignaz Joseph Pleyel: Sein Leben und seine Musik.
Diplomarbeit zur Erlangung des Magistergrades der Philosophie aus der Studienrichtung Musikwissenschaft, 2006

Wright, Ben Ernest. Die drei Quintette für Flöte, Oboe, Violine, Viola und Violoncello von Ignaz J. Pleyel: Bearbeitung und Kommentar. Univertät von Nord-Colorado, 1971
(übersetzt: Dr. Henry Lieberman, USA)

Wurzbach C. von. Biographisches Lexikon des Kaiserthums Österreich
(von 1750-1850), Bd. 22, S. 436-439

Zitatnachweis

[1] Der Göttweiger Thematischen Katalog I/II von 1830, Katalog II, S. 79
[2] Aus dem Testament des Pfarrers Josef Anton Holler de Doblhoff, Faszikel Testamente
[3] Vogeleis, Martin; Quellen und Bausteine zu einer Geschichte der Musik und des Theaters im Elsass (Straßburg 1911), S. 733
[4] Musikalisches Conversations-Lexikon (1881), Verlag Robert Oppenheim, S. 123
[5] Dr. Hugo Riemann: Musik-Lexikon (1929), Verlag Max Hesse, S. 1403
[6] Joseph Klingenbeck: Münchner Dissertation (1928)
[7] Pleyel Biographie universelle ancienne et moderne. Neue Ausgabe. Hrsgb. Joseph François Michaud, Bd. XXXIII (1870-1873), S. 518
[8] „Allgemeine Deutsche Biographie" hrsgg. von der Bayrischen Akademie der Wissenschaften, Band 726; S. 289
[9] Dr. Constant von Wurzbach, „Biographisches Lexikon" Band 22 (1870), S. 436
[10] Biographie universelle des musiciens, 7. Band von Fetis' und „Notice sur Ignace Pleyel", Revue musicale XI (1831), S. 344
[11] Germaine de Rothschild, „Luigi Boccherini, His Life and Work" (Luigi Boccherini – sein Leben und Werk)
[12] Carl Ferdinand Becker, „Systematisch-chronologische Darstellung", Leipzig (1836), col. 74
[13] Jean Baptiste Vanhal, München 1933, S.13
[14] Le Ménestrel, Bd. LI, 1885, S. 65
[15] Notice, La revue, XI, S. 345
[16] Revais Grosses Lexikon, Budapest, Bd. VI, 1911, S. 616 ff.
[17] D.B. Richard Batka, „Einführung in das Schaffen Haydns"
[18] Pohl: Pleyel, Dictionary III, S. 3
[19] Pohl: Joseph Haydn, Leipzig (1928), S. 49 f.
[20] Buch, Mafred Buss, Edition Roetzer, S. 91
[21] Dissertation Joseph Klingenbeck 1928, Ignaz Joseph Pleyel. Sein Streichquartett im Rahmen der Wiener Klassik
[22] Haydn-Jahrbuch, VIII/167f.
[23] Pohl: Joseph Haydn, Leipzig 1928, Bd. II, S.53
[24] Revai nagy lexikona [Revais Grosses Lexikon], Budapest, Bd. VI.
[25] Werksverzeichnis von Dr. Rita Benton: „Ignace Pleyel: A Thematic Catalogue of his Compositions", S. 27, rechte Spalte, Incipit- Nr. 121, Eingabe-Nr. (1404)
[26] ebd., Vogeleis, S. 735

[27] Fétis, Pleyel, Biographie, VII, S. 76f.
[28] ebd. Vogeleis, S. 72
[29] ebd., S. 735
[30] Affiches de Strasbourg (Strassburgisches Wochenblatt), 1785 und Oberliner Almanachen
[31] Feuille hebdomadaire erschienen am 3. September 1785
[32] ebd., Vogeleis, S. 735
[33] Straßburger Wochenblatt erschienen am 8. Oktober 1785
[34] ebd., Vogeleis, S. 736
[35] ebd., S. 736
[36] ebd., S. 736
[37] Centenaire, „Le monde musical", S.4
[38] Mangeot: Centenaire, „Le monde musical", S.4; Original, Comettant: „Un nid d'autographes", Le Ménestrel (1885), S. 83
[39] Brief: Bonn, Beethoven-Haus (NE 161), Faksimile S.3
[40] Nohl, „Mozarts Briefe", Salzburg 1865
[41] ebd., Vogeleis, S.670
[42] ebd., S. 666 ff.
[43] R. Benton, A Thematic Catalogue of his Compositions, S. 338, Ben 705
[44] Klingenbeck, Ignaz Pleyel und die Marseillaise, Widerlegung einer Legendenbildung, S. 113
[45] Schletterer: Pleyel, Biographie, XXVI, S. 294
[46] Klingenbeck, Ignaz Pleyel und die Marseillaise, Widerlegung einer Legendenbildung, S. 110
[47] Französische Presse vom 9. September 1956 unter „Literature – Eduction", S. 11
[48] ebd.
[49] ebd.
[50] ebd.,Vogeleis, S. 756
[51] ebd., Französische Presse vom 9. September 1956
[52] ebd., Vogeleis, S. 756
[53] Tiersot, Rouget de Lisle (Paris 1892), S. 351-371
[54] Die Geschichte der Musik des 17., 18. und 19. Jahrhunderts, Bd. 2 Leipzig 1887, S. 281f.
[55] J. Chailley, Übersicht über das Buch von Philippe Parès, Wer ist der Autor der Marseillaise?, Paris 1974, in Revue de Musicologie LXII, 1976, S. 322-331
[56] J.- B. Weckerlin, Musiciana (Paris 1877) S. 305
[57] Papendiek in London III/52
[58] Dies, S. 91f
[59] auszugsweise, R. Benton

Zitatnachweis

[60] Conrad Berg: Aperçu historique sur l'état de la musique à Strasbourg pendant les cinquante dernières années, Straßburg 1840, S.11
[61] ebd., Vogeleis, S.739
[62] Chronik der Menschheit, Chronik Verlag, S. 623
[63] eher eine Anmerkung, in Fußnote platziert
[64] Schletterer: Pleyel,Biographie, XXVI, S.294
[65] Aperçu historique, S.11
[66] La Fage: Miscellanées musicales, S.77
[67] ebd.,Vogeleis, S. 762
[68] Rita Benton, „Ignace Pleyel: A Thematic Catalogue of his Compositions", S. 340
[69] Revue Pleyel No. 4, Jänner 1924, S. 29
[70] Lobstein, Beiträge, S.37
[71] ebd.
[72] Der „Weltbote" 912 des 23. Thermidor Jahr II berichtete
[73] R. Benton, Ignace Pleyel: A Thematic Catalogue of his Compositions, S. 340
[74] ebd.
[75] Rita Benton, Art. Pleyel, in: NGrove D, S. 919
[76] Josef Klingenbeck, Art. Pleyel, in: MGG, Sp. 1355
[77] Lobstein, Beiträge zur Geschichte der Musik im Elsass und besonders in Straßburg
[78] A.-M., Register des Gemeinderates, Bd. 7, S. 477
[79] J. F. Lobstein, Beiträge zur Geschichte der Musik im Elsass und besonders in Straßburg, S. 34
[80] Zitiert in Arthur Pougin: Méhul, sa vie, son génie, son caractère, Paris 1893, S. 386f
[81] ebd., Vogeleis, S. 741
[82] Neue Freie Presse vom 17.September 1864
[83] Briefe über Musik und Musiker in Paris, Allgemeine musikalische Zeitung, III, Dezember 1800, col.216
[84] ebd., III (März 1801), col. 414
[85] Allgemeine Deutsche Biographie Band 26
[86] Karl Geiringer: Haydn, a Creative Life in Music, Berkeley 1968, S.178
[87] AMZ, 3. Oktober 1800, col. 40
[88] Korrespondenz übersetzt u. herausgegeben von Robbins Landon, S.174f
[89] Allgemeinen musikalische Zeitung, Jg. 3 (Leipzig 1800/01)
[90] Centenaire, Le monde musical, S.4
[91] Rita Benton, a la recherche, Fontes, XVII, S.14
[92] Centenaire, Le monde musical, S. 4

[93] Dr. Rita Benton, ein thematischer Katalog seiner Kompositionen, New York 1977
[94] Gerber: Neues Lexikon, III (1813-1814) cols.734f
[95] Cecil Hopkinson: A Dictionary of Parisian Music Publishers
(Lexikon der Pariser Musikverleger) 1700-1950, London 1954, S.99
[96] Wiener Zeitung 19. July 1786, Pressburger Zeitung, 29. July 1786
[97] Neues Lexikon, III (1813-1814), col. 738
[98] Gerber: Neues Lexikon, III (1813-1814), col. 738
[99] ebd., Vogeleis, S. 741
[100] Pleyel as Music Publisher, by Rita Benton, S. XIII
[101] Leipzig, im November 1802, Johann Ludwig Dussek (AMZ V IB Dec 1802
[102] ebd., S.212f.
[103] ebd., S.148, Barry S. Brook: Thematic Catalogues in Music, Hillsdale, N.Y., 1972, S.107
[104] Haydn: Correspondence, übersetzt und herausgegeben von Robbins Landon, S.212
[105] Pleyel, Wolff, 1807-1893, Paris 1893
[106] ebd.
[107] Mangeot: Centenaire, Le monde musical, S.6ff.
[108] ebd., S.8
[109] ebd., S.8
[110] Rita Benton, Ignace Pleyel ein thematischer Katalog seiner Kompositionen, 1977
[111] Archiv Pleyel, Paris
[112] ebd.
[113] ebd.
[114] Klaviermanufaktur, Göcke Berlin, 2003
[115] Comettant, „Histoire de cent mille pianos et d'une salle de concert"
(„Geschichte von hunderttausend Klavieren und eines Konzertsaales"), Paris 1890, S.148
[116] Faulkners Besuch wird in: „Ignaz Pleyel und der Englaender", („Zeitung fuer die elegante Welt", No. 198; 9. Oktober 1827, cols. 1877-1879) beschrieben.
[117] Faulkner, „Rambling Notes", S.28f
[118] Fétis, „Pleyel, Biographie", VIII, S.77
[119] Sir Arthur Brooke Faulkner, "Rambling Notes and Reflections, Suggested During a Visit to Paris in the Winter of 1826-1827", London 1827, S.32
[120] Schletterer, „Pleyel, Biographie", CCVI, S.295
[121] Brief, Autograph, Galerie Arts et Auotgraphes – Jean-Emmanuel Raux,
9, rue de l'Odéon – 75006 Paris
[122] Comettant, „Histoire", S.149

Impressum

ISBN-13-978-3-85129-695-2
Copyright: Internationale Ignaz J. Pleyel-Gesellschaft (IPG)
Alle Rechte, insbesondere das des auszugsweisen des gänzlichen
Abdrucks und der fotomechanischen Wiedergabe vorbehalten.
Herausgeber und Verleger: Internationale
Ignaz J. Pleyel-Gesellschaft (IPG),
A-3701 Ruppersthal 137,
Autor: Adolf Ehrentraud.
Umschlagsentwurf, Satz und Grafik: Christine Pleyl
Beitrag: Marlene Pleyl (IPG): „Pleyel-Jahr 2007 – 250 Jahre Ignaz Joseph Pleyel"
Beiträge: Die 100 Konzerte der IPG und „Pleyels Schaffen im Überblick",
Mag. Anita Winterer (IPG)
Beiträge aus dem Programmheft: „Die Fee Urgele", Prof. Dr. Anton Wendler,
Beiträge aus dem Programmheft: „Ifigenia in Aulide" (siehe Kapitel 12, Werk)
Beitrag Kapitel 12: „Universitätsbibliothek in Basel im 18. Jahrhundert",
ein Forschungsbericht" von Bettina Falk Falcone, Schweiz
Fotos Vorworte: Pröll (NLK), Otto (Otto), Ehrentraud (Anderle)
Die Autoren der Quellen- und Illustrationen sind in einer eigenen
Liste angeführt, soferne sie nicht im Werk ausdrücklich erwähnt sind.
Lektorat: Mag: Sabine Wiesmühler
Partner: Wieser Verlag, Ebentaler Straße 34B, 9020 Klagenfurt/Celovec
Druck: Ferdinand Berger & Söhne GmbH, Wienerstr. 80, 3580 Horn